非政府組織與國際合作在中國

華洋義賑會之研究

黃文德◆著

推薦序

近代中國外交在臺灣史學界一度是很熱門的研究範疇，不少前輩學者一生在此範圍耕耘，提出過宏觀的理論與細膩的考證，優秀的作品，汗牛充棟。傳統的外交史領域認為：外交主要是處理國與國之間的事務。因此，大部分的著述都是從政府組織活動的角度切入，很少有會選擇非政府組織（Non-Governmental Organization）或是民間機構作為研究的對象，更別說拿它們來建構近代中國的國際關係史。個人以為，之所以會造成這種「重視政府活動，輕忽非政府層面活動」的原因，除了外交史研究的保守傳統根深蒂固，另外非政府組織史料的掌握與如何選擇權威性的個案作為研究主體，對於本地學者而言也是相當具有挑戰性。

黃文德先生在文化大學史學研究所攻讀博士學位時，曾經選修所上開設的中國近現代外交、經濟、社會等相關課程，還以學界研究成果豐富，推動中國農村信用合作運動有成的「華洋義賑會」，作為個案研究的對象，發表論文。過去學界對華洋義賑會的認識完全偏重在合作運動方面，卻沒有想過能透過這樣一個具備國際色彩的非政府組織，觀察近代中國與國際社會的互動。值得一提的是，他在論文當中，引用英、美兩外交檔案的嫻熟程度，令人印象深刻；利用外國公私機構檔案為基礎，重建中國近代社會發展的手法，更不多見。

二〇〇二年十月，黃生從上海參加研討會後回臺灣與我討論，他希望以「國際合作與華洋義賑會」作為日後博士論文的研究方向。我告訴他：在傳統外交史的領域，這樣的題目是非常具有「巧思」；只要中外檔案史料充足，然後內容要有精緻性、趣味性與原創性。很難得的，黃生在兩年不算長的時間內，有效率的規劃自己的進度，三度造訪中國大陸北京、上海與香港等地從事資料蒐集，撰寫完成論文。在入伍前夕，他將博士論文修訂出版，作為指導教授，同時也是首位拜讀他論文的讀者，我相信他已經達到當時所提的要求，並且還開拓出臺灣研究中國近代國際關係的新取向。是特為之序。

王綱領
（中國文化大學史學系教授兼系主任）
中華民國九十三年十月十日
於陽明山華岡

自序

本書為作者於文化大學史學研究所提出的博士論文〈國際合作在中國：華洋義賑會之研究〉修正。乍見本書標題的朋友通常會有這樣幾個疑惑：華洋義賑會是什麼團體？它跟現在臺灣的慈濟功德會、中華民國紅十字總會有什麼不同？作者覺得它很重要，為何教科書上從來沒有談過這個組織？它是非政府組織、非營利性組織嗎？

簡單的說，華洋義賑會（全名為中國華洋義賑救災總會，China International Famine Relief Commission），它是一個立足於中國二〇至三〇年代中期，以中外合作為主旨的國際性救災、防災非政府組織。它對中國與世界的影響有多大呢？僅一九二一至一九三七年之間，中國就有百分之七十的公路都是由它協助政府完成；當國際創設防災機構時，華洋義賑會提供的章程與經營經驗，成為各國的標竿，並且落實為新組織的制度。在沒有中國政府的協助下，華洋義賑會以其獨特的國際合作經驗，活躍於本土與海外超過十六年。在一個以政府活動為國史主體的社會中，非政府組織的發展從來就不被重視，特別是當華洋義賑會具備中外各半的幹部人數比例原則、濃厚的國際性組織經營色彩、超越政府效率的表現，以及關懷農村群眾的文宣基調，在中國政府強調民族主義的年代裡，它有時被看作是帝國主義侵略中國主權的代言人；一九四九年後，華洋義賑會重要幹部參與中共政權的事實，更讓保守的臺灣學界不願意去碰觸它在信用合作以外的事蹟。無論如何，華洋義賑會的存在，確實使中國在經濟與外交力量不振的年代中，一反過去消極作為被援助的弱國形象，轉而有機會嘗試作為一個積極將防災、救災知識、經費，以及非政府組織管理人力資源向海外援助輸出的社會。

從國際關係的角度，華洋義賑會的多元而豐富的活動經驗，絕對可以當作是近代中國非政府組織與國際社會互動的一個重要起源（original）。展開華洋義賑會研究的動機，除了學術的好奇，還包括我對本土社會的關懷，因為主要的思考源於一九九九年九月二十一日的地震。救災期間，很明顯的可以看出向來主張「建設大有為」的政府，在地震之後突然失能，無法滿足民眾的高度要求，而國際社會的冷淡，更暴露臺灣過去在聯繫非政府組織國際合作機制的缺陷，以及官方救災意志無法超越黨派政治糾葛的危機。種種的現象，彷如近代多災多難的中國社會再現。兩者較大的差異點是：外國傳教士、商人在近代中國救災的過程中經常扮演重要援助者的角色，組織國際性的救災團體，與歐美慈善界、北京政府外交部關係密切，以至於美國學者黎安友（Andrew J. Nathan）在《華洋義賑會史》*A History of the China International Famine Relief Commission*（Cambridge, Mass.: East Asian Research Center, Harvard University, 1965）書中，將這種現象視為社會領域的中外共治（synarchy），但是現代台灣的民間慈善團體是來自本土社會力量的產物。

在王綱領與李朝津兩位老師的建議下，我試著從國際關係史的角度切入，利用外國檔案撰寫〈辛亥前後美國與華洋義賑組織關係之研究〉，並在 2001 年 10 月發表於「兩岸三地中國近現代史研究生論文研討會」，構成研究華洋義賑會組織形成背景的基礎。令人汗顏的是，由於對外國語言、文化的誤解，這篇論文內容錯誤頗多。在大量閱讀英國外交檔案（British Foreign Office Document, FO 228/ 371/ 405）與美國國務院中國內政檔案，另外前往香港、上海、北京等地圖書館、檔案館蒐集資料以後，才使我對華洋義賑會的人事、經費、管理運作有更清楚的認識，也進一步釐清它與中國政府、國際組織互動的糾葛。

附帶一提，在二○○三年夏初 SARS 陰霾仍然籠罩亞洲期間，中國大陸各地檔案館開放狀況不一，經由北京大學歷史系楊奎松教授推薦，加上復旦大學歷史系吳景平、金光耀、趙蘭亮、上海社科院馬軍等諸位師長的鼎力協助，我才得以順利安排行程，隻身往來京滬兩地。唯一的遺憾是，受限於個人能力，作者並沒有追隨台灣前輩的慣例到南京第二歷史檔案館參拜。我相信以近來中國大陸學者研究災荒、救災組織、社會慈善事業的出色水準，如能利用二檔館豐富的資料，應當能建構出另一種不同風貌的華洋義賑會，這也有助於重新喚起中國人民正視非政府組織對促進現代公民社會完備的重要性。

本書的完成，對我個人而言，除了學位的取得，最重要的意義是在撰寫的過程中逐漸掌握自己在知識方面的缺陷與不成熟的地方。同時藉著跟諸位師長、學長討論論文，引發我更深入的去思考本書的主題，在此要向李朝津（台北大學歷史系）、朱浤源（中研院近史所）、唐啟華（政治大學歷史系）、高純淑（黨史館）等四位老師致敬，李老師在我博一就鼓勵學生去從進行本書的基礎研究，還作為我長期諮詢論文的主要對象；朱老師不僅提供他的個人藏書與研究資源，也熱情的指點我論文可能的研究方向；唐老師自我碩士班接受他指導以來，總是義無反顧的針對我的觀念，提出他精闢的質疑與心得。另外，論文口試委員陳存恭老師與王曾才老師，他們在學位考試期間細心的將本書初稿的問題一一指陳，溫文儒雅的學者風範，使我領略當代史家在才、學、識、德的典型。當然，指導教授王綱領博士能夠給我寬闊的空間，盡情、盡興，去挑戰傳統國際關係的典範觀念，而且不忘以身教言教，以有形化無形，用說故事的方式傾囊傳授研究經驗，持續鞭策我，最使人感佩。最後，還要向以下長期叮嚀我論文進度的師長、同學致意：高純淑老師（黨史館）不吝分享他在研究華洋義賑會信用合作運動時的一些疑問與想法；夏誠華老師（玄奘大學）、鄭俊彬老師（經國學院）、李力庸老師（萬能科技大學）、陳靜瑜老師（中興大學），四位老師在教學研究之餘，不忘提攜後學，除了生計上的叮嚀，還提醒我撰寫博士論文期間的種種經驗，使我避免失誤。遠在北海道大學攻讀博士的廖敏淑學妹，以及目前正在史丹佛大學擔任助理研究員的林孝庭學長，四年多以來利用e-mail與我討論，開拓我對外國相關研究的見識。還有一群文大同門的狐群狗黨：慧媛、俊良、盟騏、嘉陵、建道、王琦，每每在陽明山觀雲樓把酒言歡，討論功課，接受你們毫不留情面的批判，確實使我在學術的道路上，戰戰兢兢，常保謙卑之心。

最後，我要感謝吾妻憶萱，她的智慧、耐心與體貼，不單滋潤我的生命，也給了我繼續研究的最大動力。

黃文德

中華民國九十三年十月十五日
於基隆旭丘山

目　次

圖表目次

第壹章　緒論

> 華洋義賑會在總會的領導下，組織各地分會，是中國歷史上值得紀念的美好事情。經由這次國際合作運動，它讓來自四面八方，在中國的不同國籍的男性與女性，都能夠同舟共濟，並且懷抱誠摯的心意，相互鼓勵，團結合作；它同時實踐各種計劃圓滿的可能，具體回應各地方對防災、救災工程的需求，……在他們身上可以看到公共精神的展現。
>
> ～梁如浩[1]

「天助自助者」，這一句流傳在中國千年的諺語，在動盪的時代經常被拿來激勵那些在社會中，面對天災人禍，無法安身立命的群眾，要自己想辦法解決問題，屆時上天就會給予幫助。當然，老天爺施展奇蹟的機會並不多見，於是當群眾既無法獲得天助，又不能自助之下，實際上就是依賴人助，譬如本國政府或地方慈善團體的救濟。這樣的觀念，在近代有了不一樣的

---

1 See China International Famine Relief Commission（以下英文簡稱 CIFRC）, *Annual Report 1926, Report on Relief Work in 1926*（Peking: CIFRC, 1927）, Preface Page.

意義，因為中國自一八七〇年代末期起，逐漸興起一股國際合作賑災運動，一般稱之為「華洋義賑」。在經歷將近半世紀的萌芽後，這股國際合作的力量形成新的慈善傳統，促成一九二一年中國華洋義賑救災總會（China International Famine Relief Commission，CIFRC，以下中文簡稱華洋義賑會）的創建。這個中國近代最大的國際慈善團體，融合世界經驗，立足於本土，幫助中國人民，甚至其他國家與社會從事自助、自救。無論是從國際關係，或者是中國社會研究的角度，華洋義賑會創造出豐富國際防災、救災合作的事蹟，展現中國與世界交流中特殊的一頁。

近代中外關係的研究領域，習於將政治與經濟事務視之為核心課題，以至於忽略非政府層次的社會互動。特別是當外國以船堅砲利的姿態，如神話般的擊潰中國素來自傲的天朝形象，這使來華的異邦人，無論他們所從事的行為是否牽涉到政治議題，在帝國主義視野的典範下，都注定與入侵、宰制中國有關。因此，即使中國政府透過外國的協助，引進西方知識、協助建立新式機構，也會被當作是華洋共治（synarchy），[2] 或者是國際共管（International Control）下的產物。於是，在政治上，外交團成為北京的太上政府；在經濟上，現海關總稅務司控制中國財政；在社會上，中外民間共同發起的華洋義賑慈善運動，也被學者認為是「華洋共治」觀念的體現。[3] 在一九六〇年代的

---

[2] John K. Fairbank, *Trade and Diplomacy on the China Coast: The opening of the Treaty Ports, 1842-1854*（Stanford: Stanford University Press, 1953）, p. 465.

[3] Andrew James Nathan, *A History of the China International Famine Relief Commission*（Cambridge, Mass.: Harvard University Press, 1965）, pp. 8-9.

西方漢學研究，「華洋共治」這個典範概念幾乎成為研究的基調。然而，典範概念沒有考慮到華洋義賑會運作內涵主要是建立在中外一體，以及國際合作的基礎上，所謂的組織中外各半，只是一種宣傳上的理想；簡單的口號滿足了中國人在國際地位低落的年代中，尋求民族尊嚴、主權平等的夢想。除了受到典範概念的誤解，過去研究談論華洋義賑會都將注意力放在它推動的農村信用合作社運動，但那只不過是它長期推動中國社會防災、賑災體系中的一部份，就經費而言，甚至佔不到全部的百分之五。[4] 實際上，要討論華洋義賑會的組織發展內涵，必須追溯國際合作傳統如何形成，將它放在國際關係的架構下討論，才能正確理解這個組織的機能與主導發展變遷的核心價值。

一八七〇年代末期華洋義賑運動開始出現黃淮流域災區，經歷一九〇六至辛亥前後三次的救災試驗，華洋義賑發展成為全國性的力量。與過去單純由外國教會或中國官、仕紳推動的賑濟方式相較，國際合作賑災的特色在於它擁有來自海外的組織經營概念，科學化、專業化的急難救助，以及中外共同參與的模式。當民國成立以後，歷史學者稱之為「黑暗腐敗勢力之轉見抬頭」的年代，[5] 中國政府長期失能，而且沒有意識到賑濟事業也是國家主權的一環，加上地域社會不能發展有效賑災的方式。華洋義賑這種國際合作的組織，其獨樹一幟的型態與整體性防災的功能設計，還引發曾經參與活動的美國芝加哥大學學者 George Burleigh Baird 在一九一五年撰寫《中國的賑災與防

---

4 章元善，《合作事業與經濟建設》（長沙：藝文研究會，民 27 年），頁 115-117。

5 錢穆，《國史大綱》下冊（台北：國立編譯館，民81年），頁694。

災》（*Famine Relief and Prevention in China*），[6] 向西方介紹它對人道救助的貢獻與意義。在歐戰期間，中外在賑災方面的合作，一度消沉，直到一九二一年，在北京國際統一救災總會（Peking United International Famine Relief Committee）的主導下，中國南北八大國際義賑團體決定創立一個「非政府的國際組織的合作」（non-government international co-operation）團體，[7] 將各會整合為華洋義賑會，國際防災合作始復興。

華洋義賑會，中文全名為「中國華洋義賑救災總會」，既稱為「總會」，對外代表它作為各地方華洋義賑會的集合體；對內以中央對地方的姿態領導各分會，提供各類資金與技術的移轉。於是，來自國際與本土力量結合的華洋義賑會自一九二一年成立後，活躍於海內外至一九三八年。在此期間它有效利用海內外基金從事各類防災工程、農業研究、急賑救災，以及農村合作運動，並且隨組織力量與調整佈局。宋子文在一九三六年代表中國政府致電華洋義賑會，稱讚它是「純為國際合作，超越政治及宗教一切關係之社會事業；完全基於人類的正義與同情心為出發點」。而蔣夢麟也認為一九三〇年代中國政府的工程建設與農村合作運動的推廣，都是受到華洋義賑會的導引所致。[8] 由此可知，華洋義賑會對中國的重要性及其劃時代的意義。

---

[6] George Burleigh Baird, *Famine Relief and Prevention in China*（Chicago: M. A. thesis paper of Chicago University, 1915）.

[7] Peking United International Famine Relief Committee（UIFR）, *The North China Famine of 1920-1921*（Peking: Peking United International Famine Relief Committee, 1922）, p. 31.

[8] 〈總會舉行十五週年紀念盛況〉,《救災會刊》十卷五冊（民國 25 年 13 月），頁 8。

華洋義賑會的存在，一方面體現了國際人道主義的普世價值觀，具有超越政治對立的可能性，另外則呼應了一九一九年國際聯盟（League of Nations）創立後，倡導透過經濟、社會、醫療的跨國合作關係，降低外交衝突與軍事危機的崇高理想。在一九三〇年代中期，國民政府全國經濟委員會與中國紅十字會逐漸取代華洋義賑會功能以前，後者可以說是中國本土少數能夠超越官方，同時具備執行國際活動能力的非政府組織。一九三七年中日戰爭全面進行後，華洋義賑會主動加入上海中國紅十字會國際委員會，加上國民政府為求集中社會資源，強化抗戰實力，將轄區公私慈善機構歸併到振濟委員會，使得華洋義賑會逐漸終止活動。最後，它所倡議的觀念與策略，多為政府所接受，延續到後來成立的行政院善後救濟總署與農村復興運動委員會，由此可見華洋義賑會對中國社會確實有正面的影響。然而，華洋義賑會被中國社會接受的過程卻是相當艱辛，早在一九二〇年代，朱執信與王寵惠對這類以「人道主義」為名的國際合作抱持懷疑的態度，他們深信在經濟實力的懸殊下，中國接受外國的人道主義合作，無疑地將會導致國權的喪失。[9] 這種來自於知識份子的疑慮是否會減少當時中國社會對華

[9] 朱執信在 1922 年曾將「人道主義」積極定義為：以世界之自然恩惠，供世界人類發展之用。但他也同意世界上有許多強權國家經常藉口弱國浪費資源，實行侵略之實。他又主張：為避免人道主義淪為外國剝削中國的工具，中國必須盡其對世界人類之義務，然後才可以主張人道主義，使其國家隨世界進步，如此便能防止外人侵害中國主權；而改良內治，即為對人類義務之一種，主張人道主義，亦為防衛主權之一法。王寵惠也質疑，中國在對外接觸的歷程中，如果僅能接受外國的救濟，那便不是真正的合作，對等的合作。參見朱執信，〈侵害主權與人道主義〉，《朱執信先生文集》上冊（台北：中國國民黨黨史委員會，1985），頁

洋義賑會的信賴，很難去評估，但確實傳達出中國人對國際合作認識的陌生與對民族地位的強大危機感。

過去學界對華洋義賑會的研究偏重它在一九二〇至三〇年代推動的農村合作運動、信貸計劃，以及農民生活環境的改造。這方面的相關研究，汗牛充棟，其重要者譬如高純淑〈華洋義賑會與民初合作運動〉，[10] 主要使用中國早期出版的合作運動刊物，作為研究基礎。作者關切的重心在一九二二至二八年期間華洋義賑會創辦信用合作的意義、合作教育的實施、政府反應、輿論和農民的反應，提出它對合作運動的貢獻，強調合作運動需要政治社會環境的配合，否則仍無法顯示成果。高文固然有助於學界認識北京政府時期華洋義賑會在推展合作運動，然而在史料上缺乏華洋義賑會的出版品，譬如各年度的《賑務報告書》、《救災會刊》，幾乎沒有用到。從文中的論述也很難理解華洋義賑會推動的農村改革構想、「合作運動」，是如何從海外引入中國，又怎會被納入華洋義賑會的防災體系中，並沒有交代清楚。另外，川井悟《華洋義賑會と中國農村》，[11] 運用華洋義賑會的幾個不連續年度的《賑務報告書》與《合作訊》，與高文一樣同樣著重於農村合作方面，而且更注意到一九三〇年代以後華洋義賑會與國民政府農村改革之間的互動關係。特別的是，除了農業信用合作政策的論述，川井氏文中以將近三分之一的篇幅介紹華洋義賑會的組織架構與來自海內外各國的成員，突顯組織的國際性質，然

300-308；並見王寵惠〈中國歷來對外態度〉，民國 17 年 4 月 5 日，《王寵惠先生文集》（台北：黨史委員會，民國 70 年），頁 462-463。

[10] 高純淑，〈華洋義賑會與民初合作運動〉（台北：政治大學歷史研究所碩士論文，民國 71 年）。

[11] 川井悟，《華洋義賑會と中國農村》（京都：同朋舍，1983 年），頁 28。

而該書只有注意到華洋義賑會幹部在中國內部的政經關係，沒有進一步探索華洋義賑會與其它國家政府、非政府組織的互動。

目前大陸學界對災荒史的研究可謂蓬勃，大部分的研究都集中在追究飢荒的成因、規模、災民人數與傳統慈善組織的善行義舉，但是有關華洋義賑會的討論都僅僅是隻字片語，談不上是完整的論述。即使是側面探討有關華洋義賑會的歷史時，也很少會全面性分析華洋義賑會在中國從事防災、急賑、工賑、組織經營等活動。造成這種現象的主要原因似乎是因為華洋義賑會的濃厚國際色彩、與中英美等國政府關係密切，以及一九二〇年代末期華洋義賑會曾經對中共在農村活動的批評。種種政治上的顧忌導致大陸學界長期忽略它的存在與價值，直到近年才有對它評價較為正面的研究。少數直接以華洋義賑會為研究對象的是章鼎與薛毅合著《章元善與華洋義賑會》。[12] 是書前半部為華洋義賑會前總幹事章元善之子章鼎所寫的個人傳記，後半部由薛毅撰寫<華洋義賑會簡史>。本書雖號稱參考大陸各地檔案館原始史料、章元善個人日記，以及華洋義賑會全套出版品，其實引用的層次相當簡略，而且內容偏重於章元善個人生命史、華洋義賑會農村信用合作與農村教育的介紹，完全無視於華洋義賑會濃厚的國際色彩，多國籍的幹部活動，以及長期的中外合作交流。另外，劉招成在二〇〇三年發表的〈華洋義賑會的農村合作運動論述〉，則進一步肯定華洋義賑會在辦理合作運動的基礎上，推動一系列教育、風俗改革、組織自衛、改良生產、預防天災的積極作用。[13] 然而，這些論著對於華洋

12 薛毅、章鼎，《章元善與華洋義賑會》（北京：中國文史出版社，2002 年）。

13 劉招成，〈華洋義賑會的農村合作運動論述〉，《貴州文史叢刊》第一期

義賑會的理解，偏重它對中國內部社會經濟的意義，忽略了信用合作社等農村活動僅僅是華洋義賑會主張的國際合作與建構防災體系的一小部分。實際上，華洋義賑會在推動防災計劃的過程中，始終在調整工賑、農村合作與其它防災、救災措施的比重，而且組織活動範圍不侷限於國內，還曾將救災、防災經驗與對國際人道主義的承諾擴大到海外地區。

歷史學界真正全面性討論華洋義賑會專著是由黎安友（Andrew Nathan）在一九六五年完成的《中國華洋賑救災總會史》（*A History of the China International Famine Relief Commission*），本書以八十五頁的篇幅，簡單地介紹華洋義賑會的組織創建過程，點出華洋義賑會與美國之間密切的交流，譬如美國紅十字會（American National Red Cross）的非政府組織交流。是書還訪問當時猶在的華洋義賑會前總幹事梅樂瑞（W. H. Mallory），藉由親身參與活動者的口述與華洋義賑會定期發行的通訊刊物《救災會刊》（*Famine Commission Bulletin* or *CIFRC News Bulletin*）及各類出版品，在史料的基礎上超越前述著作。即使大陸近年已有研究者注意到華洋義賑會在合作運動以外的組織活動，仍然未能達到三十餘年前黎安友是書討論的深度與廣度。[14] 不過，黎安友的論述主要放在中美關係的範圍，強調華洋共治典範在華洋義

（貴州：2003 年），頁 60-68。

[14] 譬如劉招成、章鼎、薛毅等人的研究都認定華洋義賑會確實建立一套完善的賑災運作機制，並將它視為民國時期鄉村建設運動的先驅。但是他們所提出的觀察與肯定，並沒有更深入討論與豐富的一手史料來佐證，而黎安友早在 1965 年出版的《中國華洋賑救災總會史》就已有更完整的論證。劉招成，〈中國華洋義賑救災總會論述〉，《社會科學》第五期（上海：2003 年），頁 97-103。

賑會組織的落實，[15] 缺乏中國方面的觀點，而且忽略掉華洋義賑會與其他政府非政府組織的關係。在史料方面，全然以華洋義賑會出版品詮釋其歷史，沒有使用其他檔案佐證，譬如美國的《外交白皮書》（*Papers relating to the Foreign Relations of the United States, FRUS*）、美國國家檔案館（National Archives）的《美國國家檔案有關中國內政檔案》（*Records of the Department of State Relating to Internal Affairs of China*, 1910-1929）、美國眾議院聽證會會議記錄 （*Hearing before Sub-Committee of House Committee on Appropriations*）、英國外交部檔案（British Foreign office Document）。檔案使用的貧乏，或許這與當時各國政府檔案尚未解禁有關，[16] 所以黎安友僅用一九二一年一九三五年間的華洋義賑會英文出版品，缺乏其它公私機構史料，這不僅影響他主張華洋義賑會為華洋共治的典範的可靠性，也無法反映這個國際性的團體如何調處世界、中國社會與其內部的互動性。另一個研究的盲點是，黎安友的著作與前述研究都將華洋義賑會之總會與分會，視為一體，沒有察覺兩者之間的關係差異性、從屬關係的多元性。當然，這些研究也沒有意識到華洋義賑會在不同時期對自身發展路線調整，以及它如何在中國各地逐步建構可以提供國際與中國、政府與民間、中央與地方、慈善組織與學術研究對話的平台，完成一個兼具國際與本土特

---

[15] Andrew James Nathan, *A History of the China International Famine Relief Commission*, pp. 8-9.

[16] 英美對於重要的政府檔案文件的解禁時間，一般從三十年至五十年不等，見黃文德，〈台、港兩地圖書館館藏英國外交部檔案相關微卷之狀況及運用方法〉，中研院近史所檔案館，http://archms1.sinica.edu.tw/foreign/paper/mh1110-1.pdf（Accessed date: 2003/12/29）

質的防災體系。唯對於學界瞭解華洋義賑會，黎安友的著作仍然提供一個適切的觀察角度。

創建於一九二一年的華洋義賑會，它的出現具有三項重要的指標意義：第一、意味著自十九世紀後半葉在中國活動五十餘年的華洋義賑組織，終於茁壯。整個組織的變遷不僅反映了中外知識份子如何透過一個民間組織的機制，以對等的中外共同領導，協助中國進行不對等的慈善運動，取得外援，同時也說明了非政治性的國際交流在中國民間社團之間已有成熟的運作。第二、貧弱的中國能夠發展出現代化與科學化的非政府組織／非營利性組織的經營模式。華洋義賑會成員在中外合作的模式下，無論是早在北京國際統一救災總會時期就揭示的「非政府組織合作」，或者是一九二七年華洋義賑會總幹事章元善在一九二七年撰寫的《實用公團業務概要》闡述當時的組織不以營利為目的，[17] 都直接點出這個慈善團體將自己定位為具備現代非政府組織（Non-Governmental organizations, NGos）、非營利性組織（Non-Profit organizations）的內涵。[18] 過去研究甚少注意到華洋義賑會的成立在這方面的重要意義。第三、從國際關係的角度，華洋義賑會長期以來以中國利益為優先考量，透露

---

17 章元善，《實用公團業務概要》（上海：商務印書館，民國 18 年），頁 7。

18 非政府組織，通常只的是指在一特定法律系統下，不被社會視為政府部門的協會、社團、基金會、慈善信託，非營利公司或其他法人，且不以營利為目的組織。即使這些組織在活動的過程中有取利潤，也不可以將此利潤分配，美國便由此發展出所謂的非營利組織概念。參見喜馬拉雅研究發展基金會編，《非政府組織法的立法原則》（台北：喜馬拉雅研究發展基金會，民國 89 年），頁 21。See also Lester M. Salamon et al., eds., *The Emerging Sector: A Statistical Supplement* (Baltimore, Md.: Johns Hopkins University, Institute for Policy Studies, 1996), p.3.

組織的自主性與重視本土的傾向。儘管總會的執行委員會具有華洋各半的傾向，但是在內部他們只強調華洋合作。而且組織的活動中樞—總會事務所，長期以來一直是掌控在華籍的幹部手中，至於外國幹部也只能影響與財務、工程有關的單位，談不上對等。

本文除了釐清國際合作與華洋義賑會發展的脈絡，並且將進一步探討華洋義賑會龐大的體制是如何在仰賴海外經驗後，依據本土政治與社會環境條件，進行改造與調整，使它產生功能性與靈活的組織架構。最重要的是，華洋義賑會怎樣以總會為中心，將海內外的資源、技術與知識，透過直屬、依附、競爭關係轉移給分會。在對外活動方面，華洋義賑會交際的對象包括國際上的政府/非政府組織，在中國本土，它與歷屆政府維持微妙的互動，並且嘗試聯繫其他非政府組織，譬如中國紅十字會以及各大學研究機構，希望讓組織理念擴大、生根。因此，本文所要討論的華洋義賑會國際「合作」，偏重於中外在防災與救災方面的合作互動，而非前人已有豐富著作的「信用合作」。從另一個角度而言，透過國際合作的氣氛，華洋義賑會的組織調整與發展路線的變遷，其終極目的都是在中國建構一張防災的大網，成就它立足於本土，作為國際救災機關的價值。[19]

在參考資料方面，本文主要利用前人未曾使用於中國慈善團體研究的中西文政府檔案與華洋義賑會各類文件。就檔案而言，過去治中國近現代史學者徵引西文檔案大多是侷限在政治與外交史範疇，甚少用在社會史的研究；研究中國社會史者卻又不擅長使用這類檔案，甚至懷疑外國對中國社會的理解程

[19] 〈年會概況〉，《救災會刊》十卷五冊（民國22年6月），頁17。

度，兩者都忽略多元檔案研究在使用上的可能性。因此，本文主要使用笈藏於中央研究院的《外交部檔案》、國史館的《內政部檔案》、《國民政府（振濟委員會）檔案》，英國《外交部檔案（FO）微捲》、《美國國家檔案有關中國內政檔案微捲》，以及香港大學收藏的美國眾議院《聽證會記錄》。就華洋義賑會組織出版品與文件而言，儘管黎安友、高純淑、川井悟、章鼎等人的專著已經運用部分出版品，然而他們所掌握的史料幾乎都有資料不連續的問題，特別是一九二五年以前與一九三四年以後的各年度《賑務報告書》，即使是引用最多的黎安友也未能找到全套。

為了彌補前人在史料上的缺憾，本文將利用笈藏於香港大學的一九二二至三五年份全套《賑務報告書》，加上北京國家圖書館藏的一九二三至一九三八年份的《救災會刊》，以及散見於《英國外交檔案-駐華使館檔》（FO 228）內的工賑報告、合作運動刊物，各類調查報告。依照華洋義賑會的慣例，它的出版品都是中英版同刊行，內容差異不大。另外，鑒於華洋義賑會曾長期在北京設置總會，本文也使用笈藏在北京市檔案館的華洋義賑會執行委員會會議記錄（meeting report）。在上述有關華洋義賑會的出版品中，創刊於一九二三年十月的《救災會刊》可以說是最重要的參考史料，它在一九三三年十月由雙月刊改為每月刊行，[20] 每期內容主要登載會務消息、各地災情、氣候趨勢報告、人事異動，執行委員會會議內容，以及總會事務所相關活動。當一九三八年華洋義賑會因中日戰爭會務停擺後，《救災會刊》仍然持續報導上海國際委員會的會務。

[20] 〈本刊改為月刊〉，《救災會刊》十二卷一冊（民國23年10月），頁1。

在各章內容方面，本文共計六章。首章為緒論。第貳章主要討論近代華洋義賑組織在中國成型與國際防災、救災合作的發展。為了釐清時十九世紀末的華洋義賑運動與華洋義賑會 之間的繼承關係。本章分析南北華洋義賑的發展脈絡與組織沿革，將早於華洋義賑會成立的江皖義賑會與國際統一救災總會，視之為一九二〇年代以後國際合作體系的先趨。除了分析兩大的組織發展變遷，了解其功能性、繼承與延續性。透過對兩大組織的人事與經費的觀察，分析他們之間的傳承性。並且針對黎安友所謂「華洋共治」的典範概念是否適合用來觀察華洋義賑的組織發展變遷，提出質疑。

第三章重心放在華洋義賑會的經營與組織。本章將從國際關係的觀點考察華洋義賑會執行委員會及其所屬的分委辦委員會、總會事務所高級職員、各股，強調這樣一個非營利性/非政府組織，藉由中外合作的模式，利用科學化與標準化的作業程序、明確的防災政策、暢通的聯絡管道、國際化人力結構、海外社會團體的經營概念，加上具備各類專業人才的優勢，不斷進行組織與政策的再造。無論是從北京到上海，優異的體質使它的組織保持效率，與時調整自我定位，適應不同時代的挑戰。

第四章探討華洋義賑會財務及其與分會的互動關係。華洋義賑會濃厚的國際色彩往往使人聯想到它的財務結構是否也有同樣特色。在經營十餘年期間，它是如何維持一個龐大而穩定的財務實力。這些錢又用到什麼地方，是否會如朱執信或王寵會所言，在不平等的合作關係，接受外援。因此，本章分析它如何靈活地運用募款、投資與協助政府代管經費的操作方式，將這些經費用之於中國。即使當中國與列強因為徵稅產生糾紛時，華洋義賑會始終站在中國這邊。另外，本章也將質疑黎安友所言財務為總會與分會維持關係的關鍵。在內容方面，將各分會與總會之間的關係歸納為：總會直屬、依附、競爭等類型討論，並分析導致總會援助分會成敗的原因。

第五章探究華洋義賑會與中外政府／非政府組織的關係。華洋義賑會為了建構中國防災、賑災計畫，在國際關係層面，透過各類美國各類非政府組織的協助，獲得美國紅十字會與華災協濟會等組織相繼提撥基金援助；在國際組織，華洋義賑會與國際紅十字組織，以及國聯所屬勞工局、防災委員會，在雙向的技術交流中發生更緊密的互動。在中國境內，華洋義賑會與北京政府、國民政府始終維持一種既緊張又親密的互動模式。至於與中國境內非政府組織組織的互動方面，總會全面性地與中國紅十字會合作，並隨時局調整自身的發展路線。最後，華洋義賑會還試圖在上海建構與傳統社團的關係。

第六章為結論。

第貳章　近代華洋義賑組織的創立與國際合作（一八七六至一九二〇年）

近代西方人想像的中國，除了充滿神秘的東方色彩，還被旅行家賦予物產豐饒、國泰民安的形象，譬如《馬可波羅遊記》（*The Travels of Marco Polo*）稱中國為世界上最富庶的國家。到了十九世紀中期，遊記裡的論述開始遭到挑戰，西方國家懷疑中國的美好，其實是建構在虛幻的、固步自封，落後於歐美文明的政治體制。儘管西方充滿帝國主義偏見的觀察，未必就是對中國的真切理解。但是部分來華外人仍在一八六〇年代初期推銷海外的政經經驗，希望改造中國，使之符合外國通商貿易的需求，其中最著名的有海關總稅務司赫德（Robert Hart）的「局外旁觀論」，文中對中國政府提出各種改革建議。這類主張利用外國經驗，強調透過條約體系的移植，在華建立中外共同利益，[1] 逐漸演變成「共治」的政治領導結構，[2] 因此，有研究者指出

---

[1] 費正清（John K. Fairbank）認為，十九世紀末中國確實存在著國際共治現象，譬如一八五六至六〇年期間，廣州就是被中外政府官員共同治理，開啟中國在海關、鐵路、關稅、外交方面有不同層次的中外共治。See Katherine F. Burner, John K. Fairbank and Richard J. Smith eds., *Robert Hart and China's Early Modernization: his Journals, 1863-1866*

在社會層面的「華洋義賑」運動，也是國際共治觀念的實踐。[3] 這種由中外人士共同組成的國際救災、防災合作，源起於一九〇六年李德立（E. S. Little）創立「華洋義賑」，奠基於一九一〇年的「江皖華洋義賑會」（以下簡稱江皖義賑會），[4] 最後在一九二一年以北京國際統一救災總會（Peking United International Famine Relief Committee，UIFR，以下簡稱北京國際救災會）為主體，加上其他各省國際義賑組織，改組為中國華洋義賑救災總會（以下簡稱華洋義賑會）。

以往研究在討論國際合作時，較少談到這些在一九二一年華洋義賑會創立前的救災組織如何運作、如何在中國政府失能的狀況下，集合海外力量對中國民間進行組織經驗與救災、防災技術的移轉，並且忽略了新舊組織傳承的連續性與一慣性。因此，本章將在華洋義賑會之前成立的江皖華洋義賑會與北京國際救災會，視之為與華洋義賑會源出於同一體系的組織，分析他們的發展變遷與延續性。同時，透過考察江皖華洋義賑會

（Cambridge, Mass: Harvard University Press, 1991）

2 John K. Fairbank, *Trade and Diplomacy on the China Coast: The opening of the Treaty Ports, 1842-1854*（Stanford: Stanford University Press, 1953）, p. 465.

3 本文所要探討的中國華洋義賑救災總會，過去學界基於華洋義賑的成員來自世界各地，使這個組織往往被研究者視之為二十世紀初「華洋共治」理念落實在慈善運動（charitable movement ）中的代表性個案。黎安友指出：華洋共治的精神主要是體現在透過中外各半原則的方式，共組團體，加上從中央到地方的國際監督，以達到賑濟華人的目的。Andrew James Nathan, *A History of the China International Famine Relief Commission*, pp. 8-9.

4 參見黃文德，〈辛亥前後美國與華洋義賑組織關係之研究〉，收入胡春惠、周惠民主編，《兩岸三地歷史學研究生論文發表會論文集》，（台北：政治大學歷史系，2001），頁 607-633。

與北京國際救災會的人事、經費，質疑所謂國際「共治」的典範概念並不符合華洋義賑的組織的實際發展。

第一節　晚清華洋義賑組織的成型

從近代中國國際合作的脈絡觀察，最初提倡救災合作觀念的根源，來自十九世紀末的北京外國使節。當時，鑑於中國頻頻遭遇內戰與災荒之苦，英國駐華公使阿禮國（Rutherford Alcock）乃在一八六五年依照使館參贊威妥瑪（Thomas F. Wade）的意見向中國政府提出「新議略論」，內容倡議中國應與外國合作，解決政府失權的危險以及政治封閉的弊病。[5] 這份備忘錄的內容偏重於政治層面，與非政府層面的救災合作無關，但威妥瑪的看法的確刺激中國政府注意內政改革，並對海外展開常態性的互動。一八七六年，中國境內河南、山西、陝西、山東、河北發生嚴重飢荒，影響九百五十萬餘人生計。卸任公使職務後的阿禮國乃以私人身分，在倫敦號召英國工商界重要領袖與外交界人士，成立中國賑災基金委員會（China Famine Relief Fund, England）。這個基金會每週以六百到一千八百英鎊不等的款項援華救濟，同時利用各類媒體宣傳中國飢荒狀況的慘狀，呼籲西方重視減輕中國災情的人道意義。[6] 然而，這次賑災的成效究竟如何？募款金額有多少？華人是否曾經參與？沒有文獻

[5] 參見王曾才，《中英外交史論集》（台北：聯經出版事業有限公司，民國80年），頁65。

[6] Committee of the China Famine Relief Fund, *The Famine in China* (London: C. Kegan Paul & Co, 1878).

能夠說明。唯一能確定的是，在英國的主導下，這個以援助中國為目的之基金，曾於一八七六至一八七九年在上海以及天津兩地發放現金賑濟災民。著名的英國傳教士李提摩太（Richard Timothy）當年也參與賑災，並遠赴山西向當地的巡撫曾國荃提出移民東北、興建鐵路即公共工程等以工代賑的防災之策略。[7]至於中國官方對上述慈善行動的態度，則是忌妒多於感恩。[8]

一、國際賑災合作運動的發展

上述以海外慈善基金為主體的救濟活動，本身在中國並沒有實體的組織運作，負責實際工作的是三十一位長期駐華，分屬不同地方基督教會的外籍神職人員。他們對自己角色的認同或許並不一致，但多能在能力所及，協助華人脫困。另一方面，在活動的過程中儘管有華籍教徒參與，但他們與外國人的關係多半是屬於依附性質，談不上是對等合作。救災活動，經過一八七六至七九年，三年的磨合過程還未能使它發展為全國性的活動。這種合作模式與二十世紀初先後出現的華洋義賑組織比較，無論是在本質與內涵都存有很大的差異。中國賑災基金委員會的活動，最後因為災情的趨緩而告結束。

儘管來自海外的國際合作，並沒有在一八七〇年代末期的中國，落地生根。不過，在此之後至二十世紀初，中國社會有了四項重要的轉變，刺激國際救災合作運動的繼續發展：

---

7 參見王樹槐，《外人與戊戌變法》（台北：中央研究院近代史研究所，1980），頁 27。.

8 Andrew James Nathan, *A History of the China International Famine Relief Commission*, pp. 3-4.

第一、就基督教在華宣教方向的調整而言：十九世紀晚期，每當中國中央政府權力萎縮，無法解決地方災變，造成人民必須尋求區域內非政府組織的力量，解決問題。大多數在華外國教會憑藉相對優勢的組織、財務與科學觀念，恰好可以提供類似公部門的賑濟服務，甚至完全取代地方政府的撫恤、救濟職能。[9] 少數有心協助中國改革的傳教士，由於他們關懷政治，最後成為光緒皇帝維新運動的鼓吹者。在一九〇〇之後，另一批有志於協助中國改革的神職人員，逐漸發現他們越來越無法影響中國政府的動向，於是轉而投入公共衛生、教育及鄉村重建工作，[10] 促成外籍教士在華推展其社會事業的高峰。

第二、就各國在華團體參與中國慈善事務的程度而言：自一八七〇年代中期以後，各國外僑開始在口岸組織社團、協助教會辦理活動，依照過去他們在本國運動慈善救助的經驗，以強而有穩定的經濟力量為居地公共事務貢獻心力。

第三、就中國新式知識份子接納外國非政府組織援助地方的態度轉變而言：一九〇三以後陸續出國留學以及在口岸地區接受新式教育的社會菁英回鄉後，[11] 逐漸改變傳統仕紳抵抗基督教會分享他們在慈善活動場域所享有的權威的態度，推動地方紳商主動加入賑災。[12]

---

9 George Burleigh Baird, *Famine Relief and Prevention in China*, p. 10.

10 參見 John K. Fairbank 編，張玉法主譯，《劍橋中國史——第十冊，晚清篇》上冊（台北：南天書局），頁 694。

11 1903 年張之洞建議中國政府放寬對私費生留學資格的限制，使出國留學人數增加。1911 年清華學校成立以後，赴美官費生增加。而這些留美學生回國後在社會上的影響力也比過去的留學生更為顯著。參見舒新城，《近代中國留學史》（上海：中華書店，1989），頁 82。

12 George Burleigh Baird, *Famine Relief and Prevention in China*, p. 25.

第四、就中國新式教育與慈善事業的合作關係而言：十九世紀末的中國，民間慈善組織缺乏有關賑災的科學數據與研究，效率有限。進入二十世紀後，部分由外國教會主持的大學機構，開始與中外義賑組織合作，提供後者在社會運動、組織觀念與科學技術方面的諮詢，矯正過去組織策略仰賴經驗原則，同時以高等教育機構作為培育幹部的搖籃。

迨上述各項條件在二十世紀初逐漸穩定，中外人士逐漸調和並解決國際合作的文化衝突、經費不足、賑災知識有限與人員素質良莠不齊等問題之後，國際合作或者說是「華洋義賑」的活動便能夠持續擴張，並發展出各種自願性慈善團體（voluntary charitable organization）。[13]

二、江皖義賑會的創建及其職能

在一九二一年華洋義賑會創立之前，有兩個重要的組織可以視之為它的前身，一個是一九〇六年至〇七年期間由英國商人李德立在上海成立小型的義賑會（以下簡稱為李德立義賑會）；[14] 另一個是一九一〇年出現於蘇皖地區的「江皖華洋義賑會」（The Central Chinese Famine Committee，以下簡稱江皖義賑會）。[15] 前者是英商李德立有感於江蘇宿遷一帶災情慘重，遂發

[13] Ibid., p.23.

[14] 美國檔案內談到此會時，為避免與江皖華洋義賑會混淆，因此多以「1906至 1907 年的華洋義賑會」來稱呼，本文則改稱為李德立義賑會。

[15] 「江皖華洋義賑會」這個以地域為名的組織稱號，僅在 1910 年 12 月中第一次集會中出現，此後中西文報刊，以及該組織本身對外的文告，均以「華洋義賑會」行之。簡化名稱的動機可能是因為以江、皖為名，容易造成地域性的聯想，降低籍貫或事業不屬兩省範圍的紳商在捐款時被

起中外聯合募捐，最後共得一百六十萬兩規銀，[16] 開啟國際賑災合作的序幕。雖然，李德立領導的義賑組織最後隨災情的舒緩而解散，然而在活動的過程中，它訓練出一批積極投入社會公益的中外紳商，後來在一九一〇年夏季的蘇皖賑災行動中，繼續以國際合作為號召，建立江皖義賑會。新成立的江皖義賑會，以「救命不救窮」（Save lives but not relief the poor）作為成立宗旨（mission statements ）。[17] 它的運作方式延續李德立義賑會模式，以國際合作為主體，強調中外同心協力救災。儘管江皖義賑會的存在並沒有維持太久，不過它的團體經營經驗，對一九二〇年代成立的「北京國際統一救災總會」、華洋義賑會，無論是在組織章程、人員組成、賑災技術、公關宣傳與對外募款等，都有著直接的影響與具體的脈絡關係。[18] （參見圖 1）

動。另外，以江皖為名也無法彰顯該組織在華洋義賑合作歷史的重要性。當然，該組織主要成員均為過去「1906 至 1907 年的華洋義賑會」的募款健將，以昔日「華洋義賑會」所建立的知名度繼續推展賑務與募款，似乎較能得到幫助。另外，在少數文件中，「義賑會」有時也寫成「義振會」，譬如中央圖書館台灣分館所藏的 1912 年的《華洋義振會災賑文件彙錄》。然而，為了避免「1906 至 1907 年的華洋義賑會」、「江皖華洋義賑會」與「中國華洋義賑救災總會」之簡稱「華洋義賑會」混淆。因此，本文以所指涉的「華洋義賑會」係專指 1921 年創立的「中國華洋義賑救災總會」。至於「1906 至 1907 年的華洋義賑會」與「江皖華洋義賑會」，本文分別以「李德立義賑會」與「江皖義賑會」稱之。參見江皖義賑會，《華洋義振會災賑文件彙錄》（江蘇：江皖義振會，1912）。

16 〈敘華洋義振會之緣起〉，April 28, 1911, United States, Department of State, National Archives No.329. *Records of the Department of State Relating to Internal Affairs of China*, 1910-1929（以下簡稱 N.A. 329）893.48b2/97.

17 Alvin W. Gilbert to Nanking Consul, December 15, 1910, N.A. 329/893.48b2/14.

18 過去學界對華洋義賑組織的研究多偏重 1921 年成立的中國華洋義賑救

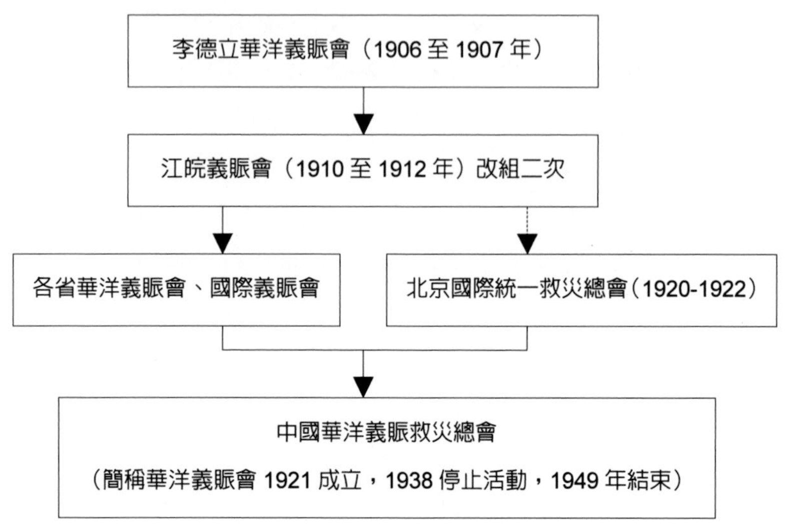

圖1　華洋義賑組織的發展

說明：----表示人事上具有間接接關聯性；—— 表示人事上具有直接關聯性。

一九一〇年十二月成立的江皖義賑會，主要發起者是上海地區的紳商領袖：朱葆三、沈仲禮，以及福格森（John Calvin Ferguson），[19] 其他團體會員則來自外國教會、中國官方，其中

災總會，忽略江皖義賑會才是這類慈善運動觀念的先驅者，以及它與北京國際救災會、華洋義賑會之間的傳承性、關聯性。如此不單無法理解後起之兩者，為何能在短期就能透從事複雜的賑災工程與施行工賑。關於1911年成立的江皖義賑會，參見黃文德，〈辛亥前後美國與華洋義賑組織關係之研究〉，頁607-633。

[19] 福格森又名富開森，或福茂生，美國人，原為美國美以美教會派遣來華宣教的牧師，曾協助劉坤一策動東南互保運動，自1889年開始經營《上海新聞報》，也是1905年前後參與調解中美工約風潮的民間要角之一。當時他的任務主要是協助上海華商與美國駐滬總領事談判。參見張存

包括兩江總督、江蘇巡撫、安徽巡撫、上海道台、匯豐銀行、怡和洋行等，共同組成會員八十人。最後，再由八十人之中推選二十名，依中外各半為原則，組成幹事會（Executive Committee），[20] 負責協調中外募捐與施賑作業。首屆幹事會選出福格森為西議長、沈仲禮為中議長、李少穆與季理斐（D. MacGillivery）[21] 分別為中西榮譽秘書。另外，實際負責人為華人朱葆三與日本橫濱正金銀行上海分行經理鈴木氏，兩人分任中外榮譽司庫（treasurer），[22] 他們兩人同時專責稽核捐款，以及與幹事會其他同僚討論賑款分配事宜。在國際聯繫方面，幹事會分派英、德、日、美、法籍會員負責。在運送賑濟物資與工作人員方面，該會委由羅炳生（E. C. Lobenstine） 協助與津浦鐵路美籍主管交涉免費提供交通。[23] 因此，就領導結構而言，本會由中外人士各半組成。就專業事務而言，挑選人事的考量，則依專業與條約利益關係為基準，任命相關國籍幹事與會員協調業務，以方便聯絡與宣傳，譬如英人負責海關、電報；美國人負責鐵路、運輸、醫藥；法國人負責郵政。

在發展賑務策略與具體措施方面：該會於主要城鎮設置有賑濟站（Relief Stations）與醫療機構，前者負責發放衣物與糧食，利用票券管理物資流通，同時派遣兩位神職人員與一位華籍人

武，《光緒卅一年中美公約風潮》（台北：中研院近代史研究所，1982），頁 47、88、101、158。

20 華洋義賑（振）會編，《華洋義振會災賑文件彙錄》，頁 2。

21 季理斐為上海廣學會牧師。

22 司庫類似今日會計、出納員，在江皖義賑會通常指的是高級財務主管，專責經費稽核。

23 Central China Famine Relief Fund, North China Daily News, December 19, 1910, N.A. 329/893.48b2/21.

員駐站；[24] 後者每個單位配置二名醫生、若干名藥師、經理、會計，以及工員各一名。所有設備及經費悉由美國紅十字會協助。[25] 值得注意的是，地方層級的會計、稽核任務都是由外籍神職人員擔任，外籍幹部認為部分華籍工作人員將賑款中飽私囊、盜賣糧食的情形，無法完全遏止。[26]

在海外賑災技術的引進方面：如前所述，江皖義賑會的組成充滿國際色彩，除了強調科學化的賑濟措施，還進一步地主張透過賑災技術的改良，企圖一勞永逸的解決飢荒問題，當然其成果還是限於特地區域。當時江淮災區經濟環境惡劣、瘟疫與疾病的肆虐無法控制，而中國政府又忙於制憲與革命之爭，江皖義賑會遂以非政府組織的立場，提出近代第一個科學化的「難民村設置方案」。這個計劃係由金陵大學堂教授裴義理（Joseph Bailie）規劃，故又稱「斐義理殖民方案」（Bailie Colonization Scheme）。在美國國務院以及上海領事團的協助下，江皖義賑會於一九一一年在南京紫金山附近設置難民村，藉由收容五千至一萬災民進行屯墾與安置，同時進行防疫的衛生調查工作，以防止秩序與疾病疫情的惡化。[27] 這個計劃最後配合裴義理的模範農田（model farm）研究計劃，[28] 並在一九一二年二月初獲得美國國務院的支持。[29] 從帝制時代跨越到共和

[24] George Burleigh Baird, *Famine Relief and Prevention in China*, p.12.

[25] Edwin C. Lobenstine To American Shanghai consul, August 29, 1911, N.A. 329/893.48b2/127.

[26] George Burleigh Baird, *Famine Relief and Prevention in China*, p.12.

[27] Nanking consul to Peking Legation, February 2, 1911, N.A. 329/893.48b2/45

[28] Shanghai consul-general to Secretary of State, January 23, 1912, N.A. 329/893.48b2/135.

[29] Bailie Colonization Scheme-Farm Colony for Famine Refugees, 1912, N.A.

時代，難民村的計畫意外地先後獲得新舊政權的認同，連甫卸職的中華民國臨時大總統孫中山同意無條件捐贈一千六百多畝土地，[30] 使建村計畫能夠繼續推動。

江皖義賑會以國際合作為主體的賑災模式，在晚清帝國時代，確實獲得海內外政府組織與中國社會一定程度的認同。無論是在滿清政府時期的高級官員如盛宣懷、張謇，或是前述擔任臨時大總統的孫中山均能給予它在電報、鐵路運輸、航運、稅務、屯墾、水利各方面的充分支援。[31] 特別是在外國政府組織與民間方面，作為江皖義賑會最大的贊助者，美國國務院即多次訓令駐外使領給予必要的協助，並透過美國紅十字會成立華中賑災基金（Central China Famine Relief Fund）。連美國民間機構《紐約客教報》（*Christian Herald, New York*）也提供公益廣告代為籌措救濟基金與物資。僅一九一一年上半年，美國公私機構就捐出十二萬六千美元（參見附錄一），其中尚不包括企業家洛克斐勒（John D. Rockefeller）捐贈的五千美元物資。從六月到九月中，由美國國務院經收交付給江皖義賑會的總數也達到八十一萬九千四百五十六美元，達後者當時總收入之半數以上。（參見附錄二）

江皖義賑會以中外各半的領導模式，成為二十世紀初中國建立國際合作賑災模式的典範之一，顯示人道主義的普世價值並不因中國的衰弱而減少它發光的機會。不過，在部分情形下，中外雙方在實務上的協調，並未如宣傳所說的那麼美滿。許多

329/893.48b2/135.

30 〈國民政府褒揚故校長包文〉，《金陵大學建校一百週年紀念特刊》（台北：金陵大學校友會），頁 7。

31 George Burleigh Baird, *Famine Relief and Prevention in China*, p.28.

組織發展衍生的問題分別來自：外籍會員對華籍會員操守的批評、英美政府對中國官方賑災消極的不滿，以及外籍會員在執行業務時對中國風俗習慣的誤解。在缺乏仲裁的力量下，這些問題都無法解決。最後，由於外籍會員們認定部分華籍會員企圖完全掌控幹事會的運作，將賑災基金挪作償付中國對外債務，[32] 加上外國人質疑華商任意抬高糧價，間接侵吞賑款，[33] 完全無視於同胞之情。因此，基於種種的不滿情緒，在傳教士羅炳生的推動下，[34] 一群出身教會與商人的幹部主動提議江皖義賑會改組，[35] 後來並得到大部分會員的同意。[36] 於是改組後的江皖義賑會在一九一一年九月二十日於上海江海關大樓再出

[32] 依照羅炳生的行文，以及 1911 年 11 月的改組名單顯示，這位華籍會員似乎就是中議長沈仲禮。E. C. Lobenstine To American Shanghai consul, August 29, 1911, N.A. 329/893.48b2/127.

[33] 紐約教習聖經高等學校校長懷艾脫博士在九月十四日離華前夕發表的〈萬國合作中國之倡議〉，演說中指出：1.中國官員過分重視官位權力，毫不關心災情，只知從中漁利；2.中國商人囤積居奇，利用協助華洋義賑會的機會，抬高糧價，侵吞賑款。因此，他建議各國不妨在中國建立「萬國聯合事業」模式，組織委員會管理災區，施行以工代賑、築堤建壩。〈萬國合治中國之倡議〉，1911 年 9 月 15 日《申報》，冊 114，頁 263-264。

[34] 羅炳生在華洋義賑組織發展的過程中，佔有非常重要的地位。出身教會的他對 1910 年美國國務院、美國紅十字會、美國公理會機構，以及紐約新聞界發起的援華行動的決策影響甚大。羅炳生也因為流露對中國人民的同情而遭到美國國務院部分外交官的排斥，後者以為他一昧偏袒華洋義賑組織內的華人貪污。在 1921 年的華洋義賑會成立後，羅炳生仍然積極參與上海地區的會務，十分活躍。E. C. Lobenstine , supplementary report to the Center China Famine Relief Committee, 1910-1911, August 4, 1911, N.A. 329/893.48b2/127.

[35] Famine Relief Work- report of general meeting, September 13, 1911, N.A. 329/893.48b2/128.

[36] 〈華洋義賑會報告大會誌盛〉，1911 年 9 月 21 日《申報》，冊 114，頁 367。

發。就形式上而言，組織擴大、功能性與專業性更強，與其稱新會是在舊會的架構下改朝換代，到不如說是全面性的「再造」（Re-enginner）。

三、辛亥革命後華洋義賑的延續

改組後的江皖華洋義賑會，經過二十人組成的幹事會選舉後，H. Merrill 被選為議長，伍廷芳與 F. R. Graves 為副議長，朱葆三與匯豐銀行的經理 C. S. Scott 為司庫。有別於舊組織功能性不足，新會有了一些符合分工原則的調整：除幹事會以外，在議長之下另設資料與統計委員會、公關委員會、財務委員會、採購委員會、防災工程委員會、醫療委員會等六個附屬委員會。[37] 兩個月後，新任議長改選為 F. R. Graves，副議長由伍廷芳繼續留任。另外，兩位司庫留任、羅炳生為榮譽書記、一位華籍人士擔任中文書記，幹事會也由二十人增為二十二員，但是會員人數仍舊維持在八十名之間。[38]

由於江皖義賑會改組期間，時值中國爆發辛亥革命，為了避免因為政治對立影響賑災，中外幹部曾經尋求中國朝野與美國社會、政治領袖的協助，希望藉由他們的支持，使單純的賑濟行動能夠擺脫軍事的干預。根據孫中山的自述，一九一二年初，江皖義賑會曾徵詢他是否願意兼任議長職務，他也對本會的移民村計劃表達濃厚興趣。[39] 不過，孫中山擔任臨時大總統

---

[37] Central China Famine Relief Committee, *The Shanghai Times,* October 4, 1911, N.A. 329/893.48b2/131.

[38] Shanghai consul-general to Red Cross, December 16, 1911, N.A. 329/893.48c2/14.

[39] 當時還有名為「民生國計會」主張移民開墾的組織，要求孫中山以個人名義支持，但他以事關重大為藉口婉拒。〈復民生國計會贊成移民就墾書〉，

職務的時間相當短，對於出任議長一事，遂改囑張清泉、馬君武代理。但是張、馬兩人也沒有參與江皖義賑會活動的紀錄。[40]

從江皖義賑會的經費與賑災技術的移轉來源觀察，辛亥前後南京臨時政府的幫助實在有限，而美國的支持與否，才是影響它能否繼續經營的關鍵。為了江皖義賑會強化組織功能，同時取得美方的繼續支持，江皖義賑會主動尋求美國駐南京領事館、美國紅十字會（American National Red Cross）與中國政府，四方共同合作，在江蘇與安徽兩省各設一個工業分委辦會（Industrial Sub-Committee），下設實業（Industrial Committee）、醫療（Medical Committee）、分配委員會（Distribution Committee）。[41]藉由地方工業委辦會的成立，配合江皖義賑會的賑濟行動。

從辛亥革命至南北對立結束，江皖義賑會的中外幹部能夠遊走於中央與地方政府，爭取各種待遇與賑災資源，持續年餘，實與中外政府的支持有關。特別是中國政府，當它在賑濟領域長期未能展現施政的決心，遇到非政府組織願意出面主持賑務，在沒有考慮到「賑災事關慈善，且繫國權」的問題下，[42] 當局自然將責任移轉到民間。不過，當時江皖義賑會也不是全面

1912 年，中華民國各界紀念國父百年誕辰籌備委員會學術論著編纂委員會，《國父全集》第二冊（台北：國父全集編輯委員會，民國 64 年），玖-182。

40 〈復聯合義賑會另派馬君武代理該會會長電〉，1912 年 4 月 17 日，《國父全集》第二冊，頁玖 161。

41 Red Cross Society Plans Famine Relief-Sub Committees are Appointed to Take Charge of Work in Kiansu and Anhui, October 4, 1911, N.A. 329/893.48b2/130.

42 認為賑災的責任，不僅「事關慈善，且繫國權」的觀念，最早見於 1922 年北京政府討論海關賑災賑災附加稅問題時的外交文件。〈交通部、內政部、財政部、賑務處等為會同咨復事案准〉，民國 11 年 7 月 20 日，近史所，《外交檔案》，03-19-164-02。

承受政府的委託，它也認為解決災荒是政府的職能之一；既然中國新政府已經成立，那麼當局自然應當照顧人民免於災荒的威脅，[43] 而那也就是國際合作組織完成賑災任務的時刻。因此，在一九一三年一月二十三日，江皖義賑會決定將財產信託化，僅存五席理事，[44] 然後解散組織。

完成財產信託化後的江皖義賑會幾乎消失，但其實在它運作的四年期間，透過組織訓練的人員與頒布的章則，早已逐漸滲透到中國其它宗教與慈善組織。這就是為什麼一九二〇年代初期，華洋義賑運動再度興起時，各地國際賑災合作團體能夠在短時間成立的主要原因之一。一九一九年成立的上海華洋義賑會（Chinese Foreign Famine Relief Committee, Shanghai）與稍晚創會的北京國際救災會，在人事與組織運作的型態上都與江皖義賑會有直接的關係。因此，江皖義賑會的經驗也透過兩會的人事、經費、知識的移轉，間接影響一九二一年創立的華洋義賑會。

四、江皖義賑會從海外引進防災技術

除了中外合作領導，回顧江皖義賑會的活動，它對中國貢獻最大的部分，當屬引進海外慈善組織的管理經驗、賑災工程

---

43 George Burleigh Baird, *Famine Relief and Prevention in China,* p.42.

44 依照中外幹事協議，這五位理事將分別由美國駐上海總領事、江海關稅務司、國際銀行團經理、上海總商會，以及一位華人代表擔任。他們的主要任務是在災害發生時成立緊急委員會（Emergency Committee），使中外國際賑災合作的聯絡與救災經驗保留。江皖義賑會同時規定：1.將來緊急委員會的委員人數將不得少於八人，其中一半必須是華人；2.未來基金的信託人，必須曾經具備擔任緊急委員會幹部的資歷。Famine Committee concludes its task, The China Press, January 23, 1912, N.A. 329/893.48b2/143.

技術與防災知識。這些無形的資產與力量，主要來自美國政府與民間的長期贊助與關切。中國在一九一一年十月初爆發革命，形成南北對峙的狀態，因此江皖義賑會一方面對各方勢力採取平衡策略，以免政治因素干預救災；另一方面，它也積極的向各方政府遊說防災工程計劃，爭取經費，[45] 同時利用外國在華的政治影響力，阻止任何干預賑災的可能性。

儘管江皖義賑會對中國政府的工作遭遇挫折，但在海外方面卻有穩定的收穫。辛亥革命以後，美國紅十字會繼續對支持江皖義賑會經費，傳達出美國民間在慈善運動的連續性與一貫性，並不會隨政治變遷而中輟。美國紅十字會還針對江皖義賑會在災區遭遇的問題，提出改良建議：

第一、在賑濟方法上，採取以工代賑法，但不再發放金錢，改以食物作為工資。至於免費食物的提供將僅限於無能力工作者，以防止商人藉機哄抬糧價。[46]

第二、在防災教育方面，由江皖義賑會以賑災基金項下八千美元，選派學生赴菲律賓馬尼拉學校習森林學，[47] 開啟中國學生海外學習林業之先聲。

第三、防災工程技術方面，由美國紅十字會派遣顧問到中國，指導工程，訓練種子工程師。一九一四年江皖義賑會請中國駐美公使夏偕復協助，在美國國務院與紅十字會的贊助下，

---

[45] 其中最具體的成效就是獲得廣東新政府支援的一萬兩。Shanghai consul-general to Red Cross, December 16, 1911, N.A. 329/893.48c2/14.

[46] The Central China Famine Relief Committee, December 2, N.A. 329/893.48c2/14.

[47] 有關這些學生在國外的學習狀況與回國後的出路，目前並沒有任何文獻可以提供足夠資訊。Shanghai consul-general to Secretary of State, December 5, 1912, N.A. 329/893.48b2/142。

由詹美生（C. D. Jameson）擔任總顧問，率領曾經參加巴拿馬運河工程的工程師：包括賽伯（W. L. Sibert）、威斯康辛大學河道工程學（Hydraulic Engineering）教授宓德（Daniel W. Mead）、美國政府疏浚首席工程師達衛（Arthur P. Davis）四人，以及威大的華籍留學生一位，協助北京政府的「導淮局」進行一系列的疏浚、築提、道路設計探勘，建立完整的檔案。[48] 這個行動從一九一四年六月底持續到同年八月左右，整個計劃的經費耗資十萬美金，其中美國紅十字會贊助兩萬五千美元。[49]

第四、在社會問題研究方面，過去一般從事救濟工作的團體較重視重災的經濟重建，忽略群眾的身心保健問題，江皖義賑會則開始去研究，並得出「淪為乞丐的災民在無法獲得生活所需時，即會產生生理衰落的現象」與「災區內部的精神與智識問題較經濟問題更嚴重」的觀點。為了解決生理與心理層面的兩大問題，江皖義賑會認為：若能利用防災工賑加以救濟，將有助災區民眾個人生理與心理健康的改善。[50]

江皖義賑會在中國的存在與經驗，刺激不少對慈善運動有興趣的社會菁英仿效，開啟了非政府組織的從事國際賑災合作的新模式，譬如在歐戰期間以基督教青年會總部（Headquarters of Y. M. C. A., Peking）為辦公室的華北基督教賑災會（North China Christian Flood Relief Committee）。該會不僅沿襲中外各半的領導結構，並利用工賑、移民，改善運輸、職業教育來達成防災的目的。不少曾經參與華洋義賑會的專家與團體如金陵大學的

---

48 George Burleigh Baird, *Famine Relief and Prevention in China*, p.50.

49 〈外交部夏公使電張謇總裁〉，1914 年 4 月 19 日，收入中央研究院近代研究所檔案館藏，《經濟檔》，09/21/4/1。

50 George Burleigh Baird, *Famine Relief and Prevention in China*, pp. 40-44.

裴義理、美國紅十字會也同樣支持華北基督教賑災會的活動。[51] 這個團體的重要幹部如王正廷、戴樂仁（J. B. Tayler）、章元善後來都成為北京國際救災會、華洋義賑會的重要核心人物。[52]

江皖義賑會從救災的過程中體會到防災要比救災更有價值，所以在一九一一年九月改組以後就有計劃地透過美國的幫助，先引進外國顧問，再輔之以設立學校，或鼓勵政府派遣公費學生出洋學習，種種策略都有助於防災技術的移轉。江皖義賑會倡導的重視「防災甚於救災」、主張利用工賑計劃解決災區社會問題的觀念，深深地影響一九二一年華洋義賑會的發展路線。若從賑災成效而論，數百萬人命因江皖義賑會提倡的國際

---

[51] 華北基督教賑災會設有事務所（office），會長為英國公使朱爾典（John Jordan），副會長為王正廷、司庫 Farnworth 神父、秘書：密爾士（W. P. Wills）與戴樂仁、執行委員會會長王正廷。To The Members of the General Committee, May 25, 1918, FO 228/3029/93-97。

[52] Robert E. Bedeski 論述近代中國國家建構（state-building）曾經指出，在滿清政權崩潰下的所謂後帝國時期（post imperial period），不少民間社會組織如商會、水利會，趁著國家尚未統一，以及北京政府不知熟悉如何運作社會控制時，選擇以自身力量尋求保障利益，在辛亥革命前後出現的例子，可以說是極為普遍。從江皖義賑會的組織與活動來觀察，其成員來自中外各地的紳、商、官、教育與神職體系，嚴格來說，並沒有顯明的利益集合。然而，江皖義賑會幹部卻能利用簡單的宗旨（mission statements）、充滿悲情的新聞報導與會員在偏遠鄉村執行賑災工作的經驗，在慈善領域中尋出「共同體」（Community），獲得各界對國際合作的認同，並且透過非營利性、非政府組織的型態來執行公共福利事務，彌補中央與地方政府無法在鼎革之際有效運作的遺憾。必須強調的是，當時江皖義賑會在發展目標上，沒有取代地方政府或傳統慈善組織地位的意圖，相反地，更多的案例反映的是三者關係的協調與合作。Robert E. Bedeski, *State-Building in Modern China: The Kuomintang in the Prewar Period*（Berkeley: University of California, Berkeley, 1981）, pp. 8-9.

賑災合作而獲得保障，那麼它對中國社會的巨大影響力，[53] 已超越狹隘的維護團體利益範疇。從另一個角度來看，江皖義賑會以國際合作的型態發展組織，對後來的中外慈善合作確實具有指標性的作用，也為一九二〇年代初期的全國性的國際賑災聯合行動提供具體可行、甚至是失敗的教訓。

第二節　北京國際救災會的創建與全國賑災網路的形成

對於成立於一九二一年的華洋義賑會，過去學界對它的研究普遍集中在農村合作運動，較少注意到它的組織變遷與充滿國際色彩的結構。實際上，華洋義賑會之所以能夠在充滿動盪與不安的社會中持續十七年之久（一九二一年至一九三八年），就內部因素而言，憑藉的就是它管理與調整組織的效率、章程制度化的堅持、透明化的經費稽核制度，以及會員彼此之間的專業、互信。這些信念與風格並不是憑空而生，大部分是來自於二十世紀初中外慈善組織的經驗與歷練，可以說是國際關係中非政府組織層面交流的結果，不全然是本土的經驗。而在一九二〇年代初期短暫出現的北京國際統一救災總會（以下簡稱北京國際救災會），正是再次促成華洋義賑會成型的重要關鍵。然而，過去有關國際賑災合作的研究多將重心放在一九二一年成立的華洋義賑會，忽略北京國際救災會與華洋義賑會在組織運作、經費管理、人力資源等方面的傳承性。實際上，北京國

[53] George Burleigh Baird, *Famine Relief and Prevention in China,* p. 48.

際救災會的存在不僅意味著辛亥前後國際賑災合作運動的復興，同時表明中國南北的中外合作賑災組織能夠在簡單信念的引導下，達到團結的宗旨，完成全國性的賑災網絡，奠定日後華洋義賑會的組織規模。

一、華洋義賑運動的復興

如前所述，華洋義賑活動在一九一三年以後並沒有完全消失，因為中國內部的飢荒與天災始終存在，而政府失能的狀況卻無顯著的改善，故宗教與慈善團體繼承國際聯合賑災的特質，以中外合作的模式，繼續推動人道事業，普遍出現於中國各地。另一方面，以華人為活動主體的本土賑會，因為吸收江皖義賑會的經驗，也試圖以西方的賑濟方式，克服困境。[54] 儘管傳統慈善組織的活動形式，仍以「做功德」的範圍為主，缺少科學化的管理與防災觀念。但不少名義上為華人主導的公共團體，其幹部與過去的江皖義賑會關係密切，譬如前會長朱葆三同時領導了「上海廣仁堂義賑事務所」與「佛教慈悲會」。當

[54] 受到歐戰的影響，過去積極參與中國賑災的英美民間慈善團體，在這段期間大幅降低對中國的捐助，使教會與外國慈善組織活動萎縮。相對地，由官紳主導的中國紅十字會的經費逐漸增加，成為許多團體重要的贊助來源，其結果導致中國本土大小不一的傳統善堂與急賑組織相對地擴張。以 1918 年為例，當時參與北京地區賑災活動的重要團體有：上海中國濟生會、上海紅十字會、上海義賑會、上海順直水災義賑會、上海廣仁堂義賑事務所、上海佛教慈悲會、上海京直華賑會、天津急賑會、江蘇急賑會、江蘇仁德堂、通縣賑災維持會、天津基督教水災賑濟會、中華聖公會、華北基督教賑濟會，其中能夠稱的上是延續江皖義賑會精神與組織架構，只有華北基督教賑濟會。〈熊希齡致上海中國濟生會等電〉，熊希齡，《熊希齡先生遺稿》四（上海：上海書店出版社，1998），頁 3136。

然一九一九年國際和平氣氛融洽，以美國為根據地的各類非政府組織紛紛提出各式救濟對策，希望解決各國內政問題，從世界各地建構救濟網路，中國自然不能例外。這種關聯性使一九一九年歐戰結束後，中國民間非政府層次的慈善賑濟運動，如同當時中國外交在國際舞台上的表現一樣，民間慈善機構無論是機構規模、募款金額、賑災技術移轉與防災觀念等方面都有長足的發展，奠定日後國際賑災合作復興的基礎。

另外，就中國社會經濟與國際關係而言，還有四項重要因素，導致以「華洋義賑」為口號的國際合作，能夠在中國重現：

第一、中國直隸、山東、河南、山西、陝西等五省在一九一九年前後遭遇嚴重旱災，後來又加上甘肅的地震，受災範圍與災民人數遠超越一八七六年的程度。根據當時基督教會的調查，一九一九年華北五省災民人數超過一千九百七十九萬人，至一九二〇年初甚至高達二千五百萬人，其中平均每一萬人中就有二百八十人因飢寒而死，二百〇八名幼童被販賣到其它地區，以及一百二十餘萬人流亡到蒙古與中國東北。[55] 然而，中國政府無力解決問題，使得災區千萬人的生活陷入飢寒交迫。災區民眾在無法獲得中央政府與地方當局的賑濟下，部分鄉紳與旅居口岸地區的同鄉會，遂主動對外國求援。[56]

第二、歐戰時期基督教團體在全球的積極發展，並且在華培養國際合作人才作為本土組織核心，包括基督教青年會在內

---

[55] 張欽士，〈華北賑務與基督教會〉，《中華基督教會年鑑》第六期（上海：中華續行委辦會，1921 年），頁 229-231。

[56] Graham Patterson to Woodrow Wilson, November 11, 1920, in Arthur S. Link ed. , *The Papers of Woodrow Wilson*, vol. 66 (New Jersey: University of Princeton Press, 1992), p. 327.

的外國教會與中國慈善團體之間的聯繫關係未曾因為戰爭而中斷。由於華工在歐戰期間的表現，獲得歐美慈善團體的認同，「歐戰協濟會」於是撥下鉅款照顧返回中國者。為此，負責執行業務的基督教青年會由總幹事余日章，一方面主持善後事業計劃，[57] 另一方面培養幹部。不少後來成為華洋義賑會的重要幹部，如全紹文、[58] 外籍成員周永治（Hardy Joweet）[59] 都曾在照顧歐戰華工活動中擔任重要角色。無論是在國內或海外，青年會成員藉著傳教演講與遊行的形式，以通俗教育，推展社會工作，[60] 並主動與美國宗教、慈善團體保持密切聯繫，爭取經費，[61] 一如過去江皖華洋義賑會的經營策略。

---

[57] 1882 年生於湖北，1905 年畢業於上海聖約翰大學，三年後自費遊美入哈佛大學習教育，1910 年獲得碩士學位，期間並擔任北美洲中國基督教學生會會員、哈佛世界會會員（Harvard Cosmopolitan），1911 年回到中國擔任武昌文華大學堂（Boone University）校長、武昌紅十字會英文書記。民國成立後任副總統黎元洪外交秘書，1912 年赴北京擔任全國教育會代表，1913 年任中國基督教青年會演講部書記，同年赴美擔任世界基督教學生會代表。1916 年接替王正廷擔任青年會總幹事。北京清華學校編，《民國六年遊美同學錄》（北京：清華學校，民國 6 年），頁 49-50。

[58] 1886 年出生於北京。North China Union College 畢業後，1909 年赴美耶魯大學，1914 畢業，1915 至 1918 年期間擔任中國留美同學會（Chinese Student Christian Association） 總幹事。1918 年擔任青年會華工秘書，服務於歐洲。*Who's Who in China, 1931*, p. 116

[59] 周永治（1871 年至 1936 年），英國人，1893 年在中國湖北地區傳教，歐戰期間曾經在法國華工隊任技術官員。周永治的堂兄弟 F. W. Joweet 是工黨內閣（Labour Cabinet） 重要成員，曾經多次協助周永治解決募款問題。See also FO 228/3701/115-123。

[60] 陳立廷，〈華工善後事業〉，《中華基督教會年鑑》第六期（上海：中華續行委辦會，1921），頁 109。

[61] 參見江文漢，〈基督教青年會在中國〉，收入中國文史出版社編，《文史資料精選》第十三冊（北京：中國文史資料出版社，1990），頁 448。

第三、美國在歐戰結束後，國務院部分外交官主張華府應當繼續支持在華傳教士、商會，以及一切對中國有益的建設性力量，[62] 而民間賑濟被認為是可行之道之一。當時民間推動的援助中國行動在退職總統老羅斯福（Theodore Roosevelt）與塔虎脫（William Howard Taft）的聲援下，由《紐約客教報》發起募款行動，使得以美國紅十字會為名的捐款大量湧入中國。[63] 事實上，美國總統威爾遜（Woodrow Wilson）最初堅持白宮不應介入民間募款，以免所有慈善組織要求一視同仁，造成總統困擾。[64] 最後基於人道原則，以及中美之間長期的友誼。威爾遜還是以白宮名義，指定一個全國性委員會，由拉門德（Thomas W. Lamont）擔任會長，[65] 助理國務卿戴維斯（Norman Davis）擔

---

[62] Roy Watson Curry 著，張瑋英等譯，《伍德羅.威爾遜與遠東政策(*Woodrow Wilson an Far Eastern Policy, 1913-1921*)》(北京：社會科學文獻出版社，1994)，頁 296。

[63] Graham Patterson to Woodrow Wilson, November 11, 1920, *The Papers of Woodrow Wilson*, vol. 66, p. 327.

[64] Bainbridge Colby to Joseph Patrick Tumulty, November 27, 1920, *The Papers of Woodrow Wilson*, vol. 66, p. 434.

[65] 拉門德，生於 1870 年，哈佛大學畢業，早年在 *New York Tribune* 擔任記者，後來 Henry P. Davison 帶領他進入摩根集團（J. P. Morgan），開啟拉門德與金融業的接觸。由於摩根集團與美國政府經常有合作的業務往來，使拉門德活躍於公共領域。在歐戰結束以後，拉門德因為參與美國對中國求償戰前德國湖廣鐵路債券的交涉，加上巴黎和會代表，負責與中日兩國協商財務問題，因而使他開始接觸對華事務，特別是戰後的銀行團與教會事務。孔華潤認為拉門德的智慧主要表現在決策，具有商人、官僚、記者與政治家的特性。See Warren Cohen, *The Chinese Connection: Roger S. Greene, Thomas W. Lamont, George E. Sokolsky and American-East Asian relations*（New York: Columbia University Press, 1978）, pp. 42-47. 司庫的職能相當於今日公司機構的財務部門主管，其地位較出納、會計與稽核人員要高。

任司庫。[66] 這個具有非營利性組織性質的委員會對於整合美國對華救濟力量，具有一定的影響力，同時也是美國對華賑款分配與監督基金運用權責機構，完全延續過去美國紅十字會在中國的角色。

第四、除了美國同情中國的天災與內亂，各國社團也在歐戰結束後，於各省組成國際性的義賑團體，以聯合行動的方式對中國進行人道援助。一九一九年華北地區的嚴重飢荒，更激起各國在華僑社、地方教會的關切，紛紛獨力或與中國紳商組成急賑團體，譬如天津華北華洋義賑會（North China International Relief Society of Tientsin）、山東賑災公會（Shangtung International Famine Relief Committee）、河南災區救濟會（Honan Famine Relief Committee of Kaifeng）、山西旱災救濟會（Shansi International Famine Relief Committee）、陝西義賑統一委辦會、甘肅震災救濟會。甚至不屬於災區的省份也成立相關組織，如上海華洋義賑會（Chinese-Foreign Famine Relief Committee of Shanghai）、漢口華北救災會（Joint Council of the Hankow International Famine Relief Society），以及福建華洋義賑會開始運作輔助上述團體。[67] 這些團體僅有上海華洋義賑會是直接上承民初的系統。不過，大多數組織的領袖是來自教會、海關、洋行、海外留學生與教會學校畢業生，他們對國際賑災合作運動並不陌生，特別是地方層次的救濟事務，譬如擔任華洋義賑會總幹事最久的章元善就是歐美同學會會員，除了擁有海外生活經驗，他還進一步整合同性質團體。

---

66 White House, A Statement on Chinese Famine Relief, December 9, 1920. *The Papers of Woodrow Wilson*, vol. 66, pp. 495-496.

67 張欽士，〈華北賑務與基督教會〉，《中華基督教會年鑑》第六期，頁229-231。

一九一九年前後國際賑災合作團體的成立，雖然可謂盛況空前。但北京政府賑務處只願意與純粹由華人組成的社團合作辦理賑務，很少直接與國際團體接觸，如此做法間接排除後者的參與，其中的原因可能是中國政府與民間社團自認為已經掌握賑災的技術與管理，毋須假手外人。當局原本還希望透過築路、造橋、修堤、作壩等工程，達到工賑目的，結果反而被自己人批評為：「虐待災民」。[68] 這樣的情形一直等到北京國際救災會的出現，整合中外團體的聯繫，雙方的隔閡才有改善。

二、北京國際救災會對賑災組織的整合

北京國際救災會的成立意味著在華國際慈善組織力量的整合。它的存在目的，除了能夠避免大小機構各自募款，釀成惡性競爭的危機，[69] 更重要的是它確實可以監督賑災物資浪費、實踐具體的防災計劃。一九二〇年中，有鑑於北京政府沒有太多資源投入救災，中外人士在美國駐華公使克蘭（Charles R. Crane）的提議下，由美、英、法、義、日、比等國使館初共同組成國際施賑協會（International Executive，後改名為 The International Executive Famine Relief Committee），[70] 其後復與中國方面由汪大燮、梁士詒、熊希齡、蔡廷幹等人領導的華北救災會合作，[71] 雙方原協議

[68] 顏惠慶，姚崧齡譯，《顏惠慶自傳》（台北：傳記文學出版社，1982），頁 106。

[69] 其中最著名的是 1919 年初的慈善彩票事件，由於北京政府在年前發行慈善彩票後，各社團紛紛仿效，造成「舉國若狂，小民投機」。熊希齡致湖南籌賑會電，1919 年 1 月 25 日，《熊希齡先生遺稿》四，頁 3475。

[70] 有部分學者亦將它譯為國際對華救災會、國際救災協會。

[71] 華北救災總會是由在北京活動的二十一個各類義賑團體所組成。張欽

在一九二〇年底共同組成北京國際救災會，[72] 結果提前在同年十月二十八日成立。初創北京國際救災會的組織，其性質與前述那些以單一省份為活動範圍的地方性國際賑濟團體就大不相同，它不僅是跨區域的華洋義賑組織，同時也是聯絡中國官方與民間的中介機構。過去研究多將北京國際救災會視為當時中國國際賑災合作團體之中，「總其大成，督察一切者」。[73] 為什麼北京國際救災會在當時中國的慈善運動中，佔有這麼重要的地位？其權力從何而來？

首先在領導人事方面，北京國際救災會延續江皖義賑會之中外各半傳統，而且重要幹部多來自中外官紳與教會慈善機構，並與稍晚產生的北京政府賑務處財務委員會關係密切，對於處理賑款撥放與分配具有決定性力量。換言之，既有中外政府的支持，又能夠獲得財務補助。按原來的構想，最初北京國際救災會的董事席次應由國際施賑協會與華北救災會合併產生，惟一九二一年初中國政府因需要開徵海關附加稅以作為外債抵押，必須獲得外交團同意，所以產生了財務委員會（Finance Commission）中外各半共十二席代表。[74] 由財務委員會加上賑務處選出的華洋各三人代表，共計十八席構成北京國際救災會

士，〈華北賑務與基督教會〉，《中華基督教會年鑑》第六期，頁 231。

72 Peking United International Famine Relief Committee （UIFR）, *The North China Famine of 1920-1921*, pp. 2-3.

73 張欽士，〈華北賑務與基督教會〉，《中華基督教會年鑑》第六期，頁 231。

74 關於賑災附加稅的談判與管理問題，將在本文第三章處理有關華洋義賑會與外國關係再行討論。這個監督與分配組織在各類文件中經常出現不同名稱，譬如賑務特別幹事會、監督委員會。另外在《中華基督教年鑑》又稱它為財政委員會。儘管名稱稍有差異，但中國籍委員必定是賑務處提名，外籍委員則由外交團選定名單知會北京政府。〈總長致外交團領袖函〉，1921 年 1 月 13 日，《外交檔案》，03-19-160-2。

董事。創會初期的北京國際救災會在一九二〇年底第一批華洋董事十八人，屬中國方面的有：梁士詒、[75] 汪大燮、[76] 熊希齡、[77] 蔡廷幹、[78] 劉芳、[79] 孫鳳藻、[80] 黃鳳華、[81] 謝恩隆、[82] 唐宗愈；[83]

---

[75] 1869 年生於廣東三水，1894 年京師學堂畢業，1906 年擔任唐紹儀秘書。1907 年成為鐵道部部長，1921 年擔任國務院總理。*Who's Who in China, 1925*, pp. 503-505。並見《現代支那人名鑑》，頁 297。

[76] 1858 年生於浙江，1902 年擔任中國政府駐日留學生監督。1903 年進入外務部，1904 年派駐歐洲擔任留學生委員，1904 年擔任駐英公使。1907 年擔任特使，赴英考察憲政，1910 年擔任駐日公使至 1913 年。1916 年擔任北京政府段祺瑞內閣的交通部長。1918 年擔任和會外交委員會代表，1920 年擔任中國紅十字會會長與華北救災會會長。*Who's Who in China, 1925*, pp. 828-829。

[77] 1867 年出生於湖南，1894 年進入翰林院。1898 年因受戊戌變法牽連，當年赴日求學，1905 年回到北京協助端方考察外交，期間曾經訪問過美國與歐洲。1910 年回到中國擔任湖南代理交涉員，但未久又到瀋陽從事財政與鹽務監督。中華民國建立後成為唐紹儀內閣的財政總長。1913 年 7 月底擔任國務總理。1917 年擔任賑督辦，1920 年以後多從事慈善與香山育幼院兒童救濟。*Who's Who in China, 1925*, pp. 312-313.

[78] 1861 年出生於廣東香山，1873 年以官費留美，進入哈佛中學校（Hartford Grammar school, New Britain School）1881 年回到中國進入大沽水雷學堂，後任水雷艇艦長。1912 年擔任海軍副總司令。1913 年出任鹽務署總稽核，稅務處會辦。1919 年擔任歐戰賠償委員會。1922 年時擔任修約委員會主席，同年並擔任中國紅十字會副會長。*Who's Who in China, 1925*, pp. 728-729. See also《遊美同學錄》，頁 178。

[79] 中國人，生卒年不詳，教會出身，屬華北基督教美以美教會牧師，曾任燕京大學校長。

[80] 1879 年出生於天津，天津北洋大學畢業。曾經擔任直隸公益局主席事務員，以及北洋高等學校教席、北洋水產練習所所長。在歐戰結束後曾至日本、菲律賓、加拿大、美國考察教育、工業與水產製造。回國後擔任天津紅十字會副會長與北洋水產學校校長，1921 年擔任直隸教育廳廳。*Who's Who in China, 1925*, pp. 676-677。並見《支那人名鑑》，頁 562。

[81] 1894 年出生，1919 年以《中國公債》（*Public Debts in China*）為題，畢業於紐約哥倫比亞大學，獲得博士學位。

外籍方面的有：H. Codt（比利時）、H. C. Faxon（美國）、深澤暹（日本）、[84] 德來格（G. Douglas Gray，英國）、[85] 盧立基（L. Luca，義大利）、盧克斯（S. E. Lucas，英國）、[86] 鐸爾孟（Andre D'Horman，法國）、[87] 蘇道味（Arthur Sowerby，英國）、[88] H. C.

---

[82] 1884 年出生於廣東，1906 年畢業於天津北洋大學，同年赴美麻省農業學校（Massachusetts Agricultural College）學習農業，1909 年獲得波士頓大學學位，並且進入康乃爾大學作學士後研究，1911 年畢業後復至德國研究。1912 年回到中國被任命為農林部技士，同年也擔任萬國旱田農業會議代表（International Dry Farming Congress at Lath Bridge, Canada 1912），1914 年再任農商部技士，曾經主編《農林公報》、《農商公報》。1920 以後離開農工部轉任交通部專門委員兼農商總長顧問。*Who's Who in China*, 1925, pp.304-306；《支那人名鑑》，頁 863。

[83] 1878 年出生，江蘇無錫人。曾經擔任大清銀行職員，歷任總辦、黑龍江財政廳廳長、東三省官銀督辦、中國農業銀行常務監察人。參見《支那人名鑑》，頁 89。

[84] 代表 International Famine Relief Society of Peking。Dean to China Foreign office, February 23, 1921，《外交檔案》，03-19-160-02-076。另外，德格來同時也是 British Famine Relief Committee, 駐北京的會長，該會辦公室設於英國駐北京公使館。主要幹部有 Eric Clark、盧克斯（S. E. Lucas）、Gamble、F. L. Norris、H. D. Summers、J. D. Liddell。BFRC to Foreign office, Fo 228/3032/20.

[85] 生卒年不詳，曾獲英國 CMG. CBE. MD. RAMC.爵位，1919 年前後擔英國駐華使館醫官。See http://www.piersallison.co.uk/biogs/c_r_d_gray/（Accessed date: 2003/5/12）.

[86] 1921 年 3 月底為同樣來自英國的陶慕斯（W. H. E. Thomas）所更替。

[87] 1909 年任京師大學堂教授，1912 年以後曾任北京政府顧問，並創辦中法大學。參見中國社科院近史所翻譯室，《近代來華外國人》（北京：社科院近史所，1981），頁 111。

[88] 生於 1857 年，美國浸禮會牧師。1881 年到中國，主要在山西傳教，經歷 29 年。曾經任袁世凱之子英文教師。參見《近代來華外國人》，頁 450。蘇道味的席次在 1920 年 12 月底為美國紅十字會駐華代表艾德敷所更替。艾德敷，1883 年出生於美國明尼蘇達州。1905 年普林斯頓大學數學碩士畢業，次年經日本到中國服務於基督教青年會。1906 至 1924 年期間擔任位於北京的基督教青年會總幹事，同時也以美國紅十字會代表之身

Emery（美國）。[89] 其中名譽司庫由蔡廷幹、陶慕斯擔任；名譽秘書由黃鳳華、謝恩隆、鐸爾孟、艾德敷（D. W. Edwards）擔任，艾氏同時擔任總會執行秘書（executive secretary）。最後，會長由董事邀總統徐世昌擔任。[90] 以這份成員名單與過去的江皖義賑會相較，有兩個重要的轉變：

第一、領導幹部出身趨於專業，如財務管理、農業、教育、外交等領域的學者、技術官僚與專家紛紛參與。過去積極參與辛亥革命前後的國際賑災合作的紳商型中國會員與外國教士、商人、外交官，這個時候已經不再全面主導組織，取而代之的是一批具備留學或慈善運動經驗的知識份子。他們對於國際間非政府層次交流，非但不陌生，部分成員如愛德敷、蔡廷幹甚至同時擔任青年會與中國紅十字會幹部。

第二、北京國際救災會的中、外籍董事絕大部分都與教會有關，甚至本身就是神職人員，儘管目前研究對他們個人生平所知甚少，惟從後來的經歷觀察，他們是把在北京國際救災會的任務視之為專職工作，利用個人與團體資源，全時間投入賑災，這使北京國際救災會能夠與他們所屬的海外非政府組織總會建立關係。至於與各國政府之間的交際，北京國際救災會外籍董事本來就是由英、法、日、義、美等國家推薦擔任，雙方關係之密切不言而喻；他們多能直接向駐在北京的本國公使與

分在賑務處財務委員會擔任董事。艾德敷對 1920 至 1930 年代的北京國際救災會與華洋義賑會的組織活動、募款與行政管理具有相當影響力。http://webtext.library.yale.edu/xml2html/divinity.012.con.html.（Accessed date: 2003/5/12）. See also Dean to China Foreign office, February 23, 1921，《外交檔案》，03-19-160-02-076。

89 代表美國紅十字會著北京顧問會（American Advisory Committee），Ibid.

90 UIFR to Beilby Alston, March 22, 1922, FO 228/3031/69.

外交團聯繫工作，譬如任職於英國使館的德格來博士，在即任內多次透過英使聯絡外交團，協調賑災附加稅的分配問題。北京國際救災會吸收這些掌管賑款分配、監督的賑務處財務委員會成員參與，[91] 加上外交團的信任，以及慈善募款大金主－美國紅十字會駐華顧問會（American Advisory Committee China Famine Relief）的委託，[92] 相較於其他慈善團體與社團，北京國際救災會理所當然的展現與眾不同的地位與實力，甚至超越國家機器下的官僚機構。

在組織功能方面，北京國際救災會延續江皖義賑會的架構，再以專家領導、集體決策、獨立監督的方式管理科層化組織，同時配合中國地方縣級政府職能的發展，讓龐大的賑濟團隊深入鄉村。最遲在一九二〇年年底，設立於北京大方家胡同三十號的總會之下已經陸續置有人事股(Personnel Committee)、[93] 調查股（Investigation Committee）、[94] 賑務股（Relief Works Sub-Committee）、[95] 防疫股（Sanitary Sub-Committee）、[96] 購糧股

[91] 必須要說明的是，過去研究多認為北京國際救災會的董事其中十二席是由財務委員會所兼任，這種說法不一定正確，譬如 1921 年初外交團選出的財務委員會六位外籍董事，盧立基、盧克斯、深澤暹、F. B. Turner、F. R. Graves 艾德敷，僅有四位後來進入北京國際救災會擔任董事，而且在籌備財務委員會的相關文件顯示，UFRC 當時已經成立董事會。Dean to China Foreign office, February 23, 1921，《外交檔案》，03-19-160-02-076。

[92] UIFR, *The North China Famine of 1920-1921*, pp. 5

[93] 會長為美國籍的司徒雷登（J. Leighton Stuart，1876-1963），他出身於杭州，1904 年擔任金陵神學院（Nanking Theological Seminary）教授，1918 進入燕京大學校。本股重要幹部還有張屏之，他是復旦大學畢業，曾任 *Peking Daily News* 副主編。參見《中國名人錄》，頁 14。

[94] 調查股下設執行、田野與統計秘書，全部都由外國人擔任。

[95] 賑務股可以說是北京國際救災會最重要的單位，因此會長由德來格擔任，其餘重要幹部有艾德敷、出生於中國的美國北美長老會牧師 J. D.

（The Grain Purchase Committee）、[97] 防止販童股（Committee on Prevention of the Sales of Children）[98] 等分股委員會。這些部門的領導者與幹部的產生方式似乎是由參與活動的成員相互舉薦，推派出來，有的甚至同時設有中外兩位會長，譬如調查股、防疫股、購糧股皆是這樣。

就人力資源與組織功能性分工而言，北京國際救災會所屬各股的人員組成與結構，隨業務內容而有所差異，像是調查股因為必須仰賴災區的神職人員代為執行會務，幹部來源就偏重教會體系；防疫股專司醫療與公共衛生，延攬不少知名醫師與

Hayes、外交部官員郭雲觀，他同時也是中國派駐國際聯盟擔任聯盟規章改正委員會的代表。See *Who's Who in China, 1925,* pp. 440-441、《支那人名鑑》，頁 625。另外，該單位較具知名的學者是中國政府農商部林業外籍顧問佘佛西（William Forsythe Sherfesee），他曾經撰寫過《美國林業防災》（*Wood Preservation in the United States*）一書，1909 年由美國政府出版。另外，後來成為華洋義賑會重要幹部的戴樂仁（John Bernard Tayler），1878 年出生，代表美國慈善機構來華，他的專長是農村合作事業與交通管理。戴樂仁曾經研究印度合作社制度管理，這對於 1922 年以後的華洋義賑推動農村合作、農村教育與農業研究，具有重要的影響力。在參與華洋義賑會之後，他在 1928 年將在中國推廣農村合作的經驗出版，名為 *Farm and factory in China: Aspects of the Industrial Revolution*，是書由倫敦學生基督徒運動（Student Christian Movement）在 1928 年出版。在 1920 年代擔任中國政府農商部地質調查所所長一職的丁文江也參與賑務股大部分工作。參見《支那人名鑑》，頁 754。See also *Who's Who in Chin, 1931*, p. 380。最後，來自荷蘭的工程專家方維因（H. Van der Veen）主要負責工程的評估，他在華洋義賑會成立之後，成為技術部委員。

[96] 防疫股會長由汪大燮與北堂醫院院長，同時也是北京大學校的貝熙業(J. Bussiere）二人共同擔任。

[97] 會長由蔡廷幹將軍與 H. E. Faxon 共同主持，另外本會所有秘書與幹部皆由外國人擔任。

[98] 會長由 C. H. Corbett 擔任。

學者如長於生物學、傳染病防治（epidemic prevention）與流行病學的伍連德博士，他在世紀初的華洋義賑行動中就曾經遠赴東北工作，協助區域防疫。防疫股下設醫學部（Medical department）、調查組（Division of Investigation）、傳染病防治組（Division of Prevention of Epidemic）、義診組（Division of Free Treatment）、總務部（General Department）、秘書部（Secretary Department）。在當時中國國內慈善組織與基金會根本沒有類似北京國際救災會這麼龐大且專門的職能分類。

三、科學化賑災與專業化分工的管理

在災區賑務方面，北京國際救災會的活動範圍以直隸（河北地區）為主，但它不主張由北京直接設置地方分會（sub-committee），而是直接承認災區既有之賑災組織，理由是這樣作可以減少經費開銷，同時增加與當地個人、團體的合作，減少雙方惡性競爭的機會，譬如在直隸保定地區，北京國際救災會主要利用本地的仕紳與教會組織協助運輸、調查災情與主持佈賑；如果當地沒有類似組織，北京國際救災會才會建立獨立分會，如廣東順德地區。另外，在某些牽涉到專門技術的部門，譬如防疫與衛生，北京國際救災會則與地方上的紅十字會衛生股聯合組織，在各事務所與災民收容中心辦理藥品發放與除蝨的業務。[99] 上述兩種策略皆有助鞏固它與當地組織之間的聯繫。當一九二一年初，華北飢荒災情持續升高，為強化救災管理機制，北京國際救災會先是在直隸災區的每一縣設置固定分會事務所，作為各

[99] 張欽士，〈華北賑務與基督教會〉，《中華基督教會年鑑》第六期，頁232。

縣的指揮所在，或採取單一中心兼顧其他縣，[100] 並在各辦公室派駐調查員、翻譯、書記等三類人員。這些負責分放賑災物資的工作人員，分為志工與專任有給職職員兩類。[101] 他們的大部分都是主動參與招募活動，惟最後仍須由總會遴行指派或地方教會、教會大學推薦（如上海聖約翰大學，St. John's University），不能由事務所直接就地招聘職員。[102] 無論是志願服務或是專職人員，他們在賑濟的程序中，都扮演多重的角色，兼具監察、行政、會計、安全，甚至是簡單醫療的職能。

在近代有關非營利性團體的研究中多指出，如果志工本身另有專職，加上本業性質與慈善活動差異太大，往往造成他們無法進入狀況、流動性較高，但就北京國際救災會的情形來看，這種說法不一定成立，譬如擔任直隸沙河地區事務所的美國記者馬克尼（Harley Farnsworth McNair），在他的回憶錄中提到的幾位志工：英國公使館武官 George Pereira 上校、F. H. Mosse、Carl Remer、Bill Pott，他們在災區連續工作的時間多半超過四十二天以上，而且熟悉賑務的程度不下於當地仕紳。[103]

在監督機制方面，為了防止貪污以及浪費賑災物資，北京國際救災會設計稽核與抽查制度，配合地方的戶口、災民經濟能力分級統計資料與鄉紳權力網絡，企圖讓整套程序運作。[104]

---

[100] UIFR, *The North China Famine of 1920-1921*, pp. 57-59.

[101] Harley Farnsworth McNair, *With the White Cross-in China* (Shanghai: Commercial Press, 1939), p. 43.

[102] 譬如美國記者馬克尼（Harley Farnsworth McNair）在直隸沙河地區遇到幾位在歐戰期間曾經到法國參戰的失業華工，馬克尼希望能留下他們協助工作，但總會以糧食不足而拒絕。Ibid., p. 58. & p.61.

[103] Ibid., p. 42.

[104] UIFR, *The North China Famine of 1920-1921*, pp. 57-59.

在制度與人情的權衡下，辦賑人員往往必須面臨天人交戰的煎熬，譬如貧苦的災民流浪各地，因為無法證明自己的身分，依規定不能領取糧食。[105] 但若不能立即給予這些災民協助，提供糧食，那麼他們的生命將隨時為死神奪走。進退維谷的難題，外籍調查員與雇員的感觸最深；他們憐憫災民的處境，又必須時時提防刻意造假，藉以博取賑濟物資的不肖之徒。儘管從一九二〇至二一年期間中國方面有五千七百六十一人參與災區賑務，實際上監督工作大部分還是由外國人擔任。在一九二一年前後，約有來自十二個國家，五百三十七名外國人參與監督與賑災。（參見表 2-1）

相較於二十世紀初的江皖義賑會僅有百餘人參與，且成員出身集中在江淮地區的中外紳商，一九二〇年代初期的國

表 2-1　各國參與北京國際救災會賑災行動人數統計（1920-1921 年）

國　籍	男性	女性	人數	國　籍	男性	女性	人數
美　國	276	41	317	挪　威	5	2	7
英　國	64	14	78	丹　麥	3	1	4
瑞　典	27	15	42	奧地利	1	0	1
加拿大	13	9	22	芬　蘭	1	0	1
法　國	15	0	15	俄　國	1	0	1
德　國	14	0	14	義大利	9	0	9
國籍不詳			26	總　計	429	82	537

資料來源：UIFR, *The North China Famine of 1920-1921*, pp. 48-49

[105] Harley Farnsworth McNair, *With the White Cross-in China*, p. 88.

際賑災合作的參與情形，可謂盛況空前。單就外國人與中國人參與的比例而言，大約是一名外籍人士搭配十員中國人進行賑災，但華人在數量上的優勢並不見得就能夠主導事務運作。在賑濟的過程中，負責聯絡與決策的仍然是那些神職人員與外籍職員、志工，特別是美國籍人士。至於華籍人士多為政府人員、學校教師、教會學校師生，基督徒，當然也包括具有留學經驗的紳商與知識份子。他們的熱誠不亞於外籍人士，惟是本身社會工作的經驗不足、雜務繁多，以及經濟能力有限，使得他們無法擔任部分牽涉到專業技術與監督程序的主管職務，僅能利用熟悉本國語言與地方風土人情的專長，參與會務。

根據《中華基督教會年鑑》另一項統計，當時助賑時間超過一個月以上的五百七十八名外國人當中，傳教士及教會學校教師合佔四百四十九名，其他團體還包括美國海軍陸戰隊四十二名、各洋行十名、清華等三校外國教員八名、交通部及其他個人七十七名。[106] 人數上的優勢，顯示基督宗教確實對賑務的推動有著一定程度的影響。不過，江皖義賑會曾經遭遇的文化衝突與宗教宣傳問題，北京國際救災會仍然無法避免。北京政府賑務處曾調查發現，作為替代政府賑災，協助北京國際救災會執行業務的傳教士，他們手中約有總共兩百萬墨西哥洋元的充裕經費，經常自行提撥作為賑災之用。但或許是教士佈施與國際救災會的活動同時進行，導致一般民眾根本分辨不出，接受政府、傳教士與國際救災會的差異何在，以致於誤會北京國際救災會是為宗教服務，這種誤會曾經讓以「賑災必須排除宗教信仰與政治上的干預」作

[106] 張欽士，〈華北賑務與基督教會〉，《中華基督教會年鑑》第六期，頁 237。

為宗旨的各國幹部，非常困擾。[107]

經過長時間的互動，以中外合作為號招的北京國際救災會才能自信地透過密切的接觸，打破部分仇視外人的成見。這種正面的回應與地方教育機構教師、學生參與北京國際救災會有著直接的關係，因為他們在賑濟的過程中，目睹辦賑人員的「人道思想」與「服務精神」。[108] 當然，上述充滿自信的論點，並不能代表所有的個案。服務於沙河地區，經常幾個星期沒洗澡的馬克尼就感嘆：在一般中國災民的眼中，如果不是在佈賑的場所見面，他們這些離鄉背井，甘願為慈善貢獻心力的外國人往往被中國老百姓稱為洋鬼子（foreign devil）、或老外（outside country man）。[109] 對協助義賑的外國人抱持嚴重的歧視，顯示中國人，特別是鄉村地區的災民，在被援助的過程中依然無法擺脫對外國人刻板的偏見，令那些主動放棄以教會名義辦賑的外國神職人員，及外僑感到心寒。[110] 自一九〇六年華洋義賑組織出現以來，這類的質疑不斷的出現在中國社會，即便傳教士全力投入賑災，甚至因此遭到教會的糾正與警告，也未能改變部分中國人的看法。

在佈賑時間間隔、程序與方法上，北京國際救災會採取系統化管理以及嚴密的稽核制度，配合中外對等合作的人事制度，在中國慈善界中引領風騷，特別是充滿彈性的佈賑程序。

---

[107] UIFR, *The North China Famine of 1920-1921*, p. 53

[108] 張欽士，〈華北賑務與基督教會〉，《中華基督教會年鑑》第六期，頁 233。

[109] Harley Farnsworth McNair, *With the White Cross-in China*, p. 69.

[110] 在北京國際救災會活動的同時，華北基督教會曾經組織賑災會，但見到各國團體陸續加入北京國際救災會，各大教會遂放棄本身組織，跟隨北京國際救災會辦賑。

由於中國各地交通狀況不一，加上救災的時效上有輕重緩急，所以北京國際救災會調查股依據先行施賑的各地事務所經驗，預先訂定出範例。當北京國際賑災會人員在災區活動時，實際的佈賑程序再依照賑務主持者的個人經驗、本地仕紳與教會組織的互動程度來決定，譬如一九二〇年代初期大城市像是順德，每個星期發放兩次，每次兩萬公斤的糧食可以滿足將近三十萬人的需求；[111] 也有像小鎮沙河那樣一星期才有一至兩次不等的補給，每次約在一萬二千公斤至四萬公斤糧食之間，每次可提供五百至一千多戶人家。[112]（參見表 2-2）如果以一家五口計算，小鎮沙河災民所得反較大城市順德多。造成這種

表 2-2　北京國際救災會在沙河佈賑概況（1920 年初）

佈賑日期	放糧數量（斤）	領取戶數	平均每戶領取數量（斤）
2 月 22 日	15589	700	22
2 月 24 日	14217	700	20
2 月 28 日	12000	500	24
3 月 1 日	11031	500	22
3 月 3 日	1100	不詳	
3 月 6 日	14000	不詳	
3 月 13 日	18000	820	22
3 月 14 日	44000	739	60

資料來源：根據 Harley Farnsworth McNair, *With the White Cross-in China*, pp. 42-102，重新計算。

[111] UIFR, *The North China Famine of 1920-1921*, p. 59.

[112] Harley Farnsworth McNair, *With the White Cross-in China*, p. 80.

現象的原因，可能有三：1.北京國際救災會高估沙河地區的受災情形與居民需求；2.沙河地區的糧食市場機能不足，無法由民間自行透過舊有交易網絡，取得生活所需，所以必須仰賴賑務系統的協助才能調劑糧食交易；3.依據馬克尼的自述，沙河地區賑務所人員多來自上海的教會推薦，這使他們能夠直接與上海華洋義賑會、教會保持聯絡暢通，免去與北京國際救災會總會聯絡的程序，加快運送糧食的進程。

從順德與沙河的個案比較看來，名義上，北京國際救災會對外宣稱已經建立一套賑災程序，實則有所損益；真正推動時還是需要前線人員依照自身經驗判斷，簡化發放程序、調整稽核方式、交換賑濟訊息以及熟悉中國人的生理與心理狀態，特別是愛好面子，不願承認貧窮的風俗。佈賑程序的彈性化顯示北京國際救災會處理第一線實務問題時，能夠放權予基層，讓賑務人員能夠順應地方狀況，自行調整發放標準，避免科層制度所帶來的組織僵化與總會無法授權地方處理當下災情的問題。像前述馬克尼那樣，大部分的北京國際救災會幹部並不會完全期望總會能夠體察基層的實況，否則無異坐以待斃。

根據北京國際救災會的報告，從一九二一年起短短不到兩年期間，地方事務所曾經規劃過的賑濟方法包括糧食作物種子發放、於學校設置緊急收容中心、難民工賑、開辦粥廠（soup kitchens）、實業推廣（industrial promotion）、金錢賑濟（money relief）、護理與懷孕婦女（nursing and expectant mother）賑助、衣物救濟（clothing relief）、勞工救濟（labor giving relief）、發放糧食（grain distribution）等有效策略。總計從一九二〇年十二月至一九二一年二月，各地接受北京國際救災會賑濟的人有二百四十

萬六千九百五十一人，耗費 7,395,977 規元。[113] 它的運作模式，如分級放賑、稽核、調查方法還引起地方仕紳的仿效。[114]

四、各界對新賑災組織的需求

約略與北京國際救災會成立之同時，中國各地已陸續出現省級的華洋義賑會組織。北京國際救災會與這些省級的組織之間最

[113] 具體而言，北京國際救災會上述政策的做法如下： 1.發放糧食種子，亦即在秋季進行期使播種面積增加，確保作物的收成，滿足賑濟需求。 2.學校教育：主要以學校作為緊急收容中心，最多時有 627 所學校收容 45,787 名學生，每名學生每月需要 1.4 元幫助就學及其家庭生活。其目的在使學生成為家庭的支柱，也使他們不至於被販賣。北京國際救災會工作人員認為校園工作簡單易行，但是對於受惠者而言無疑是大善事。3.在難民工作方面：北京國際救災會為避免傳染病流行，因而反對將所有災民集中，另一個原因是，不希望災民離家太遠，使其能夠繼續利用土地維持生存。但是中國農民，或許是民性使然，在免費鐵路運輸的協助下，農民紛紛離開家園向外求生存。 4.另外開辦粥廠（soup kitchens）也是重要的政策之一，北京國際救災會原本會希望災民能夠在家自行條理，以發揮賑災食物的用處。不過在某些地方，既無廚房、又無作為燃料薪材，所以的確需要開辦類似供應中心。 5.在實業推廣（industrial promotion）方面，北京國際救災會主張利用簡單技術，使人口過剩地區居民能夠解決生計問題，而不受至於受困於環境。譬如以學校為工廠，製造髮網外銷歐洲與美國。北京國際救災會估計一個受過貿易訓練的女孩可以在一個月之內學成相關技術，而他們的學費則由「歐美對華賑災基金」支出。總計約有 166 間學校訓練 31,165 個女孩。在汀州也有 33,842 人因為獲得價值 14,000 元的材料贈與，得以製造紡紗而生存。 6.在急賑方面，北京國際救災會所謂的金錢賑濟（money relief）的對象主要有：急賑（emergency relief）、護理與懷孕婦女（nursing and expectant mother）賑助、偏遠地區缺乏糧食，這個部分約花費 548,102.12 元。最後，衣物救濟（clothing），其佈施對象指的是家中沒有取暖設備，或者衣物典當換去食物、遭遇寒冷者。See UIFR, *The North China Famine of 1920-1921*, pp. 60-64.

[114] Harley Farnsworth McNair, *With the White Cross-in China*, p. 63.

初並不存在從屬關係，但因各會經費、交際資源、賑災知識不足與缺乏制度化規範，[115] 以及北京國際救災會擁有其它組織所缺乏的穩定、常設、與制度化的特性，使這些組織多主動依附。

一九二一年春末，不少華洋義賑會在當地災情緩和後就自動解散，不料幾個月後各地災情復起，這些組織必須重起爐灶，但已喪失賑災的最佳時機。相對於此，北京國際救災會始終維持一群而專業的分股委員會，配合穩定的海內外的財務奧援，理所當然成為其他華洋義賑會的指導者。特別是當其它慈善團體還在災區間像無頭蒼蠅焦慮時，北京國際救災會已經有很長一段時間推廣防災觀念的重要性。嚴格來說，究竟北京國際救災會的觀念對各省的華洋義賑組織有多大的約束力量，不無疑問。或許對那些位處邊鄙、財力較弱，組織管理人才不足的機構，北京國際救災會才能夠以協助賑災換取領導，譬如陝西、山西、甘肅，當地區缺乏工程人才與機器設施，必須仰賴北京公私社會慈善機構的指導與援助；[116] 處於中國政經核心地帶、財力穩健，幹部教育程度高的機構，同樣具有外國民間力量協助的機構，如上海、武漢、山東、河南，北京國際救災會便只能以高額的分配賑款，作為驅策他們的誘因。因此嚴格來說，北京國際救災會雖然在短短的一年內整合全國華洋賑災聯繫管道，擁有海內外有限資源，但也必須同時承擔更多責任，特別是如何提昇救災效率、協調各方勢力，以及對華洋義賑團體組織管理的教

---

[115] 這些省級國際性的義賑會大多屬於臨時性團體，隨災情的輕重而運作，很少留下工作紀錄與出版品。另外，北京國際救災會與華洋義賑會相繼成立之後，各省的華洋義賑團體多半被整併到位於北京的總會，致使相關文件散落各處，造成研究上的困難。

[116] See CIFRC, *Annual Report of 1923* (Peking: CIFRC, 1924), pp. 1-2.

育，這使身為國際賑災合作領導團體的北京國際救災會必須思考：一個全國性新組織的建立。

第三節　從北京國際救災會到華洋義賑會的傳承

北京國際救災會的崛起與中國政府、外交團的支持有關，但賑災的過程必須是透過運動民間的非政治性網絡關係才能達成。在沒有官方提供充分的奧援下，北京國際救災會為了更能夠有效解決災區處理賑務問題，總會遂自行籌措資金與其它各省華洋義賑會共謀一個國際組織，促成一九二一年底華洋義賑會在既有的國際合作基礎上誕生。從辛亥前後的江皖義賑會到一九一九年的北京國救災會，然後再擴展到華洋義賑會的成立，這三者中間的關聯性，不僅是代表近代民間國際合作在中國地區的逐漸成熟，也傳達出南北國際人道救濟組織的對話，超越了政治上的對立。

一、以防災、救濟為目的之新組織

一九二一年中，一群北京國際救災會的幹部聚會，對為何需要新的國際賑災合作組織，以及對未來新組織的功能與定位，有了初步共識：

> 建立新組織的動機主要因為在中國各地的國際組織，他們秉持著謹慎、努力，並能有效的應付災荒。有鑑於中國災荒的情形未能在短期內改善；無論是當下與未來都可能需要一個組織來整合、處理賑務工作。為了能夠在災區處理賑務時避免損失，北京國際救災會應該堅持推動成立新的組

織，而目前的狀況正適合成立一個國際組織（International Commission）。[117]

由此可知，長期性、連續性與整合性是建立新組織的最初考量。為了具體落實這項政策，避免紙上談兵，一九二一年二月二十一日，北京國際救災會先行指定設立一個籌備委員會，針對所有區域的飢荒作研究，以及新組織的發展方向作規劃，它的主要任務如下：1.比較研究災區內飢荒條件；2.研究糧食發放的問題；3.研究各類賑濟方法（包括這些方法對生存者數量；受益者；賑濟對國家的發展影響）；4.研究飢荒效果對生命、經濟、財產販售、販童、家庭破裂、負債與生理之影響；5.研究社區的合作問題；6.研究防洪、飢荒出現的可能性的關係。[118] 這個籌備委員會的成立意味著北京國際救災會能夠藉由研究，保持賑災聯絡網絡的通暢，使北京國際救災會以完整的制度，對各地華洋義賑會產生領導作用。

儘管籌備委員會的活動與運作過程並不顯明，它的研究對北京國際救災會與後來創立的華洋義賑會，的確產生深遠的影響。透過籌備委員會的研究，北京國際救災會由積極佈賑、救災，轉型為救災、防災並重，而這正是其繼承者江皖華洋義賑會宗旨所強調的：「籌辦賑濟天災、提倡防災事業」（To handle relief measures in time of famines due to natural causes and to promote ways and means to prevent future famines.）。[119] 所以華洋義賑會能在一九二一年創立初就已提出多項防災與改良募款政

---

[117] UIFR, *The North China Famine of 1920-1921*, p. 28.

[118] Ibid.

[119] CIFRC, *Engineering Accomplishments, Famine prevention and Relief Projects*（Peking, CIFRC, 1924）, inner cover.

策，繼續保持國際賑災合作先趨者的角色，必須歸功於這個籌備委員會的發展策略有效。

二、北京政府介入新組織成立的失敗

在一九二一年初期能像北京國際救災會、分股委員會與地方事務所，枝葉並茂，同時又獲得各省華洋義賑會的支持，可說是絕無僅有。但北京國際救災會在發展的過程中仍不免有「樹大招風」之憾，擺脫不了江皖義賑會所面臨的人事、經費與賑災技術等發展瓶頸，另外新的問題還包括中國政府與地方團體的挑戰。

與過去不同的是，北京國際救災會面遭遇的挑戰是外患多於內憂，特別是來自中國政府干預，最後終於激起北京國際救災會調整組織發展策略，間接促成華洋義賑會在一九二一年底的成立。站在非營利組織的觀點，總希望國家在不介入會務的狀況下，能夠積極給予經費奧援，培養他們獨立發展的穩定基礎與自主性。這種想法，無論是古今中外皆然。惟自一九一九年以後，中國內部民族主義情緒高漲，政府積極收回國權，同時檢討各國在國境內侵害中國主權的現象，類似北京國際救災會這種華洋合作的團體，本來容易因其權力結構與經費來源，招致與「帝國主義」掛勾的批評，但當時中國外交部的高級官員與北京國際救災會的董事，譬如汪大燮、蔡廷幹多半具有私人情誼，或曾經共事，這使得北京國際救災會能夠在打倒帝國主義與排外氣氛高漲的年代下繼續獲得政府的協助，可是這並沒有解除它與中國政府之間互信不足的問題。

一九二〇年代的北京政府，面對各地災情不斷，為了挽救政府威信，北京政府內部開始出現將慈善賑濟視為國家主權的一環的觀點，這使官方逐漸降低過去無條件提供給北京國際救災會的資源與經費。在歐戰結束後，拜關餘（custom surplus）持續增加所賜，中國以海關關稅償付外債後，有多餘的收入可供改善財政。財政部官員因而力主由中國方面主導賑災的撥放與稽核，不再假手外國控制的非政府組織，改以培植新的組織替代。因此，在一九二一年五月初，北京政府乃主動向外交團提案，希望利用當年預定徵收的七百萬規元附加稅款，扣除償還四百萬規元公債以後的「未動用餘額」交付由北京政府控制的「全國防災委員會」管理，如同北京國際救災會成立專責基金一樣。[120] 經過北京政府與外交團談判，在中國官方保證不直接提撥賑災附加稅的狀況下，並交由國際監督，[121] 外交團始同意北京動用賑災附加稅加稅餘款，專門用於從事救災。其實北京的做法，從收回利權與維護主權的觀點來看，實有其一貫之脈絡可循：首先不外乎是透過漸進的方式，尋求外交團同意以海關徵收賑災附加稅作為舉借外債四百萬的抵押；第二步，迨稅收抵外債後尚有餘額，這些餘額也就是中國方面所謂的「賑災附加稅未動用款」，再聲明中國有權提撥「未動用款」；第三步，利用控制賑災附加稅的全部稅收移作社會事業；第四步，目標是自由運用稅款。如此做法，一方面有效的解除外交團對賑款用途的疑慮，另外也利用北京國際救災會能夠參與監督的機制，調適雙方的利益與互動關係。

[120] 規元即上海銀元（上海兩）。〈內部務督辦賑務處致外交部函〉，1921 年 5 月 7 日，《外交檔案》，03-19-160-02-085。

[121] 〈外交部照會義、日、巴西使館〉，1921 年 8 月 15 日，《外交檔案》，03-19-162-01-022。

在中國政府與外交團交涉的過程中，北京國際救災會並沒有正面表態支持中國，但是同年由賑務處督辦孫寶琦發起的全國募款活動，猶能在北京國際救災會的協助下，透過總會與各地華洋義賑會的公關宣傳，在一個多月內迅速募得兩百一十三萬三千二百三十二規元。[122]（參見表 2-3）

值得注意的是，全國募款所得的上述經費絕大部分都交給了北京國際救災會使用，其金額接近總經費的七成。至於撥放給其他各省華洋義賑組織，則不到四成。種種跡象顯示中國政府有意擺脫北京國際救災會，直接以國家的力量進行賑災，唯受限於當時中國政府統治能力的不足、國際社會對中國能否善盡義務的不信任、缺乏有系統的賑災計劃，使北京國際救災會仍為它合作的第一對象，兩者以國際合作的形式達到中國改善內的終極目的。不過，這種合作似乎是建立在私人情誼的關係，政府正式的賑災單位是內務部的賑務處，而非北京國際救災會

表 2-3　全國募款活動補助北京國際救災會及其他華洋團體經費

撥款項目	金額（規元）	佔總經費百分比
移轉北京國際救災會充作活動基金	1,247,782.93	58.49
直接交付北京國際救災會的募捐	94,254.49	4.42
交給其他各省華洋義賑會	791,095.49	37.08
利息	99.77	0.00（四捨五入）
總計	2,133,232.68	100.00

資料來源：據 UIFR, *The North China Famine of 1920-1921*, p. 37, 重新計算。

[122] UIFR, *The North China Famine of 1920-1921*, pp. 37-39.

這個體制外的非政府組織，譬如一九二一年五月期間北京國際救災會陸續對陝西匯出賑款，結果匯兌出現失誤，於是總會請擔任會長的總統徐世昌以私人身分參與協調，取回賑款。[123]

從人權與國家主權的互動性來觀察，北京國際救災會與中國政府的關係，也反映出像前者這種充滿濃厚國際色彩的非政府組織，尷尬地夾雜在人道主義與中國內部批判帝國主義的衝突。當時的知識份子，一方面肯定北京國際救災會協助中國完成對國際人道主義的承諾，另一方面卻又擔心人道主義會成為帝國主義剝奪國家在慈善事業的主權。朱執信在一篇名為〈侵害主權與人道主義〉的文章中就曾提到：主張人道主義，固然可以利用世界資源幫助中國；相反地，外國長期也可利用優勢經濟，以人道主義為名義，介入中國內政，侵害國家主權。從維護主權的觀點來看，慈善事業的成立，實有助於中國在內政上盡人道之責任，避免外國勢力取代。[124] 同樣地，在北京國際救災會總會也有幹部認為，中國政府在慈善領域確實必須承擔主要責任，但以當時國家的財政與政府效能來衡量，非政府國際組織合作（non-government international co-operation）有其存在之必要。[125] 這也點出當中國社會缺乏現代化的法人團體管理經驗，對於基金的運用又缺乏監督機制，北京國際救災會能夠在中國以國際賑災合作領袖的角色演出，自然有其存在價值。因此，北京國際救災會利用其中外共同領導的特色與監督機制、涵括外國慈善社團的經驗，加上逐漸本土化的務實作風，在一定程度上適應中國社會，舒緩反帝國主義者對它活動目的之質疑，甚至肯定它對中國社會的貢獻。

---

[123] UIFR to Beilby Alston, March 2, 1922, FO 228/3031, pp. 70-73.

[124] 朱執信，〈侵害主權與人道主義〉，《朱執信先生文集》上冊，頁 300-308。

[125] UIFR, *The North China Famine of 1920-1921*, p. 31.

三、華洋義賑會的成立

鑒於國際慈善合作觀念發展日益成熟、自一九二一年初以來募款的數量的增加，以及解決撥款賑災速度緩不濟急的問題，北京國際救災會乃於同年九月二十一日，由司庫蔡廷幹與德來格發起，召集包括北京國際救災會、天津、上海、山東、山西、漢口、河南、湖南等地的華洋義賑會，希望以基金協助常設組織的方式，建立全國賑災信託基金（National Trust Fund for Famine Relief）；具體的方式是上述各會每會派遣兩名代表，八會共計十六名華洋各半代表參與成立新組織中國華洋義賑會（China International Famine Relief Commission，CIFRC，簡稱華洋義賑會）的籌備與協商合作方式，經過討論後將初步構想交由代表帶回各省分會徵詢意見。

一九二一年十一月十六日，在各地華洋義賑團體的支持下，十六名代表最後在上海的會議中達成協議：1.華洋義賑會的存在目的是要讓賑濟組織維持常設性，以便屆時能夠應付災情；2.華洋義賑會必須能夠管理全國十三個省份的賑濟組織，並將他們置於國際管理（International Control ）與各類專門委員會監督，並且交流彼此經驗；3.華洋義賑會成立後首要的工作在於找出預測災害及估計損害狀況的方法，同時做出有系統的報告、統計，至少要比過去更有科學計劃；4.在防災工作方面，審視北京國際救災會過去之經驗，要減輕天災造成的傷害，華洋義賑會認為最好的方法就是預防；5.在總會組織方面，一如北京國際救災會擁有的各類專門分股委員會，華洋義賑會規劃了移殖委辦會（Committee of Colonization）、農利委辦會（Committee of Economics and Credit）、改善公路與河道的委辦會（Committee of

Improvement of Highways an Waterways)，造林委辦會等分股機構（Committee of Forestations)。因此，有了初步的發展方向，加上各地委員會的認同，在延續北京國際救災會大部分架構下，華洋義賑會跨出了直隸與京津地區。這不僅是將上海到北京之間的南北華洋合作傳統，以統合的方式達成連結，同時也是真正使北京國際救災會防災賑濟觀念從中央推廣到地方的重要轉變。[126]

過去北京國際救災會儘管有著總會之名，對各省華洋義賑組織卻不見的具有完全約束力與強制性，僅能夠過分撥賑款的機制與傳授賑災技術來增加認同，而且它的全名以「北京」、「國際」、「統一」為對外活動的號召，很難讓一般民眾將總會與各省華洋義賑會的關係聯想在一起。新組織以中國華洋義賑救災總會作為名稱，並透過章程的制定，確立它與各地分會的關係，恰好彌補上述問題。但是這個中國近代第一個跨區域的國際賑災合作組織並沒有在上海會議中立刻成型，投入賑災活動，而負責統籌新會組織的北京國際救災會也未解散，主要原因是 1.北京國際救災會部分工賑計劃具有合約性質，一但法人資格變動，或團體解散，勢必造成合約與工程糾紛；2.北京國際救災會與陝西省當局發生財務糾紛尚未解決，必須追討債務；3.新成立的華洋義賑會要求各會必須修改組織章程、調整領導構，讓中外對等的領導方式真正從總會落實地方層次，特別是中外各半的幹部比例原則；4.北京政府在一九二二年發生政變，影響各省代表到京開會、協商。因此，在新組織籌備期間，北京國際救災會仍然活躍於北方災區，一直到一九二一年十二月為止。

[126] Ibid., pp.35-40.

在新舊組織交替時期，北京國際救災會一方面整理辦賑財務結算，釐清財產狀況，另一方面兩會的人事也進行大規模的繼承與調整。在華洋義賑會執行委員會方面，依照創會時的權力結構，以各分會推派華洋代表兩人參與，這種設計表面上降低前北京國際救災會幹部在參與決策人數上的優勢，舉例來說：十六人華洋董事之中僅蔡廷幹、孫仲英、[127] 梁如浩、[128] 德來格屬於北京國際救災會與天津分會系統，但實際上真正擔任決策的北京國際救災會執行委員會（Executive Committee）還是由北京國際救災會出身的梁如浩、艾德敷等人掌舵，其他如外籍的盧立基、方維因（H. van der Veen）、華籍的劉芳、孫繩武都是具有專業知識的老幹部。這種以北京國際救災會幹部為主體的組織，不一定與權力分配有關，或許是考量到董事會成員多半是由各省國際義賑團體領袖擔任，他們工作繁忙且分居各

---

[127] 1863 年出生，江蘇人，從商多年後進入天津魚雷學堂, 經商退休後從事華洋義賑工作。See *Who's Who in China, 1931,* p. 354

[128] 梁如浩，字孟亭。1860 年出生於廣東，1874 年官費留美，畢業於史梯文工業學校（Steven's Institute of Technology）。1881 年回到中國服務於山海關內外鐵路總辦。1907 年被政府任命為天津海關監督，後來轉任山東。1908 年進入外務部擔任丞參，後轉東三省總督周樹模衙門左參贊。辛亥革命前夕擔任郵傳部副大臣。民國成立初，梁氏擔任趙秉鈞內閣的外交總長僅二個月就下臺，隱居在天津。1920 年梁如浩年與天津紳商組織華北饑饉救濟國際協會（North China International Society of Famine Relief)，這個會後來改組成為北京國際救災會天津分會。1921 年梁如浩應外交部邀請擔任華盛會會議高級顧問，次年又擔任歸還威海衛委員會督辦。梁氏後來從 1922 年至 1930 年連續擔任華洋義賑會會長，對會務發展的推動貢獻不少。卸下會長一職以後，梁氏又捐助鉅資，成立基金協助華洋義賑會實行工賑，貸款給災區居民掘井，故時人稱這筆基金為「孟井貸」。See *Who's Who in China, 1925,* pp. 500-501。並見《支那人名鑑》，頁 294-295；《遊美同學錄》，頁 88-89。

省，聯繫不易。在兼顧公平性與時效的情形下，既然華洋義賑會未來的總會事務所要設在北京，當然以北京國際救災會的成員轉換來協助是最為便利。所以無論是從組織、人事、經費等層次觀察，北京國際救災會與華洋義賑會可以說是血脈相連。而北京國際統一救災總會時期所奠定以防災為主的觀念後來加速華洋義賑會擺脫以工程賑災的路線，進而擴展到社會、經濟合作，以及農村教育的領域，最後建立一套具有柔和國際潮流與中國特色的賑災管理機制。

小結

華洋義賑的傳統從一八六〇年代發展，奠基於二十世紀初的賑災行動。依照江皖義賑會、北京國際救災會發展的實際情形來檢驗「華洋共治」理論，與其說它是建立在雙方地位平等的基礎上合作，還不如說是在單純的「人道主義」的驅使下，中外知識份子產生慈善合作的理念。這種國際人道主義在中國的出現實有其一貫的脈絡與連續性，在時間方面，從一八七〇年代中期到一九二〇年代北京國際救災會與華洋義賑會成立；在空間方面，由上海地區擴散到北方，再從北京整合主要省份華洋義賑組織，都是在沒有強烈的共同利益下，僅僅憑藉著拯救生命的簡單口號，創造出一種命運共同體的氣氛。有時這種宣傳、口號與信念，不是憑空想像出來的，而是具體的根據災區的社會狀況，創造出一種中國人民亟待救援的苦難形象，吸引海內外戮力合作，投入救災防災。

就組織型態、防災策略而言，早期在中國的國際賑濟合作都是由海外慈善基金（Charitable Foundations）以法人的型態出現，然後在中國尋求擁有固定成員為基礎的地方慈善團體協

助，建立國際合作模式。換言之，就是以外國出錢出力為主體，中國民間再以充沛的人力加上有限的資金協助，共創國際合作。不過，這種合作的模式是建立在不對等的援助與被援助關係，以及華洋人數平等的決策機制。真正對等的合作模式，一直到江皖義賑會的創建，才告成功。在辛亥革命期間，江皖義賑會經歷多次改組，揚棄過去中國慈善組織、善堂以急賑為主的救災模式，轉而採取近代化的專業分工、科層制度建立完整的救災、防災體制，並藉由水利、教育、開墾、移民、造林、農學改良、鐵路運輸、糧食操作等策略，降低環境破壞對災情的影響。這套民間版本的救災體制，最後隨災情的大幅舒緩而被信託化轉為基金形態，但是它的經驗、理念在一九二〇年代初期猶為北京國際救災會與當時興起的各省華洋義賑會所崇尚，其影響甚至延續到一九二一年成立的華洋義賑會。

再就江皖義賑會、北京國際救災會兩會的組織架構、發展宗旨與經費等方面比較而言，後者除了規模擴大，具備統籌大江南北、各省華洋義賑會的能力，以及設有專責防災研究的委員會，其餘並沒有太大的差異，譬如在經費一項，來自中國金融中心的江皖義賑會相當仰賴美國國內教會、紅十字會與傳播媒體的募款援助，這項重視外來募款的特點 北京國際救災會也完全繼承，而且更進一步獲得北京政府與外交團的認同。由此也可以看出江皖義賑會與北京國際救災會之間的連續性與繼承關係。所以，當北京國際救災會整合各省華洋義賑團體時，很容易就能夠將那些同類組織在國際合作的平台上，建立共同的信念與默契。不過，北京國際救災會在一九二〇年代的政治環境中卻面臨更嚴苛的挑戰，因為北京政府開始將社會事業的施行視為國家主權的一部份，積極的嘗試自外交團、海關總稅務司與北京國際救災會領導者手中，收回對賑款的保管、監督、撥放的主導權。這場政府與非營利性組織之間的角力，一直持續到一九三〇年代中期，國民政府社會部以國家的力量介入全國慈善社會團體經營，並統籌辦理各類賑務，方告結束。

最後，就北京國際救災會與中外政府的關係而言，二十世紀初的江皖義賑會在中國政府沒有大規模的介入與援助下，主要仰賴美國支持才達成賑濟的目的；一九二〇年代前後，北京國際救災會與中國政府的關係益發密切，遠超出美國的控制，主因是北京方面能夠透過海關附加稅的徵收補助北京國際救災會，並且透過中外各半的財務委員會將北京國際救災會領導幹部納入政府機構。不過，中國政府企圖掌控賑務基金撥放的策略，其最後結果卻是失望。因為國際合作的模式，在各方的維護下，確實使北京國際救災會不受特定國家羈縻。即使一九二一年以後華洋義賑會成立，也沒有改變這項特質，充分展現中國境內「國際慈善團體」的一貫傳承。[129]

---

[129] 〈中國華洋義賑會函北平市社會局〉，1933 年 10 月 17 日，北京市檔案館，《北平市社會局檔案》，J2-6-37。

第參章　國際與本土的對話：華洋義賑會的組織與經營

（一九二一至一九三八年）

成立於一九二一年的中國華洋義賑救災總會（China International Famine Relief Commission，CIFRC，以下中文簡稱華洋義賑會），以藍地白十字為會徽（參見圖 2）的國際合作團體，[1] 它聞名於一九二〇、三〇年代，沒落於一九三八年，然後結束在一九四九年。

圖 2　藍地白十字會徽

[1] 華洋義賑會自 1921 年開始就已經使用藍地白十字作為會徽，行之有年，惟至 1930 年才正式對外公告，〈北平特別市政府社會局訓令〉，民國 19 年 4 月 10 日，北京市檔案館藏，《北平市社會局、北平市政府》，J2-6-18。

它的出現不僅意味著中國可以發展現代化與科學化管理的非營利性組織，同時代表一個在國際上被認為是經濟、公民意識落後的國家，亦能透過中外合作，將自身經營的理念與經驗，透過對國際聯盟計劃的參與，輸出到其它國家。無論是從國際關係或是中國近代社會研究的角度觀察，都具有指標性的意義。在一九三七以前，華洋義賑會是中國境內享有最多資源的非營利性組織；一九三七以後，中國政府持續推動社會安全、統合救濟事務，[2] 繼之以美國民間援助的退縮，華洋義賑會對社會的重要性終為政府與中國紅十字會所取代。華洋義賑會具備華洋一體與近代化非營利性組織內涵，即使置於當代，它的組織架構、運作章則與行政管理之成熟，不僅見證了非營利性組織在中國發展的可行，也顯示這個發源於本土，揚名國聯，標榜國際性慈善、救災特性、「不以營業為目的」，[3] 終使它確實能夠跳脫中國政局變動的影響。

過去有關華洋義賑會的研究偏重在合作運動的敘述，這種取向固然說明合作業務對華洋義賑會的重要性，卻未能深入到它多元活動的範疇，也就是執行委員會及其附屬的分委辦委員會、總會事務所（Head office）、總幹事制度是如何建立、運作與發揮它在社會的影響力。特別是融合國際與本土性格的人事運作與行政經營究竟是華人，還是外國人主導？官方介入的程度？自一九二一年迄一九三八年，十七年之間，華洋義賑會一方面延續北京國際統一救災總會的本土路

---

[2] 自 1928 年起國民政府開始頒布管理慈善機關的相關法令，整頓慈善團體。參見陳緒先，《社會救濟行政》（上海：正中書局，民國 35 年），頁 98-99。

[3] 章元善，《實用公團業務概要》（上海：商務印書館，民國 18 年），頁 7。

線，一方面吸收海外非營利性組織的經驗，[4] 逐步建立起以總會執行委員會負責決策、總幹事領導事務所推動政策、分委辦委員會協助研究、推廣的架構。此外，為了適應國際潮流、國情差異，以及一九三〇年代國家權力的建構，華洋義賑會順勢調整救災策略，從積極防災，轉變到防災、救災並重。它同時針對龐大的機構進行整頓、精簡與南進計劃。[5] 這些調整徹底超越北京國際救災會時期的活動範圍與組織架構，在非營利性組織形式下，進行權力的分配、移轉與擴張，使華洋義賑會能夠成為一個立足於中國，且具備高度效率，世界經驗的「國際的救災機關」。[6]

另外，就組織內部的人事問題來說，本文以為前一章提到黎安友（Andrew Nathan）所謂的華洋義賑會內部國際共管現象，只能夠視為雙方在資源上的分配與協調所產生的默契。與其說在行政方面實行「華洋共治」，毋寧說是國際共同監督較為適合。在一九五〇年代初期，以章元善為首的華洋義賑會成員，一度自我批判，認為華籍幹部不應當與外國人「鬼混」，幫助「侵略成性，假仁假義」的美國帝國主義與基督教。[7] 乍看之下，章氏的言論容易使人以為華洋義賑會只是慈善版的買辦（compradors）

---

[4] 當代學者對非營利性組織的定義眾多，為其內涵不脫以下幾點：1.有服務大眾的宗旨；2.不以營利為目的的組織結構；3.有一個不致令任何個人利己營私的管理制度；4.本身具有合法免稅地位；5.具有可以提供捐助人減稅的合法地位。大致上華洋義賑會都符合這幾項。See T. Wolf, *Managing A Nonprofit Organization*（New York: Simon & Schuster, 1990）.

[5] 貝克，〈本會二十六年度工作報告〉，《救災會刊》十五卷一冊（民國27年3-4月），頁131。

[6] 〈總幹事報告〉，華洋義賑會，《民國二十二年度賑務報告書》，頁16。

[7] 參見薛毅、章鼎，《章元善與華洋義賑會》，頁68。

集合體，而外國仍然透過金錢與權力控制組織。實際上，章元善本人就是最高執行與決策的主導者之一。

華洋義賑會，從一九二一年開始不僅在創會初期就建立了完整的章程與實務規範，還能夠透過有系統與科學化的賑濟策略，以及有效略的監督機制，進行組織改革與調整。華洋義賑會這些施行的振衰起弊之道，有效地利用專業與本土優勢，調和華籍與外籍幹部之間權力問題，排除了民族主義對華洋義賑會的影響，在中國動亂的年代中，它真正成為「國際的救災機關」。[8] 所以對國際關係而言，華洋義賑會的組織代表著國際與本土的賑災、防災經驗如何轉化、調適，融合為一體的成功案例。曾經擔任北京外交團領銜的荷蘭公使歐登科（W. J. oudendijk）在一九二三年時說到：「華洋義賑會以其經驗老到，為當代惟一具備國際特質，且從事救災與防災工作的組織」，[9] 顯示國際對它的高度評價。因此，本章將從國際關係的觀點考察華洋義賑會執行委員會及其所屬的分委辦委員會、總會事務所高級職員、各股，強調這樣一個非營利性組織以中外合作的模式，確實利用它的優勢，不斷進行組織與政策的再造，使它保持效率，適應不同時代的挑戰，對中國作出美好的奉獻。[10]

---

8 〈年會概況〉，《救災會刊》十卷五冊（民國 22 年 6 月），頁 17。

9 W. J. oudendijk to The Finance Commission of the National Famine Relief Bureau, November 15, 1923, FO228/3032, p.153.

10 See Walter H. Mallory, *China: Land of Famine* (New York: American Geographical Society, 1928), p. 189.

第一節　總會的發展策略與執行委員會

華洋義賑會組織的發展最早可以追溯到一九〇六年的國際合作活動，而真正與它有更深、更直接血脈關係的是北京國際救災會。一九二一年華洋義賑會成立初期，它的大部分組織都是依循北京國際救災會的架構，唯一不同的是，華洋義賑會是建立在一個擁有兩年救災、賑災、防災經驗的舊組織之上，這使它就有前例可循，針對前人缺乏規範地方分會的缺陷，提出會員大會與執行委員會，解決各會之間共識與集體決策問題。華洋義賑會之於北京國際救災會的關係，好比西方諺語所說的：站在巨人的肩膀上看的更遠（A dwarf on a giant's shoulders see the farther of the two.）。於是，在制度化方面，華洋義賑會較北京國際救災會有著更大進步。當然，北京國際救災會成立的時間太短，專注於第一線急賑事務，而且沒有意識到以中外合作的模式，創建全國性的領導組織，造成它沒有持續發展規章制度。從另一個角度來看，華洋義賑會在一九二〇年代初吸收基督教青年會華籍幹部章元善、美國紅十字會代表戴樂仁（J. B. Tayler），以及身兼上述兩團體幹部的艾德敷（D. W. Edwards）。他們都是當時在中國少數擅長組織與管理的高手，不僅長期在中、美非政府組織內部擔任中層幹部，還熟悉國際對華救濟業務，以及財務管理。當中外合作組織從北京國際救災會逐漸過渡到華洋義賑會，人事上的延續性，以及海外社團經驗的導入，免去華洋義賑會以新手上路，縮短進入狀況的時間。

一、章程的建立與防災政策的調整

在一九二一年十一月十六日成立大會中，來自上海華洋義賑會、天津華北華洋義賑會、山東華洋義賑會、河南災區救濟會、山西華洋救災會、漢口中國華洋義賑救災會湖北分會、北京國際救災會等會所組成的華洋義賑會籌備委員，共同擬定了「中國華洋義賑會救災總會章程」（參見附錄三），其中詳列華洋義賑會的經營目的、會員、職權、高級職員、辦事員、分委辦委員會與投票問題。這份章程基本上奠定了華洋義賑會主要的發展方向與行事規則，其中當然不乏北京國際救災會時期的經驗，至於組織架構與華洋合作方面，華洋義賑會有了一些更為具體與合理的管理方式，一方面強化總會的角色與作用，另一方面給予地方分會更為彈性的加盟條件，但新的章程同時也帶來前所未有的危機與轉機：

確立以天然災害造成的災難為賑災實施的對象。中國社會歷來救災之對象不外乎因天災、人禍導致的災禍，但為何華洋義賑會在章程中聲明只救天災呢？華洋義賑會認為：1.中國人民之所以會因缺乏食物而瀕臨死亡，主要原因是政治動亂所造成；[11] 2.來自各國的外國人沒有必要將華洋義賑會的賑款用於弭補政府的失能；3.華洋合作的目的在於建構防災工程，但由於賑災的時間與金錢有限，不能浪費，只能挑選天然力造成的災害，寓救於防；[12] 4.而且戰爭引發動亂，對於中外放賑人員的人身安全、查放賑款、運輸物資都造成威脅；5.美國紅十字會也提醒華洋義賑會，若將賑款用於救濟戰亂，那將會影響組織信用與美國對中國的同情。[13]

---

[11] See CIFRC, *Annual Report 1923, Report on Relief Work in 1923* (Peking: CIFRC, 1924), p. 2.

[12] 〈歲收前途之悲觀〉，《救災會刊》四卷五冊（民國 16 年 6 月），頁 19。

[13] 〈美國紅十字會來函〉，《救災會刊》五卷五冊（民國 17 年 6 月），頁 22。

一九二一年華洋義賑會章程的建立，讓參與華洋義賑會的各省華洋義賑會能夠明白會務的運作與自身在總會中的地位。在北京國際救災會時期，華洋義賑組織的活動規模與賑災程序已漸入軌道，惟獨最根本的組織章程卻始終沒有出現，這使北京國際救災會只能依賴聲望與能力較佳的會員，以私人關係協調各地會務。但是北京國際救災會與這些地方團體之間，一直缺乏章則來界定雙方的秩序關係。在一九二四年議定修正的「中國華洋義賑救災總會辦事大綱」中，更進一步的說明總會執行委員會如何承認地方分會：1.該組織會員必須由華洋相等人數組成；2.除經特別協商者不計以外，新會必須將所收款項彙總於華洋義賑會管轄與支配；3.新會必須履行華洋義賑會一切議決案；4.新會章程經華洋義賑會執行委員會認定與華洋義賑會宗旨相符；5.能承認華洋義賑會章程及辦事大綱。[14] 有了「章程」與「辦事大綱」的規範，華洋義賑會排除了單純以華人或外國人為主體的社團，然而這並不會影響它的力量擴張。華洋義賑會在一九二二年創會時僅有七個分會，到一九三五年便擴大到十五個分會，遍及中國南北各省。在此期間，先後有十七個團體向總會申請入會成功，使得華洋義賑會每年平均轄有十二個分會。（參見附錄四）最後一個成立的分會是徐州。[15] 有的分會在退會後，再度入會，如陝西、山西。

---

14 〈中國華洋義賑救災總會辦事大綱〉，《救災會刊》一卷三冊（民國 13 年 2 月），頁 20。

15 〈天災乎人禍乎（續）〉，1929 年 10 月 30 日，季嘯風、沈友益主編，《中華民國史料外編-前日本末次研究所情報資料》第九十四冊，中國飢荒（三）（廣西：廣西師範大學出版社，1996），頁 179。

華洋義賑會對內是以「總會」的身分，領導其他各省分會。這種關係建立在各省地方分會將賑款移送北京的總會處置與分配，從財務上明確構成上下的隸屬關係。不過，上海華洋義賑會（Chinese-Foreign Famine Relief Committee, Shanghai）對華洋義賑會在中文名稱加入「總會」兩字，頗為不滿。它以為就規模與歷史發展而言，上海始終都不應該是華洋義賑會的附屬「分會」（sub-committee）；兩者都是「聯合」（united）團體中的一份子。因此，在一九二四年於上海舉行的第二屆年會中，華洋義賑會曾經徵詢各會是否支持將「總會」改為「聯合會」的意見，結果僅有上海華洋義賑會贊成，此案遂未成立。[16] 會名之爭牽涉了總會與各地分會的隸屬關係，同時也影響到資源分配的現實問題。[17] 若上海華洋義賑會被定位在分會的層次，依據章程須把所得經費交由總會處理。南北兩會於領導地位上的糾葛，最後導致一九二五年上海華洋義賑會主動與華洋義賑會決裂，在國際上形成兩個「華洋義賑會」競爭的特殊情況。

隸屬於執行委員會下的總幹事成為實際推動會務的主持者。從創會初期就由他領導龐大的幕僚與執行單位。（參見圖 3）

過去北京國際救災會先後有蘇味道與艾德敷擔任秘書工作，但他們並沒有強大的幕僚與行政單位來作為後盾，使得會務必須下放到各分股委員會（Standing Sub-Committee）來執行。這種情形到總會事務所成立，大有轉變。初期的華洋義賑會在研議總會事務所時就設置秘書（Secretaries）、文牘（Chinese）、檔卷（Filing）、會計（Accounting）等單位，但沒有把這些單位

16 〈本會之中文會名〉，《救災會刊》一卷五冊（民國 13 年 6 月），頁 32。

17 〈江蘇交涉署呈外交部〉，民國 14 年 6 月 30 日，《外交檔案》，03-19-166-01-009。

獨立成分股委員會。華洋義賑會認為過去賑災之所以成效不彰，主要是缺乏統一精神，因此才要在各分會之上設置總會。讓總會統籌全部賑災計畫的籌備，同時兼具與政府賑務機關協調的對等地位，使有關賑災事務之決策提振效率。

華洋義賑會章程制定時，導入長期經營「公共團體」與實用主義的概念，建立永久組織，避免災情舒緩，組織亦亡的情形。儘管過去北京國際救災會時期，賑災組織各類人才濟濟，但是缺乏專業的經營理念，以致於必須透過改造的手段來使枯木回春。長期擔任華洋義賑會總幹事一職的章元善認為，公共團體經營面臨的問題主要有三：組織未臻美備；管理未臻適當；會員意見橫生，導致分道揚鑣。[18] 他強調，公共團體處於人才與

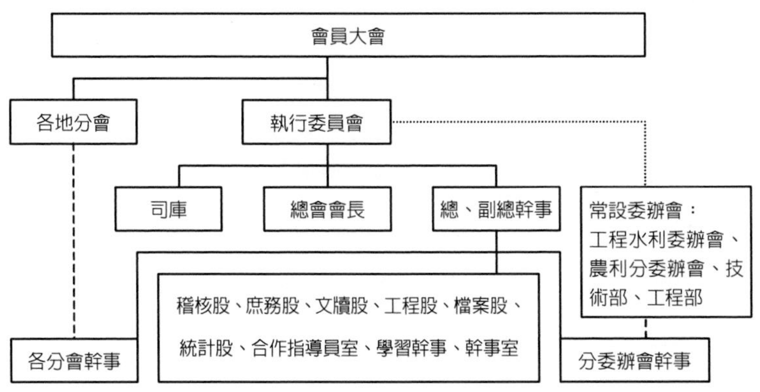

圖 3　華洋義賑會總會與分會關係圖（1922-1923 年）

說　　明：虛線表示聯絡關係，實線表示上下隸屬關係。

參考資料：依據「中國華洋義賑救災總會詳細組織表」修正，《救災會刊》一卷二冊（民國 12 年 12 月），頁 12。

財力有限的狀況下，力量分散，絕對不是社會人群之福。因此，從章程中有關會員的組成、職權、表決等內容可以發現，華洋義賑會總會確實有心藉著中外國際合作經驗與歐美世界的社團管理習慣，導入議事規範，去建立一個集合眾人意志、負擔社會責任的非政府組織。[19]

創會章程勾勒出華洋義賑會以防災、救災及研究災荒原因的發展方向。在華洋義賑活動興起之前，中國的慈善事業，大抵偏重救貧而不像西方著重防貧。[20] 有鑑於此，華洋義賑會除了延續北京國際救災會以救災、防災為目的，另外還加上研究天災成因、災難統計，以及相關資料的收集整理，譬如在一九二三年總會技術部第二次會中討論陝西水利工程時就是運用統計與地質學研究得出紀元前一千三百九十年至一九二二年為止渭北平原共出現一百六十二次天災，其中一百二十七次為旱災、十五次為水災、十二次為蝗災、七次為蝗災兼旱災、一次為旱災兼水災，平均每二十年成災一次，而自十四世紀以來平均十年成災一次。[21] 另外，華洋義賑會一九二四年開始發起編纂《荒政通志》，但是編輯過程可謂困難重重，除了資料搜羅不易，缺乏專人負責。至於如何審定資料真偽，又是煞費周章，所以最後並未成書，改整理當時甫出版的《清史稿－災異志》，提出統計，製作

---

[19] 章元善，《實用公團業務概要》，前言，頁 1。不過這種概念並非華洋義賑會所獨有，孫中山早於 1916 年代初期參考《羅伯氏規則》(*Robert's Rules of Order*)，同時並引用沙德（Harriett Lucy Shattuck）所著《婦女議事手冊》(*The Woman's Manual of Parliamentary Law*) 完成《民權初步》，他的目的也是要訓練群眾參與團體，以期發揮團體的實質功能。

[20] 梁士貽，〈籌設全國平民生計處計劃大綱〉，1919 年，《三水梁燕孫先生年譜》下，頁 59。

[21] 〈導涇近聞〉，《救災會刊》一卷一冊（民國 12 年 10 月），頁 1-2。

「災因十二種分類表」。[22] 華洋義賑會並利用一九二三年於事務所成立的圖書室，專門收集有關救災、救濟類的圖書，以及總會、各地分會的研究出版品。[23] 但這間圖書室開放狀況被人批判為「啟閉失時」，也就是說缺乏常態性的開放，並不具備專業性圖書館的功能。在一九二八年以前，總會圖書室無法發揮它應有的功能。[24] 一九三〇年代以後總會另外設置專室收藏有關信用合作、農村合作的書籍。

最後，從章程刻意提出與政府分工合作，可見華洋義賑會已經意識到如何與中國政府協調，避免業務重複，過度替代政府職能，改專注於政府力有未迨之處。在北京國際救災會活動時期，中國北方恰逢直、皖、奉三派逐鹿中原，造成中央政府失能，無法透過內政制度發揮其統治力，所以需要民間非營利性組織介入，扮演政府的部分角色。這也是為什麼北京政府能接受北京國際救災會與其它華洋義賑組織多次深入災區，藉著外國的力量從事移民、開墾、工賑等業務。一九二二年第一次直奉戰爭結束，北京政府開始「回歸正軌」，重啟內政。[25] 為了追求國家自主，活躍於國際聯盟與美國華府的中國外交官，他們也大規模推動國際主義與民族主義理念的結合，挑戰列強在華所享特權，企圖回收以往失去的國家主權。[26] 相較於段祺瑞

---

22 〈清史災異誌之統計〉，《救災會刊》五卷五冊（民國 17 年 6 月），頁 21。

23 〈徵求慈善事業之著作〉，《救災會刊》一卷一冊，頁 2。

24 〈清史災異誌之統計〉，《救災會刊》五卷五冊，頁 21。

25 Andrew Nathan, *Peking Politics, 1918-1923, Factionalism and the Failure of Constitutionalism*, p.176.

26 關於北京政府在國際上的外交活動與修約外交，參見唐啟華，《北京政府與國際聯盟（1919-1928）》（台北：東大圖書公司，1996）。張力，《國際合作在中國——國際聯盟角色的考察（1919-1946）》（台北：中央研

掌權時期（一九一七至一九二〇年），一九二〇年代的北京政府已能體會到賑災可以是主權之一環，於是中央開始擴大以海關賑災附加稅抵押外債改善經費不足的問題，同時利用平糶委員會的成立、[27] 政府希望藉由對賑務處財務委員會決策的控制、[28] 補助華洋義賑會的經費，同時協助官方支持的中國紅十字會擴大事業，避免政府失能形象，深植人心。[29] 所以，華洋義賑會章程中，將組織活動的範圍與政府區隔，自限於政府施政所不及之處，實因中國政治環境變遷使然，華洋義賑會不過是順水推舟，減輕負擔。

二、科學與本土化的防災、賑災發展路線

對於伴隨北京國際救災會過渡到華洋義賑會的成員，一九二二年新組織的成立提供了各地國際合作賑災團體一個匯聚

究院近代史研究所，1999）。See also Chi-hua Tang（唐啟華）, *Britain and the Peking Government,1926-1928* （London: Ph.D. dissertation, LSE, 1991）。

[27] 平糶委員會（Government P'ing Tiao Commission, Peking），設立於 1922 年，採用華洋各半的領導組織。Regulations of Government P'ing Tiao Commission, Peking, May 15, 1922, FO228/3031, p.169.

[28] 北京政府在 1922 年前後積極想要控制財務委員會，以便獲得對賑災附加稅擔保的貸款能有絕對的主導權。外交團則要求北京政府必須提出具體的計劃與監督機制。Minute of British Legation, Peking, November 8, 1922, FO228/3031, p.377.

[29] 北京政府甚至模仿華洋義賑會的制度，由內務部發起華洋各半的 Peking Poor Relief Committee 組織，再轉請外交部項北京外交團提案，申請賑災附加稅貸款補助。當時華洋義賑會的成員如德來格、艾德敷、盧立基都名列董事會。Wai Chiao Pu to Peking Diplomatic Body, May 3, 1922, FO228/3031, p.165.

力量的平台，透過簡單的章程與共識，確立了國際合作的大方向，譬如前述的賑災原則。在最初的章程中限定了以天災造成的災害作為主要救濟對象；救濟手段以工賑為主。當然，中國地區的慈善團體不會只有華洋義賑會，傳統的賑團、粥會與義賑組織仍然活躍於城鄉，政府與中外紅十字會也不遑多讓，顯見華洋義賑會在救災這條路上並不寂寞。基本上，一九二一年底通過的賑災標準，理想性太高，對於天災與人禍的界定標準往往難以區隔。所以比較過其它組織的優劣後，華洋義賑會遂在一九二四年透過「全國水災賑募大會」的聯繫，與中國紅十字會達成默契，由該會負責急賑，而華洋義賑會則專責募款提供部分經費。[30] 換言之，華洋義賑會負責善後防災、紅十字會專責臨時急賑。[31] 於是，在往後十年間華洋義賑會「成災標準」，從初期強調水旱天災造成糧食欠收、無法從進行農業活動為賑濟對象，[32] 到一九二五年時，已擴大到由政治因素造成的災害。[33]

一九二〇年代救災對象的轉變，基本上顛覆了最初華洋義賑會早期與中國內部動亂隔離的理想，就政策根源來看，可能與一九二〇年代中期國際聯盟救濟股提倡的「賽老羅計劃」

---

30 〈本會與中國紅十字會總會之關係〉，《救災會刊》一卷六冊（民國 13 年 8 月），頁 36-37。

31 〈全國水災祈禱主日宣講稿〉，《救災會刊》一卷六冊，頁 36-37。

32 1923 年第二次年會時的〈成災標準〉，認定各省如有三分之一地區有下列情形為災區：a.凡因水旱天災而五穀欠收導致人民十分之七陷入缺糧之苦，且十分之七陷入飢寒交迫；b.民間糧食缺乏，而且無法從事農事。參見〈成災標準〉，《救災會刊》一卷三冊（民國 13 年 2 月），頁 20。

33 See CIFRC, *Annual Report 1925, Report on Relief Work in 1925* (Peking: CIFRC, 1926), p. 1

（Giovanni Giraolo Plan）有關。這個計劃在賑災標準中特別強調：當社會遭遇災難，而政府失能，無法救濟時，慈善組織必須加以注意。一九二五年擔任華洋義賑會總幹事的梅樂瑞（W. H. Mallory）在任職於國際聯盟秘書處的前海關總稅務司職員濮蘭可的協助下，參與了國聯的計劃，並且是當時中國唯一獲邀至國聯秘書處對職員演講的非政府組織。[34] 後來不單是會內幹部梅樂瑞、章元善、戴樂仁等人又多次在國聯發表演講，國聯專家也應邀到到中國訪問，雙方的經驗交流可以說是雙向互惠。除了國聯，華洋義賑會還透過在各國都有結盟組織的紅十字會，傳遞本身的經驗與技術。一九二六年十一月華洋義賑會會長梁如浩以萬國紅十字會聯合會（League of Red Cross Societies in Paris，今名為紅十字國際聯合會）顧問資格參與該會在東京舉行的第二次遠東會議（Second oriental Conference of the League of Red Cross Societies held in Tokyo），[35] 會中提出強調華洋義賑會根據研究後認為，要改善中國的不幸，必須要從工程與農村經濟著手，如此才能使人民擺脫困境。梁如浩並且還向各國代表介紹，華洋義賑會推動的七種賑濟與防災路線，並討論其優缺點：

1. 急賑（emergency relief）：所謂的急賑指的是金錢與糧食的免費發放，對於前者，華洋義賑會主張非到絕對緊急的地步，決不使用，而後者牽涉到地方的糧價利益問題。因此，華洋義賑會主張即使要購置糧食也要利用區位、數量來壓低賑災成本，避免對本地糧食市場造成排擠的負面影響，這樣才可以真正發揮急賑的效用。

---

[34] 〈梅樂瑞君遊歐接洽記〉，《救災會刊》四卷一冊（民國 15 年 10 月），頁 3-4。

[35] 〈紅十字會與東京會議〉，《救災會刊》四卷一冊，頁 1。

2. 工賑（labor relief）的食物發放原則：在華洋義賑會的任何會議中，可以聽到「實業或工賑，老生常談，永遠比免費發放還要好」的箴言，經常被幹部掛在口中。但華洋義賑會的工賑所得發放，其性質迥異於過去傳統以金錢作為酬勞。華洋義賑會根據以往經驗，選擇居住在災區的家庭各派出一名壯丁出去工作，作為提供全家價美物廉的食物的交換。如此既可避免工人爭相購買本地食物造成糧價上漲，也可降低工程經費。

3. 修堤（dike repairs）：從一九一一年前後，修築堤防本來就是華洋義賑組織防災的重要策略與方法，這一方面華洋義賑會不僅加以跨大，另外還將工程的範圍延伸到道路與與鑿井。然而，它最大的缺點是，需要龐大的經費來作為後盾，不然就只能等待，緩不濟急。

4. 節制經費（strict economic）：華洋義賑會在賑濟的過程中注意到，計劃的成敗除了工人的聘用，慈善組織本身的經營與開銷管理也是重要的因素之一。他們發現不論如何開源節流，整合經費，賑務基金與實際需求仍然有著極大的差距。

5. 貸款構想（loan idea）：各地賑災的過程中，由於地方稅收與經濟發展不良，因而缺乏資金改善環境，華洋義賑會建議能夠適度的提供貸款作為建設之用。表面上這只是單純的借貸，卻在實踐的過程中能夠負擔聘僱勞工、提昇當地生活水準的作用。華洋義賑會發現這種方式，最有可能完全發揮賑災基金作為慈善（charity）的用途，達到人助自助者的效果。

6. 農村經濟（rural economy）：華洋義賑會計劃以十年為期，改善農村生活，引入在歐洲行之已久的雷氏（Herr Raiffeisen）改良農村信用合作制度（rural co-operative credit system），並且與印度、丹麥、日本合作交換經驗。

7. 標準方法（standard methods）：華洋義賑會從創會就積極建構一套可以提供各級組織仿效，同時適應地方不同條件的指導策略與標準化實務（standardization of relief practices），為此在一九二〇年代初期就頒布《賑務指南》（*Handbook for Relief Workers*）、《田野工作章則》（*Field Practices Rules*）等出版品。他們希望透過對組織性質的討論，建立賑災原則、組織、調查方法與佈賑經驗，如《賑務指南》的六十四條建議，涵蓋了強述的一至六項政策的細部說明。這些標準化制度的介紹不只是給予管理者直接的影響力，還提供其它團體研究觀摩的範例。[36]

在施賑策略與實務技術方面，華洋義賑會的發展方向，由初期完全主張工賑防災，到後期逐漸承認防災與救災並重。一九二八年九月，南京國民政府頒布了官方版的「施賑標準」，揭示以工賑為辦賑主軸。[37] 在一九三〇年代初期，國民政府大規模聘請國聯水利專家來華協助導淮計劃與華北水利改善。[38] 受到政府致力於工賑的刺激，華洋義賑會執行委員在一九二九年一月十五日議定十二條「施賑簡則」以為回應政府的政策，內容再度確立：賑濟以工賑為主，工賑又以防災為原則，俾對於社會有永久的經濟價值之主張。[39] 這個主張，到一九三三年有了更細膩的發展。當時華洋義賑會透過第六次會員大會時，各地會員達成一致共識：1.進一步將前述那些遭遇天災人禍、多數生命面臨危險的地區列為急賑對象；[40] 2.遇有天災發生，

---

[36] CIFRC, *Scientific Disaster Relief* （Peiping: CIFRC, 1929）, pp. 2-12.

[37] 〈國民政府施賑標準〉，《救災會刊》六卷一冊（民國 17 年 10 月），頁 6。

[38] 建設委員會，《全國水利建設報告》水政（南京：1935），頁 36-37。

[39] 〈執行委員會議定施賑簡則〉，《救災會刊》六卷三冊（民國 18 年 2 月），頁 17。

[40] 〈年會概況〉，《救災會刊》十卷五冊（民國 22 年 6 月），頁 17。

災區財力無法承擔防止多數生命之損失，而情況又不允許辦理工賑時，華洋義賑會應辦理急賑；3.華洋義賑會辦賑還是要以工賑為主，行以工代賑，並以短期低利貸款輔助；4.華洋義賑會的所有業務都是要以防止災害為主，無論是營造工程、辦理各類經濟合作，其目的都是要使農民逐漸脫離貧困；5.在救災原則方面，華洋義賑會仍然以為要由中央政府與地方當局負責。[41]

為何要改變已有成效之策略呢？華洋義賑會以為，一九三三年調整賑災標準的動機源自於研究發現：災區民眾長期仰賴工賑成習慣。這種思想根源於西方社會對貧民救濟的理念，自十六世紀起他們就認為救濟的目的應該要避免救助懶惰、墮落者之危險，另外還要注意到不違反基督教扶助平民之義務。[42] 為了避免災區社會風氣惡化，執行委員會乃在一九三五年推改良農事、提倡移民、發展家庭工業及其它改善農村經濟事業，並與國內外其它機構合作。[43] 從工賑優先移轉到工賑、農賑並重後，華洋義賑會有了更具體的策略：1.對災民之救濟不以金錢發放；2.對災民不完全以免費糧食放賑；3.凡青年壯丁及有工作能力的人仍然需要參與工賑；4 如在糧食缺乏區，改以糧食為工資；5.工資的發給應由工作單位考察。[44] 新規劃的重大工程必須配合政府計劃，以輔助政府之地位自居。

---

41 〈十五年來之中國華洋義賑救災總會〉，民國25年11月16日，國史館藏，《抗戰史料》，0160.52/3480.55-01。

42 馬君武，《失業人及貧民救濟政策》(上海：商務印書館，民18年)，頁72。

43 〈議決賑務方案〉，《救災會刊》十一卷五冊(民國23年6月)，頁32-33。

44 中國華洋義賑救災總會，《會務一覽表》叢刊乙種第56號（北平：中國華洋義賑救災總會，民23年），頁2-3。北京市檔案館藏，《北京市社會局檔案》，J2-6-37。

不僅原來工賑的形式、規模改變，就連華洋義賑會長期推動的合作運動，也在國民政府實業部成立合作司後，為政府見重。一九三〇年代初期，華洋義賑會的工作人員與資源逐漸被納入政府體制。因此，在這一年華洋義賑會正式宣佈，總會的工作已經告一段落。一九三五年以後，華洋義賑會將致力於四方面：1.協助地方團體，研究關於一切防止災荒的工程問題；2.研究實踐合作事業與農村改良方法；3.教育民眾認識災害，並且由總會研究有效的施賑技術；4.募集施工費用，推廣上述計劃。[45] 從新方針的內容可以理解，在一定程度上華洋義賑會又採取類似江皖義賑會時期以及急賑、農賑為主的策略。可見華洋義賑會的發展策略不拘泥於一格，具有相當靈活的特性。不過，政策的調整，並沒有與過去強調「消極的賑災不如積極防災」的觀念衝突，因為華洋義賑會堅持一切有益於農民之設施，均有防災的功能。既然工賑已有國家的力量介入操縱，那麼國際合作力量自然可以逐漸退場。因此，與其說華洋義賑會調整策略是因應國民政府施政所作的屈服與妥協，毋寧稱前者只是將國際合作所施行的策略調整比例，同時確立了長期性農村賑濟的重要性。

從發展路線來看，華洋義賑會與國民政府確實有微妙的互補。它在一九三〇年代逐漸減少工賑的規模，以及國際對工程技術、資金的協助，[46] 同時逐步推動所謂「三元計劃」：即地方性小工程、農村合作與民眾組隊從事防災訓練，[47] 而國民政府

---

45 〈引言〉，華洋義賑會，《民國二十四年度賑務報告書》（北平：民國 25 年），頁 1。

46 〈第七屆常會概況〉，《救災會刊》十二卷九冊（民國 24 年 6 月），頁 42。

47 〈今後會務計劃大綱〉，《中國華洋義賑救災總會十五週年紀念冊》（北平：華洋義賑會，民國 26 年），頁 12-15。

卻積極走向華洋義賑會過去的工賑、國際合作與中央主導地方賑務的老路線。華洋義賑會的功能幾乎為國民政府所取代，但不可忽略的是一九三〇年代中國面臨日本的入侵，為了維護國家的主權，政府的自主功能與國家的權力有一部份是在講求賑災效率的狀況下，被重新認定與建構出來。[48] 而且，在一九三一年以後國民政府便陸續徵用總會事務職員加入決策，這樣的做法讓民間的人才逐漸轉化為政府組織官僚。所以，同樣的政策，擺蕩在政府與非營利性組織之間，造成雙方既競爭又合作的關係出現。經由上述事實可知，華洋義賑會在研擬賑災方向時，在相當程度上確實考慮到國際賑災趨勢、與中國政府之間的協調、災區賑務實踐的可行性，以及組織資源的多寡。

三、全國性的會員的組成與常會的失能

依照近代英、美國家組織社團的經驗，公共團體每年至少要召集會員舉行大會，其目的主要是方便改選幹部、討論會務、完成新舊會員交替的程序、處理分會的加入與退出，研議修定章程。在中國，華洋義賑會自然也不例外。如章程中所提到的，華洋義賑會的會員主要來自各地分會、事務所選派的華洋會員、額外會員，以及總會總幹事。這種會員組成結構，一方面使出錢出力的各地華洋組織都能在平等的基礎上參與會務。過去因為沒有會員資格而無法參與大會各類議案投票的總會總幹

[48] Bedeski 認為我們不能將國家的出現簡化為社會因外力入侵而產生，但是國家權力的發展與擴張確實可以被視為解決問題的途徑。See Robert E. Bedeski, *State-Building in Modern China: The Koumintang in the Prewar Period*（California: University of California, Berkeley, 1981）, pp. 124-125。

事，此時被賦予資格，維繫了會員大會與管理單位之間的關係；另一方面華洋義賑會也吸收具備專長的各國人士成為華洋人數相等的額外會員，不過他們在章程的規範中，似乎是沒有投票的權利。就華洋義賑會的組織結構與權力層級而言，它是以一至兩年為一屆召開會員大會（或稱年度常會，annual meeting）作為最高權力來源。這一點與一般公共團體並沒有太多差異之處。根據華洋義賑會現有的會議記錄，從一九二三年開始至一九三七年為止共召集過八次大會。（參見表 3-1）

雖然創會章程中並無規定每年必須召集年度會員大會，而且這種會議又被認為是「虛應故事」，惟大部分中外幹部都認為若

表 3-1　會員大會集會時間與地點

會　期	開會地	集會時間	應到人數	實到人數
籌備會議	北京	1921 年 9 月 21-22 日	----	14
成立大會	上海	1921 年 11 月 16-17 日	----	14
第一屆	漢口	1923 年 1 月 17-18 日	28	19
第二屆	上海	1924 年 1 月 21-23 日	28	21 或 25
第三屆	北京	1925 年 3 月 12-14 日	----	24-
第四屆	天津	1928 年 11 月 15 日	----	34
第五屆	歸化	1931 年 6 月 19-20 日	44	34
第六屆	南京	1933 年 5 月 26-27 日	42	25 或 26
第七屆	西安	1935 年 5 月 17-18 日	41	21 或 28
第八屆	南昌	1937 年 5 月 7- 8 日	40	29
第九屆	原定長沙、昆明、重慶、開封擇一[1]		因抗戰而取消	

資料來源：依據《救災會刊》、《中國華洋義賑總會年度賑務報告書》各期內容，以及《中國華洋義賑救災總會十五週年紀念冊》製表。

說　　明：應到與實到兩欄中---虛線表示華洋義賑會未公佈人數，亦無法推算會員人數。

要求「共策賑務之改良」、執行委員與職員改選的問題，仍必須透過會議解決。[49] 所以會員大會的存在仍有其重要意義。可是想要按時召開大會的企圖，並不容易達到。主要原因是各地分會相距遙遠，加上中國內戰不斷、盜匪作亂、軍閥的干預、一九三〇年代日本入侵中國領土，天災肆虐。另外，各分會經費有限，無法提供充裕旅費予會員代表、有的分會甚至不知道要派誰參加，以及外籍會員返回本國等問題，都可能導致會議流產，譬如一九二六、二七、二九、三〇預定召集的年度會議都無法排定。即使如期召開會，也會遇到人數不足的狀況。所以在一九三一年後改以兩年召集一次大會。[50]

目前已知的一九三一至三五年間的三次會議，會員的報到率僅分布於51%至77%之間。[51] 華洋義賑會在歷年《賑務報告》（*Annual Report, Report on Relief Work, CIFRC*）、《救災會刊》僅有一九二三、二四、三一、三五、三六年才有公佈部分數據，說明參與狀況。（參見表3-1），一九三六年出刊的《中國華洋義賑救災總會十五週年紀念冊》雖然曾經列出歷次大會到會人數，但所載第二、六、七屆的人數，均較前述兩種刊物要多，可信度頗令人懷疑。[52] 即使大會如期召開，不少地方分會多是

---

49 〈年會延期〉，《救災會刊》四卷四期（民國16年4月），頁42。

50 〈會章修正案起草委員會提案〉，華洋義賑會，《民國二十年度賑務報告書》（北平：民國21年），頁15。

51 1931年應到會員44人，實到34人；1933年應到42人，實到25人；1935年，應到41人，實到21人。參見《民國二十年度賑務報告書》（北平：中國華洋義賑救災總會，民國21年），頁12；〈年會概況〉，《救災會刊》十卷五期（民國22年），頁17；〈第七屆常會概況〉，《救災會刊》十二卷九期（民國24年6月），頁42。

52 〈本會簡史〉，《中國華洋義賑救災總會十五週年紀念冊》（北平：中國

就近請總會找代理人，行使權利。因此，所謂的會員代表在出席後能否照顧地方分會利益，反映災區問題，不無疑問。

四、作為決策單位的執行委員會

根據圖 3 的組織架構觀察，在會員大會休會期間，華洋義賑會的權力與業務統籌單位，落在常設性管理單位——「執行委員會」(Executive Committee, 或稱幹事會)。依據章程，執行委員會為總會事務所職員：包括會長、副會長、華洋司庫各一人、秘書（由總幹事兼任），[53] 加上六名由無給職額外會員、地方分會會員「舉出」的代表，[54] 總計十一人構成全體，[55]「統理一切會務」。[56] 他們從一九二二年起每月聚會一次，一九二九年以後每兩星期聚會一次。[57] 執行委員會聚會的地點多在北京的歐美同學會，使用語言主要以英語為主。但為什麼代表人數至多不超過五十人的華洋義賑會還要在會員大會下設置「執行委員會」，而不是直接由分會代表、額外代表，加上總會總幹事直接管理會務呢？章元善認為，由全體會員管理會務的設計，一來無法完全召集散居各地的會員，二來議事進行過程中，容易發生意見不一、責任不清，難以達成共識之弊端。[58] 章

華洋義賑救災總會，民國 25 年)，頁 28。

53 〈本會簡史〉，《中國華洋義賑救災總會十五週年紀念冊》，頁 4。

54 中國華洋義賑救災總會，《會務一覽表》)，頁 1。收入北京市檔案館藏，《北京市社會局檔案》，J2-6-37。

55 Andrew James Nathan, *A History of the China International Famine Relief Commission*, p. 11.

56 CIFRC, *Travel Regulations* , p. 3.

57 〈執行委員會增加會期〉，《救災會刊》六卷三冊（民國 18 年 2 月），頁 18。

58 章元善，《實用公團業務概要》，頁 3。

氏的說法這正好說明華洋義賑會不採會員制，改採委員制的消極理由。

因此，如果說華洋義賑會是以會員大會選出的會長、副會長、華洋司庫各一人，秘書（兼執行委員會總幹事），領導行政業務；那麼以涵蓋總會事務所、地方分會代表三方構成的執行委員會，便是負責決策與協調。在任期方面，執行委員的可以在兩次會員大會召開之間行使職權，一般約在一年至三年多不等。換言之，在大會無法落實職能的狀況下，由十至十一位執

表 3-2　執行委員會成員國籍概況（1922-1937 年）

年度	外籍						合計	華籍
	英國	美國	法國	日本	荷蘭	不詳		
1923-1924	3	2	0	0	1	0	6	5
1924-1925	2	2	0	0	0	1	5	6
1925-1926	2	2	0	0	0	2	6	5
1926-1927	2	1	1	1	0	0	5	5
1927-1928	2	0	1	1	0	1	5	6
1928-1929	2	1	1	1	0	0	5	5*
1929-1930	1	2	1	1	0	1	5	7
1930-1931	2	0	1	1	0	1	5	6
1931-1932	1	4	0	0	0	0	5	6
1932-1933	1	4	0	0	0	0	5	6
1933-1934	2	3	0	0	0	0	5	6
1934-1935	3	2	0	0	0	0	5	6
1935-1936	1	4	0	0	0	0	5	6
1936-1937	2	3	0	0	0	0	5	6
1937-1938	1	2	0	0	0	3	6	6

資料來源：依據 CIFRC, *The C.I.F.R.C. Fifteenth Anniversary Book, 1921-1936*（Peiping: CIFRC, 1936）, pp. 30-33 重新計算. 並見中文本，「歷屆執行委員會一覽表」，《中國華洋義賑救災總會十五週年紀念冊》，頁 28。

說　　明：* 一九二七年度章元善成為代理總幹事，理應成為執行委員之一，但他在一九二八至一九二九年之間並未被選為執行委員。

行委員會，依照大會既定之政策進行會務，遂使這十一人成為華洋義賑會真正的權力與決策核心（decide core）。[59] 特別是當執行委員個人同時身兼中國政府賑務處財務委員會董事，個人的權力更大。

就集會與職能而言，從一九二二年底到一九三八年三月，執行委員會總共召開過一百六十五次會議。[60] 如遇到會法定人數不足時，則改會議為「談話會」。[61] 然而，無論是以正式會議或者談話會兩種型態來運作，執行委員會絕對是華洋義賑會的決策核心。執行委員會底下設有總會事務所各股、各類委辦會、會長、副會長、司庫，以及在一九三一年設於上海的揚子流域賑務顧問委員會（以下簡稱「揚子委員會」），[62] 這些單位與職

---

[59] 必須要說明的是，華洋義賑會的會員除了章程中列出的各地華洋義賑組織派遣的華洋會員、額外會員，習慣上還包括執行委員會秘書。

[60] 1920 年代，在世界施行的委員制方式主要有三種：合議式、複議式、與分議式。從目前華洋義賑會會議記錄（minutes of meeting）觀察，它所採用的執行委員制度是主要是「複議式」與「分議式」兩種制度的混合。前者就是由執行委員自行討論會務，視業務之內容、性質與權責範圍後，交付屬下各股、各部深入研究決定可否，再交由執行委員會正式表決；後者則是以執行委員會下各分委辦會的議決為全體會員之議決，不必等待執行委員會核准，即可執行。〈本會記事〉，《救災會刊》十五卷一冊（民國 27 年 3-4 月），頁 56。

[61] 第一〇四次執委會，《救災會刊》十二卷十一冊（民國 24 年 8 月），頁 54。

[62] 「揚子流域賑務顧問委員會」一般稱之為揚子委員會或揚子顧問會，它的地位一方面是落實執行委員會的決策，屬於下級單位；令一方面它又具備全權處理長江流域下游、中國南方未設分會的江蘇、安徽、浙江三省賑務及對美國社會募款的職能，同時作為美國華災協濟會駐華顧問委員會的對口交涉單位，所有行事不必再向執行委員會報備，形同獨立的地方分會。1936 年以後當總會事務所在上海設置徵募股，這個新生的單位在實質上歸揚子顧問會管轄。有關揚子顧問會的發展，本文將在本章

務一方面是作為平時推動會務，另外也是聯繫執行委員會與分會的媒介。

就形式來說，華洋義賑會執行委員會的組織設計與現代的非政府組織幾乎沒有兩樣，惟一較為特殊的便是那號稱「中外各半」、成員多元化的領導結構。在中國民族主義高漲的一九二〇年代，國際色彩濃厚的華洋義賑會還能運作順暢，[63] 實為異數。（參見表 3-2）

這種重視國際成員的特色，一方面是來自二十世紀初以來華洋義賑組織的傳統，外僑在華活動已成為中國沿海社會發展的一部份。另外就中國而言還有社會、經濟、政治層面的因素存在：1.營造中外人民同心協力的氣氛；2.賑災過程需要運用屬於外國勢力影響的鐵路與海關單位的資源；[64] 3.以海關賑災附加稅作為債務擔保的賑款分配，需要華洋各半的賑務處財務委員會（financial committee）與北京外交團協商。這種重視國際成員的特色，一方面是來自二十世紀初以來華洋義賑組織的傳統，外僑在華活動已成為中國沿海社會發展的一部份。另外就中國而言還有社會、經濟、政治層面的因素存在：1.營造中外人民同心協力的氣氛；2.賑災過程需要運用屬於外國勢力影響的鐵路與海關單位的資源；[65] 3.以海關賑災附加稅作為債務擔保的賑款分配，需要華洋各半的賑務處財務委員會（financial

第三節討論。〈揚委會任務〉，《救災會刊》十一卷三冊（民國 23 年 4 月），頁 25-26。

63 See O. J. Todd, “ A Commission that has Succeeded in China”, November 1928, in O. J. Todd, *Two Decades in China*, pp. 309-310.

64 1922 年 9 月 27 日，《申報》，第七版。

65 1922 年 9 月 27 日，《申報》，第七版。

committee ）與北京外交團協商。

實際上，所謂的中外各半只是原則。從一九二三到一九三六年的執行委員會的國籍統計（參見表3-2）可以看出，十四個年度中有九個年度華籍執行委員較多，有四個年度外籍執行委員人數勝過華籍委員，而在一九二八、三七年度時，雙方人數對等。弔詭的是，這種華洋制度的設計，最初的構想是建立在一個形式上華洋人數均等的基礎上，也就是五比五的態勢，而關鍵在於代表總會事務所的總幹事是由外國人擔任此一職務，使得外籍委員在人數上增加一人，總數有增加到十一人，達到梅樂瑞所謂「一名外籍委員的多數」在表決時超越華籍委員人數。[66] 惟這一切設計在一九二八年度華籍的章元善扶正成為總幹事後，逐漸破滅。那年執行委員會出現總數達到十二人的現象。一九三〇年後直到一九三七年最後一次大會時仍然沒有改變華籍委員居多數的趨勢。

依照中外默契，當委員出缺、或無法行使職務時，應由執行委員會依照華員補華員、外籍補外籍的原則，延請新的委員人選。但是，在一九三〇年代初期卻經常出現華人代理或遞補洋人的狀況，如一九二九、三一年度周詒春代理寶道、一九三二年度張煜全代理吉禮泰（P. L. Gillett）。[67] 這些外籍職員以英、美兩國最多。這種現象基本上反映各國在華政治、經濟、宗教

---

[66] 這種說法是華洋義賑會第二任總幹事（executive secretary）梅樂瑞接受黎安友訪問時提出。Andrew Nathan, *A History of the China International Famine Relief Commission*, p.12.

[67] 吉禮泰出身美國青年會，1914年到中國服務，經歷南京、太原青年會總幹事。〈吉禮泰君赴滬主教〉，《救災會刊》十一卷五冊（民國23年6月），頁30-31。

資源的多寡，以及國民對社會事業的經營成熟度。當然，人數的多寡無法反映他們個人對華洋義賑會會務運作的影響程度，只能說明在一人一票的議事制度下，特定族群可能掌握的資源。

除了國籍的差異，事實上華洋義賑會華洋執行委員他們仍然有許多共同的特點，譬如基督教信仰、大學教育以上教育水準、具備專業知識，能以英語溝通。就華籍委員而言：出身教會學校、青年時期的外國留學經驗、與社會救濟團體關係良好，在學術界與政界具備一定程度聲望等特徵，都普遍出現，如外交界方面，有長期參與中國政府對外工作的梁如浩、顏惠慶、章元善、王正廷、蔡廷幹、潘蓮茹、[68] 周貽春、[69] 張煜全、[70] 孫科；學術界出身的全紹文、[71] 秦汾、[72] 馮曦、[73] 李協；[74] 宗教

---

[68] 1929 年擔任察哈爾省交涉員。See CIFRC, *Annual Report 1929, Report on Relief Work in 1929*（Peiping: CIFRC, 1930）, p. 55.

[69] 1883 年生，安徽人。1903 年上海聖約翰大學畢業後自費遊美。1907 年耶魯大學習普通文科。越兩年入威斯康辛大學，獲大學、碩士學位。辛亥革命前夕回中國授進士。1911 年擔任南京臨時政府外交部秘書，同年任北京清華大學副校長兼教務長。1913 年任校長。1923 年擔任財務整理委員會專門委員。1926 年代表中國政府參與關稅特別會議。參見《支那人名鑑》，頁 890-891，並見《遊美同學錄》，頁 58。

[70] 1880 年生於廣東。1898 至 1899 年入日本東京大學，1901 年以官費赴美。1902 年進入加州大學（University of California），1902 年轉學耶魯大學，三年後獲得法學碩士。1905 年中國政府派為出洋考察憲政大臣隨員。回中國後歷任山西、直隸、山東、河南等各省視學。1911 年至 1913 年擔任總統府秘書、外交部參事。1913 年至 1915 年任外交部安徽與江蘇交涉使。1916 年調回北京擔任外交部秘書。參見《遊美同學錄》，頁 122-123。

[71] 1886 年出生於北京，少年時畢業於 North China Union College，1909 年赴美耶魯大學就學，1914 年畢業。1915 年至 1918 年擔任美國 Chinese Student Christian Association 總幹事。1918 至 1921 年擔青年會華工秘書，服務於歐洲。1921 年擔任中國東方鐵路英文秘書，四年後任擔任清華大學學務

界的劉芳、朱漁友，[75] 與青年會的余日章；[76] 上海財經界的唐

長，同時兼任青年會北京幹事。See Who's *Who in China, 1931,* p.116.

[72] 江蘇人，1909 年美國哈佛大學畢業，獲得碩士。1910 年回到中國先後擔任南京高等學堂教務長、浦東中學校校長、南洋中學與北京大學教員。秦汾在 1936 年與章元善同為合作事業委員會常務委員。參見《遊美同學錄》，頁 75-76。並見《民國二十五年合作事業委員會職員錄》(南京：合作事業委員會，民國 26 年)，頁 52。

[73] 1877 年生，山西人。早年赴日求學入早稻田大學，畢業後回中國任山西省省議會秘書長。1926 年後出任綏遠省實業廳廳長、省政府委員、建設廳廳長、代理綏遠省政府主席、綏遠省考試典試委員長。馮氏在 1929 年擔任華洋義賑會綏遠分會會長。*Annual Report 1929, Report on Relief Work in 192,* p. 61。並見《民國人物大辭典》，頁 1173。

[74] 陝西人，早年赴德國留學，後入格丹攝斯克大學習土木工程。他在歐戰之後曾經在北方從事田野調查，寫成《直隸旅行報告》，為當時中國少數以科學方法探討環境保護、防災工程的重要著作。1927 年 7 月擔任上海市政府港務局局長、國立西北大學教授。1929 年成為華洋義賑會執行委員。參見《民國人物大辭典》頁，243。不僅李協個人出身學術界，連在 1930 年代理他出任執行委員的王季緒也是。王季緒，1881 年出生，東京帝國大學工學士學位。曾經留學英國劍橋大學，回中國後擔任國立北平大學機械科主任、代理校長、北洋大學代理校長、北京大學工學院教授、順直水利委員會委員。《民國人物大辭典》，頁 64。

[75] 1866 年生於江蘇。1907 年畢業於上海聖約翰大學。1909 年自費留美入哥倫比亞大學習政治學，並於 1910 年獲得碩士學位、1912 年獲得博士。後再入紐約大學獲得學位。1912 年返國擔任聖約翰大學教員及牧師。《遊美同學錄》，頁 25。朱漁友在 1929 年成為華洋義賑會執行委員，抗戰時期曾經協助國民政府戰地救濟工作，負責公路運輸。

[76] 1882 年生於湖北，1905 年畢業於上海聖約翰大學，1910 年獲得哈佛大學教育碩士學位。期間擔任「北美洲中國基督教學生會會員」(Chinese Students' Alliance, Chinese Students' Christian Association in North American)、「哈佛世界會會員」(Harvard cosmopolitan)。1911 年回到中國擔任武昌文華大學堂（Boone University）校長，武昌紅十字會英文書記、副總統黎元洪外交秘書。1912 年赴北京擔任全國教育會代表、1913 年任中國基督教青年會演講部書記，1916 年年任總幹事。《遊美同學錄》，頁 49-50。

宗愈、孫仲英；司法界出身的林行規；[77] 民間社團扶輪社的金叔初。他們來自不同地域與行業，卻能夠透過留學生的背景、基督教的宗教信仰與曾經共事的經驗，聯繫彼此關係，提供專業諮詢，進一步拓展了華洋義賑會在政府、民間的影響力。最有意思的是，這些華籍執行委員大部分也是隸屬於留學生團體「歐美同學會」，他們不僅讓華洋義賑會執行委員會會議長期在那裡召開，並且掌握了總會的高級職員職位。

就外籍委員而言，大部分成員來自英語系國家，他們多有服務於基督教教會、社會團體的經驗、宣傳與募款的專長，最重要的是與華人知識份子在各類社團共事的經歷。若以時間區分，在一九一二年以前到中國的委員，多半服務於各地方教會與教會學校，如南京的密爾士（W. P. Miles）、[78] 河南的懷履光神父（W. C. White）、北京的青年會幹事艾德敷（D. W. Edwards）；[79] 一九一二年以後來到中國的委員，基本上也與教

---

[77] 1884 年生，浙江人。畢業於倫敦大學，獲法學士學位。歷任大理院推事、法律編查會編查員。1915 年 3 月北京政府司法部民事司司長。1916 調查治外法權委員會專門委員，後任律師。《民國人物辭典》，頁 465。林行規在 1933 年加入華洋義賑會似乎是受到顏惠慶的舉薦。因為他曾在前年為顏氏代理執行委員職務。

[78] 1912 年來華，美國北美長老會教士，曾任青年會南京總幹事，中國社會科學院近代史研究所翻譯室編，《近代來華外國人名辭典》（北京：中國社會科學出版社，1981），頁 331。

[79] 1883 年至 1967 年，美國人。艾德敷是在 1906 年來到中國傳教，服務於青年會，主要活動地區主要是在北京地區。在服務於華洋義賑會期間，他也在母校普林斯頓大學贊助合作的燕京大學（Yenching University）任教，並從 1922 到 1950 期間擔任普林斯頓－燕京大學基金會執行董事。（Executive field secretary of Princeton-Yenching Foundation）目前有關艾德敷的檔案存放於美國耶魯大學圖書館，檔名為艾德敷文件（Dwight W. Edwards Papers）。

會關係密切，但有著更為專業的傾向，譬如來自外交界的英國公館醫生德來格博士；商界的法國的財政專家寶道（G. Padoux）、[80] 亞細亞石油公司總經理周永治(Hardy Joweet)、[81] 花旗銀行北平分行經理步隆（S. R. Brown）；[82] 經營社團經驗豐富而且擅長工程營造的貝克（J. B. Baker）、[83] 梅樂瑞；[84] 工程界

---

[80] 法國人，1889 年畢業於巴黎大學。1914 年來華擔任北京政府審計院顧問，1919 年任司法部顧問，1928 年擔任國民政府司法部顧問，《近代來華外國人名辭典》，頁 370。

[81] 1871 年生，英國人。1893 年年來湖北傳教，歐戰期間曾經在法國華工隊（Chinese Labour Corps）任技術官員（staff captain），戰後一度擔任威海衛行政長官（Junior District Office of Wei Hai Wei）。1923 年退休後到北京擔任英商亞細亞火油公司（Asiatic Petroleum co., North China）經理，直到 1933 年過世。他的堂兄 F. W. Joweet 為英國工黨內閣（Labour Cabinet）重要成員。See S. D. Jowitt, 'Hardy Jowett, Missionary-From The Yoorkshire observer Budget, Saturday 21 November 1936', http://www.jowitt1.org.uk/hardy.htm（Accessed date: 2003/9/7）. See also Hardy Joweet to M. Lampson, 1927, FO228/3701/p. 115-123.

[82] 又名步龍。〈總會西司庫易人〉，《救災會刊》十卷四冊（民國 22 年 4 月），頁 15。

[83] 貝克來華後歷任北京政府交通部、鐵道部顧問前後達十餘年，並且在 1922 年擔任華盛頓會議中國代表團顧問。他在北京國際救災會時期曾經負責舉辦工賑修築公路 850 英哩。在卸下執行委員後，1929 年擔任美國華災協濟會駐北平總幹事。參見〈同仁消息〉，《救災會刊》十三卷七冊（民國 25 年 4 月），頁 50-51。See also *Annual Report 1929, Report on Relief Work in 1929*, p.3.

[84] 1899 年出生，美國人紐約州人。1915 年畢業於哥倫比亞大學，專修工程及科學。1921 年來到中國，先在漢口美國教會充任會計工作及總務組主任。1922 年擔任華洋義賑會總幹事，箸有《多災之中國》（*China: the Land of Famine*）。1926 年回到美國任紐約國際協會幹事長（The Council on Foreign Relations, Inc.）、華洋義賑會駐美代表、美國華災協濟會董事。美國華災協濟會從 1928 年至 1933 年為止先後援助華洋義賑會共計國幣 384 萬元，其中絕大多數來自梅樂瑞的勸募。〈行政院呈國民政府

的荷蘭籍專家方維因（H. Van der Veen）、[85] 美國專家戴樂仁（J. B. Tayler）；[86] 傳播媒體有日本籍的報社記者渡邊哲信、[87] 美國記者柯樂文（Grover Clark）；[88] 教育界方面有天主教輔仁大學校長奧圖爾博士（George Barry O'Toole）、[89] 協和醫學院教授伊博

提贈梅樂瑞案〉，民國 25 年 5 月 18 日，《國民政府檔案》，101-939。

85 荷蘭籍的方維因在中國的時間相當久，在加入華洋義賑會之前，他曾經於直隸河工事務局任工程師，不過該局籌備完成後，方維因卻被熊希齡辭退，造成荷蘭公使歐登科對北京政府極大的不滿。歐使曾就此案與北京政府外交部進行交涉，甚至威脅中國政府若是無法繼續聘用方維因，那麼就有可能否決 1920 年的賑災附加稅。結果方維因得繼續留任。1925 年華洋義賑會技術部完全解散後，又因為歐使的施壓，讓方維因又被選舉為執行委員會成員。〈顧總長會晤和歐使問答〉，1920 年 11 月 17 日，《外交檔案》，03-19-160-1； See also A. E. Marker to Herbert Goffe, December 24, 1925, FO228/3033/43.

86 1878 年生，美國人。戴樂仁早在北京國際救災會時代就加入華洋義賑活動，他的專長為合作組織研究，著有 *Farm and Factory in China; Aspects of the Industrial Revolution*（London: Student Christian Movement, 1928）、*organization of Industrial Cooperatives*（New Delhi: National Cooperative Union of India, 1964）。僅有美國國會圖書館有館藏。See Yale University, "Guide to the Dwight W. Edwards Papers", http://webtext.library.yale.edu/ xml2html/ divinity.012.con.html（Accessed date: 2003/9/7）.戴樂仁在 1934 年後擔任國民政府實業部顧問，See *Annual Report 1934, Report on Relief Work in 1934*（Peiping: CIFRC, 1935）, p. 16.

87 1930 年任北京《順天時報》社長，1926 至 1930 年任兼任英文《華北正報》社長。研究佛學，能操流利英語，參見《近代來華外國人名辭典》，頁 50。

88 1891 年生，美國新聞記者，生於日本。曾任教北京大學英文教授，1922 年至 1929 年擔任英文《北京導報》*(The Peking Leader)*，總主筆兼社長。回美國後曾經出版 *Economic Rivalries in China*，參見《近代來華外國人名辭典》，頁 83。

89 1888 年至 1944 年，美國天主教本篤會神父，擁有博士學位。1919 年奉天主教教宗之命到中國調查教育狀況，協助創立輔仁大學。1927 年輔仁學社改為輔仁大學，奧圖爾被任命為首任校長。參見輔仁大學校史室，「關於輔仁-輔仁大學校史和現況」，http://www.fju.edu.tw/history.htm

恩（Bernard Emms Read）、天津究真中學同時也是公理會牧師柏樂五（H. Ballou）。[90] 無論是出身於那一個社會階層與權力領域，外籍執行委員參與華洋義賑會時，都是挾著龐大的資源來助陣，並不純然是個人活動的累積；如同華籍委員的影響力，外籍委員背後代表著更多海外的學術機構、宗教團體、社會力量，以及無形的專業知識，作為華洋義賑會的後盾。當然，其中不乏引導、監督、與外國成功經驗激勵（motivation）的意涵。

如前所述，華洋義賑會標榜自己是國際的慈善團體，遺憾的是對於外籍委員國籍，從相關文獻仍無法完全掌握。他們為善不欲人知，留在後世的文獻不多。所以本文僅能利用已知的傳記資料判斷他們使用的語言、出身機構，以及對華洋義賑會的貢獻。至於那一社會階層、學歷、教會參與最多，依據現有史料，並不足以說明。唯一能確定的是，華洋義賑會的執行委員全部都是男性，女性完全沒有任何參與的紀錄。最重要的是，就統計而言，若比較歷年華籍、外籍委員與執行委員會總人數之間的關係，可以發現：[91] 當華籍會員參與執行委員會的人數

（Accessed date: 2003/9/7）.

[90] 美國公理會教士，從 1916 至 1948 年服務於天津。目前有關他的檔案存放於美國耶魯大學圖書館（Yale University Library, Divinity Library Special Collections）內的《傳教士個人文件檔》，（Records Project Miscellaneous Personal Papers Collection, Record Group No. 8），編號第 6-12 盒（box）。See Martha Lund Smalley, et al., "Guide to the China Records Project Miscellaneous Personal Papers Collection, （Record Group No. 8）", http://webtext.library.yale.edu/diviflat/ divinity.008.htm（Accessed date: 2003/9/7）.

[91] 從統計方法檢定華籍委員、外籍委員數量與委員總人數的相互關係，其皮爾森積動差相關係數（Pearson's product moment correlation coefficient）分別為 0.64 與 0.53。相關係數是使用於瞭解兩變數之間的相聯（association）

表 3-3　執行委員會華籍與外籍委員人數（1922-1937 年）

任　期	華籍	外籍	總數	職員兼任	任　期	華籍	外籍	總數	職員兼任
1923-1924	5	6	11	2	1930-1931	6	5	11	4
1924-1925	6	5	11	5	1931-1932	6	5	11	5
1925-1926	5	6	11	5	1932-1933	6	5	11	4
1926-1927	5	5	10	4	1933-1934	6	5	11	3
1927-1928	6	5	11	4	1934-1935	6	5	11	4
1928-1929	5	5	10	3	1935-1936	6	5	11	4
1929-1930	7	5	11	5	1936-1937	6	5	11	3
					1937-1938	6	6	12	5
華籍委員與高級職員兼任的關係係數=-0.08					外籍委員與高級職員兼任的關係係數=0.59				

資料來源：據 CIFRC, The CIFRC Fifteenth Anniversary Book, 1921-1936, pp. 30-33.重新計算

說　　明：本表所列指的是總會事務所的高級職員（officers），包括會長、副會長、司庫、總幹事、副總幹事，不包括總會其它委辦會成員。

增減，其變動影響比外籍委員要來的高。（參見表 3-3）

外一個問題是，理論上執行委員十一人當中應該包括會長、副會長、中外司庫兩人，以及總幹事等五名高級職員。就實務上來說，這五人不一定是擔任執行委員，譬如一九二七年總幹事梅樂瑞離開華，其職由章元善代理，但章氏並沒有成為年度代理執行委員。一九三三年總幹事章元善獲邀出席「太平

的測量。當一個隨機變數變化時，另一個隨機變數以某種相關的方式變化，就說這兩個變數是相關的。相關係數是一個介於-1 與 1 之間的數。係數 1 表示完全正相關，-1 表示完全負相關，0 表示不相關。參見羅傑波凱斯（Roger Pokes）著，陳鶴琴譯《統計學辭典》（*HarperCollins Dictionary of Statistics*）（臺北：貓頭鷹出版社，1995），頁 50-51。

洋國際學術會議」，訪問歐美及印度等國達半年之久，而代理總幹事李廣誠，亦沒有隨即成為章氏的代理執行委員。[92] 一九三五年時任外籍司庫的卞納德也無加入執行委員會的紀錄。另一個問題是，佔用職員名額加入執行委員會的人究竟是以何種身分參與會務，在華洋義賑會的文件中並沒有說明。

若就表 3-3 再解讀總會職員與中外執行委員人數之間的關係，[93] 純以統計意義而言：職員與外籍委員之間，在數量上表現出較華籍更為密切的關聯性。也就是說，真正影響職員兼任執行委員總人數的變數，是取決於外籍職員的人數；當外籍職員參與的人數增加，那麼職員參與執行委員的人數也隨之提高。僅以職員兼任執行委員華籍與外籍職員的情形分析，也會出現外籍職員在數量上的影響力高過華籍職員的現象。（參見表 3-4）然而，這些外籍職員卻不一定能夠進入執行委員會，參與的比例並不高於

表 3-4　高級職員兼任執行委員情形（1923-1937 年）

任　期	執行委員數	職員兼任	華籍	外籍	任　期	執行委員數	職員兼任	華籍	外籍
1923-1924	11	2	1	1	1930-1931	11	4	3	1
1924-1925	11	5	2	3	1931-1932	11	5	3	2
1925-1926	11	5	2	3	1932-1933	11	4	3	1
1926-1927	1	4	2	2	1933-1934	11	3	3	0
1927-1928	11	4	2	2	1934-1935	11	4	3	1
1928-1929	10	3	2	2	1935-1936	11	4	3	1
1929-1930	11	5	3	2	1936-1937	11	3	3	0
					1937-1938	12	5	3	3

資料來源：據 CIFRC, *The C.I.F.R.C. Fifteenth Anniversary Book, 1921-1936*, pp. 30-33.重新計算。

華人。因此，就整體而言，華人在執行委員會的人數仍然佔有優勢。在華洋義賑會執行委員會內部力行「一人一票的精神下」，[94] 人數就是代表權力，在一九三〇年代初期以後，華人確實可以左右決策。另外，儘管華洋委員的在數量上的差異有限，惟就流動率來看，外籍委員更替或是由他人代理的情形，遠高於華籍委員。[95]

造成外籍委員流動性高的原因有二：1.華籍執行委員居住於本國，穩定性高；2.外籍執行委員不定時需要返回本國，流動性大；3.政治因素影響，被迫退出組織，譬如日籍金井清（一九二八至三一年擔任執行委員），他在一九三一年九一八事件爆發後，或許是受到其中國與他國家會員的壓力，遂退出執行委員會，此後再也沒有日籍成員參與執行委員會。[96] 儘管華洋義賑會的領導有中外各半的傳統，但不分中外，大部分委員的行事風格都有「利他主義精神」（spirit of altruism）的傾向。[97]

從統計而言，無論是華籍或外籍職員，總會職員從會長、副會長、司庫、總幹事、副總幹事，他們參與執行委員會的人

---

94 〈中國華洋義賑救災總會辦事大綱〉，《救災會刊》一卷三冊，頁 20。

95 〈歷屆執行委員會一覽表〉，《中國華洋義賑救災總會十五週年紀念冊》，頁 28。

96 在 1930 年代中國社會抗日意識逐漸濃厚的時候，一個來自侵略者國家的會員，若是因為中國民族主義者或國際同僚之間的質疑而離開，其實並不難理解。再者，華洋義賑會對日本歷次天災的金援遠高於接受日本紅十字會（赤十字會）的捐助，早在 1923 年就曾賑濟日本華僑，設置中日賑濟基金，共支出二萬五千餘元。少了日籍成員的參與，對組織的經營與募款並無影響。See CIFRC, *Annual Report 1923, Report on Relief Work in 1923*, pp. 4-6.

97 See O. J. Todd, “ Some Altruistic and Economic Aspects of Famine Prevention Work ”, November 1932, in O. J. Todd, *Two Decades in China*, pp. 330-331.

數，是非常具有關鍵性的一股勢力。所以在章程的規範下，整個組織的權力固然為執行委員會所掌控。不過，最後執行委員會的運作則取決於參與的總會事務所重要的職員。換言之，那些人領導總會事務所，他們就等於掌握了執行委員會，同時控制華洋義賑會會務的整體發展方向。他們個人所凝聚出的整體影響力，除了中國，還遠及全球其它城市如倫敦、日內瓦、東京、西貢、新加坡、香港、澳門、吉隆坡、雪莪蘭以及美國東西岸大都會。[98]

從一九二一年創會開始，華洋義賑會在北京國際救災會的基礎上建構常設性的組織工作，其中最為重要的就是透過章程的制定，提供認同理念，而且願意接受華洋義賑會制度規範的團體，進入這個國際大家庭。在整套制度中，執行委員會受會員之託，統合各地分會以及總會事務所的意見，以幾近華洋各半的人事組合，透過負責華洋義賑會平時重要決策，在中國政局紛亂之際，領導一個民間國際慈善組織從事救災防災的工作，殊為不易。環顧人類歷史，華洋義賑會的案例絕對有其正面價值。特別是當一九二〇年代初期中國社會輿論開始攻擊列強在華特權，還有那麼多外國人不顧生命危險，[99] 願意利用本國資源，前來中國，援助中國，並傳授海外非營利性組織經驗。這種人道與利他主義的傾向，成為華洋義賑會獨有的跨文化的價值觀。過去，一般認為華洋義賑會執行委員會的決策受到外

---

[98] See CIFRC, *Annual Report 1925, Report on Relief Work in 1925*, pp. 2-3.

[99] 以 1930 年為例，僅英國就有 27 名僑民在河北、四川、安徽、湖南、福建、河南、山西、蒙古等地遭到殺害與攻擊。See China Association, *China Association 1930-1931 Annual Report*(Shanghai: China Association, 1932), p. 19.

國的影響，這種觀念只能夠說明中國在缺乏現代化賑災概念下，華人對於西方科技與知識的熱衷與興趣，無法就此認定華洋義賑會的做法不能解決中國的問題。不過，執行委員會究竟只是決策機構，他們的意見與政策的依據如何形成？會議達成共識後又要如何推動？維持華洋義賑會龐大的全國性組織的基礎在哪裡？這些問題就要看執行委員會所屬的各類分委辦委員會，總會事務所的各股專門組織。

第二節　分委辦委員會：具備諮詢與研究功能的單位

在華洋義賑會執行委員會的組織架構下有一群總數維持在六至十個常設分委辦會（standing sub-committee，一般簡稱分委辦會，或委辦會），在平時他們主要作為決策諮詢與研究的工作，有時也具備執行決策的權力。依據創會章程，委辦會的主要任務是接受執行委員會的託付，這使得每個單位的職能與編制之發展會因為參與的成員、活動的內容，以及他們與執行委員會的互動性，導致組織成長互異。過去學界對這些委辦會的研究的瞭解十分有限，主要偏重在與信用合作運動相關單位，甚至無法釐清當中的農利委辦會與合作委辦會之間的關係，也無從理解他們與總會事務所轄下各股的協調機制。這些先後成立委辦會，大部分的創設理念都可以追溯到二十世紀初的國際合作。當然，在華洋義賑會建立初期所設置的委辦會還是延續北京國際救災會時期的專門委員會，惟他們的性質與功能已經有所改變，不再是純粹是行政與執行機構二合一的組合，而且絕大部分的單位最後都只能仰賴總會事務所各股的支援，才得維持基本的運作。他們的興衰在一定程度上反應了華洋義賑會內部對賑災策略的調整、總會事務所的權力的擴張、國家權力在賑災事務中的介入，以及列強對參與華洋義賑會的取向。

一、專業與國際化的常設委辦會

從一九二一年開始至一九三六年，華洋義賑會先後設立過十二個委辦會，分別是：工程水利（Improvement Water Way & Irrigation）、公告（Publicity）、合作（Rural Co-operation）、技術（Technical Board）、花簽（Anti-Famine Stamps）、查放（Famine Investigation）、財務（Finance or Financial）、移植（Colonization）、設計（Program）、章則（Constitution）、森林（Forestation）、農利（Credit & Economic Improvement）等委辦會。（參見表 3-5）至一九三六年為止，他們之中運作最久的是經營超過十五年的農利委辦會與公告委辦會，命運最短的是遭到華洋義賑會主動

表 3-5　執行委員會歷年所屬委辦會一覽表（1922-1936 年）

年代	設置委辦會名稱	數量
1922	移植、公告、查放、森林、工程水利、農利、技術部	7
1923	工程水利、農利、公告、查放、森林、移殖、技術部、章則、	8
1924	工程水利、農利、公告、查放、森林、移殖、技術部、章則、財務、花簽	10
1925	工程水利、農利、公告、查放、森林、移殖、章則、財務、花簽	8
1926-1929	農利、公告、查放、森林、移殖、章則、財務、花簽	8
1930-1936	農利、合作、* 公告、章則、財務、設計	6

資料來源：依據《救災會刊》、歷年《賑務報告書》各期內容。

說　　明：* 儘管在一些一九二二年的文件就已經出現合作委辦會，但實際上這個組織要到一九三〇才算是正式成立。

裁撤的技術部。弔詭的是，在華洋義賑會任何文書中，對於這麼龐大的委辦會群，他們與執行委員會之間的上下關係、組織的編制與總會事務所各股之間的協調都沒有明確的說明。少數在一九二四年以後成立的單位，才有組織法規能夠解釋他們的職能與編制狀況。

因此，要了解這些委辦會的職能與活動，透過華洋義賑會出版品如《救災會刊》、執行委員會會議記錄、歷年《賑務報告書》，以及外國政府檔案，還是可以看出這些單位的主要功能：

1. **工程水利委辦會**（Committee on Communication, Improvement Water Way & Irrigation）：負責道路、河道疏浚改良與築堤工程。

2. **公告委辦會**（Committee on Publicity）：執行委員會認為求宣傳，喚醒世人對中國的同情起見，所以組織公告委辦會（後來又稱為公告部）。在一九二八年的《賑務報告書》中，此單位的職責在於彙整所有災區報告，並且利用一九二四年創刊的《救災會刊》編繕成新聞稿，分別分送駐華各使館、中外報館及新聞記者，讓災區的新聞能夠傳遍海內外。[100]

3. **術部**（Committee on Technical Board）。成立於一九二一年，由中外工程專家共同組成，用以策劃華洋義賑會大型工程、指導地方急賑工程、[101] 選派專家作為地方工程師，同時任命總工程師。[102] 在一九二〇年代初期華洋義賑會全力提倡工賑防災，加重了工程單位在組織內的重要性，惟前述的工程水利委辦會功能不明，於是責任就落到技術部。當時技術部匯集來自

---

[100] 〈副總幹事報告〉，華洋義賑會，《民國十七年賑務報告書》，頁 2。

[101] See CIFRC, *Annual Report 1924, Report on Relief Work in 1924*, p. 2.

[102] "Meeting Report" Executive Committee To Technological Board, date unknown, 北京市檔案館藏，《中國華洋義賑救災總會》，J84-3-452-1。

中、美、日、荷、義、英等六國九位工程師，由華籍的楊豹靈擔任主席，其陣容可以說是夢幻組合。不過，華洋義賑會卻注意到技術部成員忙於個人事業，甚至長期留滯國外，一年開會不到二三次；即使開會也是小貓兩三隻，缺席者眾多，無法協助對工賑急如星火的地方分會。按理，華洋義賑會創會初期受到美國紅十字會募款與中國政府賑災附加稅貸款的補助，財務穩健，經費足以支持大型工程計劃，卻因技術部的停擺而出現了有錢不知道如何用的情形。為了填補技術部與執行委員之間的聯繫問題，並且在平時掌握地方工程進度，執行委員會於是另外任命總工程師，他同時兼任總會事務所工程股主任，但技術部的實質功能也為總工程師塔德（O. J. Todd）所取而代之。[103]

一九二三年至一九二五年期間，技術部與塔德之間的磨擦加劇，居中協調的執行委員會除了要面對技術部各國工程師的反彈，還要考慮到他們背後的列強動向。[104] 在這交涉的過程中，技術部希望執行委員會能夠讓地方工程的監督回歸，並且由總幹事梅樂瑞取代塔德兼任總工程師。[105] 最後，執行委員考慮到技術部成員無法全力投入工程的現實，遂以預算問題將技術部精簡，另外妥協地選舉外籍工程師領袖方維因擔任執行委員。在一九二三年以後，執行委員會認為技術部本應提供工程技術諮詢，但總工程師已經足以提供華洋義賑會的政策上的需求，地方分會也未再徵詢技術部的意見，所以技術部形同被架

---

[103] See CIFRC, *Annual Report 1923, Report on Relief Work in 1923*, p. 6.

[104] Executive Committee To Technological Board, May 1925, 北京市檔案館藏，《中國華洋義賑救災總會》，J84-3-452-1。

[105] "Meeting Report" Executive Committee To Technological Board, october 2, 1924, 北京市檔案館藏，《中國華洋義賑救災總會》，J84-3-452-1。

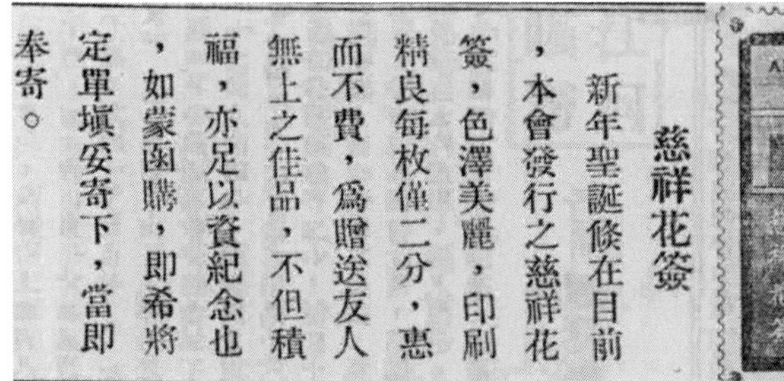

慈祥花簽

新年聖誕倏在目前，本會發行之慈祥花簽，色澤美麗，印刷精良每枚僅二分，惠而不費，爲贈送友人無上之佳品，不但積福，亦足以資紀念也，如蒙函購，即希將定單塡妥寄下，當即奉寄。

圖 4　華洋義賑會發行的慈祥花簽（1935 年）

資料來源：《救災會刊》，十三卷二冊，（民國 24 年 11 月）。

空。最重要的原因是，執行委員會認定技術部從來沒有介入任何技術問題、也沒有應委員要求召開會議，與怠工無異。[106] 所以在一九二五年初，儘管技術部外國成員透過本國駐華使節指責華洋義賑會執行委員會處理不公，並呼籲這個由各國工程師所組成的單位應該繼續存在，[107] 但最後執行委員會仍然以總工程師取代了技術部，技術部遂遭解散。

4. **花簽委辦會**（Committee on Anti-Famine Stamps Department）。一九二四年，華洋義賑會在邵富德的建議下，仿效在西方盛行已久的的慈善義賣，發行花簽（或稱慈善花簽、慈祥花簽、慈祥郵票，參見圖 4）。企圖將所有收入主要作為防災與賑災之用，其中各地分會推銷後可留一半作為地方防災之用，作為基金。[108] 為此，本會在北京總會設有主任一員，首任主管正是邵富德。由於缺乏經驗與專責人事行銷方法不彰，導致慈善花簽的在中

[106] Executive Committee To Technological Board, May 1925, 北京市檔案館藏，《中國華洋義賑救災總會》，J84-3-452-1。

[107] Circulars no 129, May 12, 1925, FO 228/3032/pp. 608-609.

[108] 〈慈祥花簽〉，《救災會刊》一卷五冊，頁 29-30。

國的銷售情況可以說是慘不忍睹，不受中國人的認同，如遭逢商業蕭條，便隨時停辦；[109] 就算慈善花簽賣的賣的好，也多是居住在中國的外僑的貢獻。[110] 原本期望將花簽販賣收入作為經常性收入，[111] 結果是收益緩慢，過去期望不啻為夢幻。相反地，慈祥花簽在國外的銷售卻有較佳的表現，特別是在美國東西兩岸華人眾多的都會區，每年可募得一千五百多美元。[112] 儘管這與創立初期冀望透過美國教會與非營利性組織能以每年一萬元的成績出售，頗有一段差距。[113]

為了促銷花簽委辦會還曾經運用過幾種現代化的宣傳方式：1.透過本土化與國際分離的論述，將花簽的販售宣傳，以中國傳統救人一命勝造七級浮屠的觀念，對華人推銷；2.以基督教對外國人（特別是猶太社團）勸募；[114] 3.製作具有東方特色的花簽，尋求公司行號贊助廣告，強力宣傳。[115] 其實當華洋義賑會推動慈善花簽作為募款工具之前，中國一些慈善團體已發行可以對獎的彩票，這種方式效果雖大，但輿論也質疑它有破壞社會風氣的嫌疑，[116] 而且未必達到行銷成本，[117] 這是華洋義賑會堅持

---

[109] 〈慈祥花簽〉，《救災會刊》六卷一冊，（民國 17 年 10 月），頁 6-7。

[110] 8th Meeting, July 7, 1925, 北京市檔案館，《中國華洋化賑救災津會》，J84-3-457-1。

[111] See CIFRC, *Annual Report 1923, Report on Relief Work in 1923*, p. 2.

[112] 〈舊金山承銷慈祥花簽〉，《救災會刊》六卷三冊（民國 18 年 2 月），頁 18。

[113] See Report of the Anti-Famine Stamp Committee, CIFRC, *Annual Report 1924, Report on Relief Work in 1924*, p. 38

[114] 〈慈善八級宣傳單（*Eight Step of Charity*）〉，笈藏於香港大學特藏室（Special Collection Room）。

[115] 〈發行新式花簽，管理方法大加改善〉，《救災會刊》四卷一冊（民國 15 年 10 月），頁 5。

[116] 〈上海中國義賑會致熊希齡〉，1919 年 5 月 20 日，《熊希齡先生遺稿》

不願涉入其間的重要原因。[118] 另外一個可能的因素是基督教的倫理，讓教會出身的幹部對發行彩券募款，沒有太大興趣。

5. **查放委辦會**（Committee on Famine Investigation）：主要工作是協助賑濟物資的查放與研究工作。它的組織與成員從未出現在任何會議記錄，而查賑業務實際上都是由總會事務所稽核股負責。

6. **財務委辦會**（Committee on Finance or Financial）。自一九二〇到一九二四年，開始中國政府曾經斷斷續續實施過四次以海關關稅籌措賑災附加稅作為舉債工具，並且在賑務處之下設立華洋各半的財務委員會，以為管理、分配賑款。[119] 一九二四年十一月，北京政府外交部與外交團部分成員有鑒於華洋義賑會的高效率，因此協議將財務委員會結束，並移交所有基金交予華洋義賑會代管（custody）。為了處理這筆基金，華洋義賑會遂成立財務委辦會。新的委員會主要是由北京政府內閣、外交團與華洋義賑會共同組成，而實際的管理則交由華洋義賑會負責。[120] 這種將公部門轉變為非營利性組織附屬單位的做法，不僅在中國相當罕見，在當時世界上其他國家也不多，由此可見華洋義賑會對政府設置基金的影響力。[121] 這也強化華洋義賑會

（四），頁 3535。

117 〈朱葆三致熊希齡〉，1918 年 8 月 3 日，《熊希齡先生遺稿》（四），頁 3212。

118 章元善，《實用公團業務概要》，頁 51。

119 有關華洋義賑會與中外政府之間就賑災附加稅問題的交涉，請參見本文第四章第一節，在本章僅討論有關組織功能的部分。

120 See CIFRC, *Annual Report 1924, Report on Relief Work in 1924*, pp. 10-12.

121 舊財務委員會本來就是由北京國際救災會與華洋義賑會世代的執行委員、高級職員所掌控，譬如德來格、蔡廷幹就數度擔任主席。

自信能持續獲得政府基金補助，用以預防經費不足，[122] 但結果卻是事與願違。

一般輿論與列強對華洋義賑會的分配與執行政府補助基金的效率，多用極致經濟、效率與優異（most economical, effective and excellent）來形容。[123] 可是華洋義賑會財務委員會運作的過程，沒有想像中的順遂：首先，一九二三至一九二四年期間賑災附加稅停徵，造成基金的額度停滯不前，使華洋義賑會難有作為；其次，華洋義賑會只是三方勢力當中的一個小角色，要協調中國政府-外交團-華洋義賑會達到權力均衡，它必須仰賴幹部拉攏英美兩國作為後盾；最後，它的存在隨時會受到中國與外國關係的波動，譬如前述中荷之間對技術部裁撤事件的爭議、中法的金法郎案問題，與中國政府能否放任管理權的問題都足以使財務委員會的停擺，不再被授權處理賑災附加稅基金。[124] 況且賑災附加稅的存在一直被北京外交團認為是中國財政中一個違法徵收（illegal levy）的產物。[125] 因此，在參與處理分配權不到半年的時間，一九二五年初中國政府告知華洋義賑會取消處理基金分配權。此後，新開徵的賑災附加稅改由賑務公署直撥華洋義賑會地方分會，名義上財務委辦會的管理權便為中國政府回收。[126] 但這種改變並不會影響華洋義賑會透過總會－分會的財務關係，持續性的控制那些經費的

[122] Dean's Circular No. 90 of April 13. 1925, FO 228/3032/pp. 498-450.

[123] Circulars no 150, September 12, 1925, FO 228/3032/p. 698.

[124] W. J. oudendijk to W. H. Mallory, September 10, 1925, FO 228/3032/p. 701.

[125] Circulars No. 73, March 26, 1926, FO 228/3033/p. 170.

[126] 直隸華洋義賑會，《直隸華洋義賑會報告書》第二冊（天津：直隸華洋義賑會，民國 16 年），頁 3。

運用與監督，所以中國政府等於間接委託財務委員會代為稽核各地分會。[127]

7. **移植委辦會**（Committee on Colonization）與森林委辦會（Committee on Forestation）：兩單位最初設置的目的都是希望透過研究，推動移民墾荒與環境保育，作為解決窮困地區防災問題。前者曾在一九二四年二月與華北農林協會討論移民，邀請俄裔學者史祿國（Sergei M. Shirokogoroff）發表「滿洲移殖論」、余天休發表「中國殖邊運動」。[128] 但華洋義賑會後來體認到這兩個單位的發展路線與政府的林業研究所類似，[129] 所以總會便在一九二四年底裁撤它們。

8. **設計委辦會**（Committee on Program）。設於總會事務所所在地，專門處理急賑業務，以及一萬規元以下的賑務計劃。設計委辦會創立於一九二九年，當時東北各省、山西出現大規模災荒，而華洋義賑會無法解決燃眉之急，因此採取變通之法，由各地旅平組織與執行委員會、總工程師協調，如何辦理急賑。[130] 為了與災區保持緊密關係，掌握實況，避免遭到災民詐欺。設計委辦會乃在一九二九年成立時就定訂「平糴簡則」、「執行委員會施賑簡則」，同時在各地設置平糴處。[131] 過去一向主張

---

[127] Famine Relief, Customs Surtax operation, Allotments to the Provinces, March 11, 1926, FO 228/3033/p. 167.

[128] 史祿國，1887 年生於俄國，在帝俄時代曾任皇家院士兼聖彼得堡人類學博物館館長。他專門研究通古斯族的社會組織。俄國革命後被放逐到中國，曾任職於中研院史語所、清華大學。1939 年客死於北平。〈研究移植〉，《救災會刊》一卷三冊（民國 13 年 2 月），頁 18。

[129] See CIFRC, *Annual Report 1924, Report on Relief Work in 1924*, p. 3.

[130] 〈設計委辦會成立〉，《救災會刊》六卷三冊（民國 18 年 2 月），頁 18。

[131] 〈平糴原則〉，《救災會刊》六卷三冊，頁 19。

工賑救災的華洋義賑會，在設計委辦會成立後，基於建立賑災物資的流通制度，期節省賑款的利用。[132] 也開始大規模的投入平糶與實物佈賑的業務。

9. **章則委辦會**（Committee on Constitution）：負責審查與研究分會的章程。

10. **農利委辦會**（Committee on Credit & Economic Improvement）。它的主要工作在於建立模範章程（model constitution）、協助合作社推廣、規劃合作社訓練課程、訓練調查幹部，[133] 負責聯絡總會與各省的合作社。[134] 一九二一年，華洋義賑會集合各界學者討論如何防災，同時改良農民生計。結果多數人建議提倡信用合作社以為「入手辦法」，並推舉三位委員專門辦理，組織農利委辦會，全力推動合作事業。[135] 為了有效了解農村，解決災荒問題，農利委辦會主要採用下列三種方法：1.田野調查，由華洋義賑會出資，在卜凱（Buck）、唐有恒、麥龍（C. B. Malone）帶領下，結合燕京、北京、清華等三所大學學生計劃分赴直隸、山東、江蘇；浙江、河南、湖南及山西等地調查，並將資訊編輯為《中國農村經濟之研究》（*The Study of Chinese Rural Economy* ）；[136] 2.介紹農村信用合作制度，制定《農村合作社空白章程》；[137] 3.審查總會事務所總幹事所屬合作指導員

---

[132] 〈執行委員會施賑簡則〉，《救災會刊》六卷三冊，頁 19。

[133] See Walter H. Mallory, *China: Land of Famine*, pp. 6-11。

[134] See CIFRC, *Annual Report 1925, Report on Relief Work in 1925*, p. 2

[135] 〈農利分委辦會會議紀要〉，《救災會刊》一卷五冊，頁 33。

[136] 這項調查內容錯誤頗多，因此戴樂仁與麥龍（或稱麻倫，C. B. Malone）在 1924 年又出版《鄉村生活之研究》，針對中國農村經濟狀況、實際調查提出另一種觀點。〈鄉村生活之研究〉，《救災會刊》一卷五冊，頁 32。

[137] 張鏡予編，《中國農村信用合作運動》（上海：上海印書館，1928 年），

報告。[138] 雖然，在不少與合作運動有關的文件中都出現農利委辦會的成員，不過農利委辦會仍然只能算是執行委員會的諮詢與研究單位。由於它承擔大部分的設計與智囊工作，可以說是華洋義賑會領導者的搖籃，諸如曾任總幹事職務的章元善、戴樂仁、艾德敷都出身於此。[139]

11. **作委辦會**（Committee on Rural Co-operation）。成立於一九二三年的合作委辦會的創立與農利委辦會有密切的關係，一九二二年五月，有鑒於農利委辦會業務過多，執行委員會另外設置合作委辦會，配合總會事務所的農利股，[140] 前述的周詒春、麥龍、卜凱、梅樂瑞、章元善、戴樂仁、唐有恒等學者也成為首屆委員。[141] 它的任務主要任務是加速農業合作運動、介紹已成立的合作社認識儲蓄、向合作社介紹教育的重要性、建議農業團體向合作計劃提供工具與原料、與農利股共同發行《合作訊》（*Co-operation News*），以及與國際聯盟國際勞工局等世界相關組織聯繫業務。[142]

華洋義賑會認為所謂的合作事業，並不是侷限在信用合作，

頁 41-43。

[138] 關於農利分委辦會的活動情形請參見高純淑，《中華華洋義賑會與民初合作運動》（台北：國立政治大學歷史系，1979 年）。

[139] 〈農利分委辦會會議紀要〉，《救災會刊》一卷五冊，頁 33。

[140] See Walter H. Mallory, *China: Land of Famine,* pp. 15-16。

[141] See Committee on Credit & Economic Improvement, "Annual Reports of the Committee on CCEI, " in Walter H. Mallory, *China: Land of Famine*, pp. 56-57.

[142] 1928 年 5 月國聯勞工局長在國際勞工會議中曾經專案報告華洋義賑會的合作事業，並稱華洋義賑會饒有意識、綱舉目張之指導，每年都有顯著的進步。〈調查丹麥合作〉，《救災會刊》六卷三冊（民國 16 年 4 月），頁 17。〈國際勞工局長讚許本會合作事業〉，《救災會刊》五卷五冊（民國 17 年 6 月），頁 23。

還包括市場、儲蓄與發展鄉村家庭工業。[143] 換言之，它的服務對象是經過農利委辦會協助創立後的合作社，協助後期的農業合作進行，有別於農利委辦會那種打先鋒的角色。又合作委辦會與農利股的關係頗為獨特，依照章程，農利股隸屬總會事務所，實際上則歸合作委辦會管轄；兩者合作一久也開始面臨疊床架屋，責任無法釐清的問題。所以，合作委辦會在一九二九年決定將農利股業務分為常規事件與發展訓練之研究，前項仍歸農利股主任負責，後項則由委辦會新設的兩位常務華籍委辦負責。[144] 但責任劃分後，卻未必改善它與農利股的關係。因為本會雖有委辦多人，實際上卻因個人事務繁忙，或者任職他處，每次開會缺席者超過大半；長期處於這樣的情形，導致實權落入農利股主任手中。[145] 值得注意的是，委辦人員長期性缺席的弊病並不是合作委員會特有，這也解釋了各類委辦會為何表現不如總會事務所的部分原因。

二、常設委辦會的功能萎縮與沒落

在談論華洋義賑會如何運用組織達到救災目的時，一般研究均指出，它是運用農村信用合作社作為救災的組織，著重以「洋」方法介入賑災方式。不過大部分的研究都沒有注意到華洋義賑會在執行委員底下擁有龐大的智庫，也就是先後存在的十二個委辦會。[146]

---

[143] See CIFRC, *Annual Report 1925, Report on Relief Work in 1925*, pp. 2-3.

[144] 〈農利股之分工合作〉,《救災會刊》四卷四冊(民國 18 年 2 月),頁 22-23。

[145] 〈合作委辦會〉,《救災會刊》十二卷二冊（民國 23 年 11 月），頁 8。

[146] 譬如賴建誠,《近代中國的合作經濟運動》(正中書局，民國 79 年)，頁 65。賴建成在書中頁 75，甚至將農利委辦會與總會事務所農利股兩者混為一體，誤將 Committee on Credit and Economic Improvement 譯作是農利股（Rural Improvement Department）。

他們的職能與組織發展，主要是隨著華洋義賑會賑災路線的不同而調整。如果按照他們的組織性質，基本上可以歸納六類：1.具備完整的諮詢與研究功能，像是設計委辦會；2.具備前項特質，甚至可以逕行執行華洋義賑會所委託的計劃如農利委辦會與合作委辦會；3.空有組織名稱而無實質活動，為總會事務所與各分會所替代，如技術部、查放與森林委辦會；4.延續北京國際救災會時期組織，在完成華洋義賑會初期階段任務後，自動解散，如工程水利與移植委辦會；5.原為完成特定任務而籌備的臨時會，後來成為正式組織，如花簽與財務委辦會；6.作為裝飾門面與公關的組織，他們的職能主要與涉及全華洋義賑會行政，沒有這些機構存在，外界無從得知它的性質與活動，如公告與章則委辦會。

從各會組織的發展歷程來看，他們與權力核心的關係緊密，卻從來沒有成為要角，幾乎所有單位最初都是作為執行委員會諮詢與研發的對象，但是到了最後都面臨轉型的問題，若不是與總會事務所相關各股合作，否則就成為組織權力架構中的邊陲，成為歷史。

第三節　總會事務所及其本土化的發展

總會事務所（head office），在華洋義賑會發展的過程中扮演重要的角色。它的功能性與組織效率曾多次受到訪華的國際組織專家稱頌，而歷任總幹事艾德敷、梅樂瑞、章元善還曾將管理的理念與得失推廣到國際聯盟、世界紅十字會與英美等國，成為二十世紀上半葉中國非營利性組織與國際交流史的特殊個案。事實上，在一九二〇至三〇年代的中國，非營利性組織組織擁有分股、分科、分級單位作為支持行政運作，並不足為奇，譬如創立於一九一五年，被華洋義賑會《救災會刊》記者譽為「極有精神」、「規模宏大」的「上海中國濟生會」[147] 就有文牘、經濟、庶務、調查、救濟、交際六科，[148] 但華洋義賑會仍是中國第一個提出將社會團體當作是企業來經營的組織。[149] 特別是在人才培養、財務管理、研究發展與法規建立等四方面，華洋義賑會更強調專業、科學、制度的重要性，以及標準化的分會管理模式，這些都是其它中國非營利性組織較為薄弱之處。然而，在組織發展過程中，總會自身組織也出現過不少定位問題，譬如總會事務所的華洋幹部比率原則不明？總幹事如何協調麾下各股及直屬總會的地方事務所運作？華洋義賑會組織南遷，究竟係政治考量還是專業判斷，這些問題都必須從總會事務所的人事、組織的發展作為起點，切入討論，如此一個打破中外不平等原則，透過民間活動轉移到非政府組織活動，而且崇尚國際合作、融合本土特性的跨國組織，才算是真正浮現。

一、會長的精神領導與中外幹部的合作

依據章程，總會事務所的幹部主要由會員選舉出會長、副會長、司庫、總幹事等人集體領導構成。這些領導人物在華洋義賑會內部的文件裡，中文職銜統稱為高級職員，[150] 其中以會長

---

147 〈濟生會會務實況〉，《救災會刊》六卷三冊（民國 18 年 2 月），頁 15。

148 〈各善團申請加入本會合報告結束函〉，日期不詳，依文件內容判斷應為 1945 年，上海市檔案館，《上海慈善團體聯合會》，Q114-1-50。

149 所謂將社會團體當作是企業或商業公司，指的是擁有明確的章程法規、科學化的人事管理、講求業務執行效能，以及著重長期經營的發展傾向。參見章元善，《實用公團業務概要》，頁 3。

150 這裡所指的高級職員，在正式文書中的英文為 officer，有別於一般職員

（President of the Commission）為最高領導。會長與副會長通常是中外各一，一正一副，而輔佐他的司庫也是中外各一人。至於作為執行委員會秘書，同時兼任總會事務所最高幕僚長的總幹事一職則不分中外。就長期而言，在國際合作的默契下，會長主要是由華人擔任，外籍成員居副，經歷十餘年之發展。（參見表 3-6）

從表 3-6 來看，華洋義賑會並無由外籍人士擔任會長紀錄，但在代理會長方面則有數次，這些情形多與華籍會長健康、事

表 3-6　歷年正副會長、總幹事之概況（1921-1937 年）

任期	會長	副會長	總幹事	任期	會長	副會長	總幹事
1921-1922	梁如浩	懷履光	艾德敷、梅樂瑞*	1930-1931	梁如浩	谷卓志	章元善
1922-1923	梁如浩	德來格	梅樂瑞	1931-1932	顏惠慶	艾德敷	章元善
1923-1924	梁如浩	德來格	梅樂瑞	1932-1933	顏惠慶	艾德敷	章元善
1924-1925	梁如浩	德來格	梅樂瑞	1933-1934	顏惠慶	艾德敷	章元善
1925-1926	梁如浩	德來格	梅樂瑞	1934-1935	王正廷	艾德敷	章元善
1926-1927	梁如浩	寶道	章元善代理	1935-1936	王正廷	艾德敷	章元善
1927-1928	梁如浩	寶道	章元善	1936-1937	王正廷	艾德敷	章元善
1928-1929	梁如浩	寶道	章元善	1937-1938	孫科	艾德敷	貝克
1929-1930	梁如浩	谷卓志	章元善				

資料來源：據 CIFRC, *Annual Report 1923-1935, Report on Relief Work in 1923-1935*（Peking: CIFRC, 1924-1936）重新計算

說明：* 艾德敷在一九二二年九月二十日卸任，職務由梅樂瑞接替。

（staff or clerk）。然而，並不是每個華洋義賑會成員都能區分中間的差異，據說工程部總工程師塔德（O. J. Todd）因與總幹事章元善不睦，在工程股內部聚會時都稱章氏為 clerk，刻意貶低章氏的身分。語見馬席慶，〈回憶華洋義賑會〉，收入薛毅、章鼎著，《章元善與華洋義賑會》，頁 208。

業無法兼顧有關，如在一九三〇年至一九三一年會長梁如浩與副會長谷卓志主教先後因病去職，使得代替谷卓志出席執行委員會的英國人來儀廷（H. Gleysteen）一度成為代理會長；[151] 一九三一至一九三二期間，會長顏惠慶離開中國出任駐外使節，其職務遂由北平青年會借調副會長艾德敷代理。[152] 因此，所謂的中外幹部各半的比例原則，往往必須視個案來觀察它的變動情形，不能一概而論。

從各類文件與會議記錄觀察，會長的職能與辦事單位沒有直接的聯繫或管轄關係，大部分的活動僅限於對外代表華洋義賑會出席重要會議，並作為總會的「精神領袖」。[153] 換言之，無論是誰擔任會長，對於會務的運作並沒有太大牽動。但職能的簡單，未必就能斷定會長與副會長是完全屬於榮譽性質。因為，華洋義賑會另有榮譽職銜提供給具有貢獻的幹部與活動贊助者。一九三一年梁如浩退職後，華洋義賑會為了感佩他的貢獻，乃訂定辦法：延請「學識豐富，熱心公益」，推動「社會事業與本會宗旨相符」之人士來會指導，[154] 以期留下退職的重要幹部。有了這項慣例，華洋義賑會首度出現兩位榮譽會長：王正廷與梁如浩，完全打破過去華洋各半的不成文規定。在一九三四年至一九三六年期間，前會長梁如浩、顏惠慶、朱慶瀾將軍、國民政府賑務委員會主委許世英、美國華災協濟會（China Famine Relief, U.S.A. Inc.

馬席慶曾經參與華洋義賑會在西北的水利工程，他曾與塔德多次共事。

[151] See CIFRC, *Annual Report 1930, Report on Relief Work in 1930*, p. 1.

[152] See CIFRC, *Annual Report 1931, Report on Relief Work in 1931*, p. 1.

[153] 〈總幹事報告〉，華洋義賑會，《民國二十四年賑務報告書》，頁 15。

[154] 章元善，〈總幹事報告-推定名譽會長〉，華洋義賑會，《民國二十年度賑務報告書》，頁 13。

or China Famine Relief Committee，以下簡稱華災協濟會）會長白樹仁博士（Dr. David A. Brown）、[155] 國際聯盟駐華顧問英國辛浦生（John Hope Simpson）、[156] 這幾位都曾同時擔任過榮譽會長。另外，英國江聲主教、賴佛萊少將、前英國駐上海總領事許立脫（Hewlett Johnson），也先後擔任過榮譽副會長。[157] 這些人當中，王正廷與顏惠慶都是由虛位入實授，成為真正的會長。如果華洋義賑會僅僅是將會長、副會長作為酬庸中外名流的名器，那榮譽會長的存在豈不是多餘。況且榮譽正副會長，還要負擔海外募款的責任。所以，總會會長一職實際上還有積極聯繫中外會員、促進國際交流的重要職責，而非消極的榮譽銜。

歷任會長任期中最久的是擅長主持營建工程、外交官出身的梁如浩。他長期居住在天津，同時兼任該地分會會長。[158] 繼

---

[155] CIFRC，*What the CIFRC has done*（Shanghai: CIFRC, 1935），笈藏於上海市檔案館，U38-2-360。

[156] 辛浦生又譯作辛普生，他到中國以前曾經在印度與希臘等地從事慈善救濟工作述年，經驗豐富。1931 年 12 月 20 日抵達中國後，協助國民政府救濟水災委員會，辦理賑災業務。國民政府並委任辛浦生為該會副委員長兼總務處處長，下轄七組，職司急賑、工賑、農賑、儲運、視察、秘書、內江運輸、美麥易糧委員會。〈國民政府水災委員會報告書〉，民國 22 年 2 月，《革命文獻》第八十一輯（台北：中國國民黨黨史委員會，1979），頁 454。

[157] 賴佛萊少將在 1928 年來華擔任美國華災協濟會執行主任，1933 年 11 月底在華過世。See CIFRC, *Annual Report 1934, Report on Relief Work in 1934*, p. 16

[158] 華洋義賑會天津分會在 1923 年，改名為直隸分會，仍然由梁如浩擔任會長。不過，在相關文宣與出版品中，習慣上稱為天津分會，或稱京津分會。這個組織在 1925 年期間因為會長梁如浩與賑務部主任 Turner 發生衝突，以致於內部失和。最後，華洋義賑會遂將組織縮減為事務所。1926 年 10 月 10 日以後所有事務由總會辦理。〈會長梁如浩致天津分會全體同仁〉，1924 年 9 月 28 日，北京市檔案館，《中國華洋義賑會津會》，J-84-3-457。

任的兩位會長：顏惠慶與王正廷也像梁如浩一樣，出任過外交部長，參與過一九二〇年代初期北京國際救災會的工賑與救濟，且三個人都具備優異的英語能力、留美出身、擔任歐美同學會會長，[159] 曾經在北洋政府擔任要職，與美國教會、中國紅十字會等團體關係密切等等，基本上符合代表華洋義賑會注重社會公益、國際化與社會菁英的形象。唯一不同的是，顏惠慶任內久居國外，[160] 一切事務悉交由熟悉對英、美國交涉的清華大學校長周貽春代理。[161] 嚴格地說，這三位華人會長在歷次會議中的缺席，對於會務的影響並不大。從各期《賑務報告書》與《救災會刊》的紀錄判斷，會長一職在組織中，同副會長與司庫一樣，沒有實質的權力，僅能說是幹部們的精神領袖。但是，這些高級職員還是可以透過擔任執行委員的身分，利用關鍵性的投票權，參與決策、發揮影響力。[162] 在梁氏之後的繼任者顏惠慶、王正廷，如前所述，兩人因為長期參與中國外交、政治事務，對於華洋義賑會的參與程度遠不如過去，惟藉由兩人的社會聲望與政治影響力，華洋義賑會在中國政府內部獲得支持，在國際間亦保持聲譽不墜。最後一任會長孫科，儘管他不是北洋政府出身，但在留美出身、語文與學識背景、社會地

並見〈天津事務所結束〉，《救災會刊》四卷一冊（民國 15 年 10 月），頁 5。

159 顏惠慶著，姚松齡譯，《顏惠慶自傳》（台北：傳記文學出版社，1982），頁 123。

160 顏惠慶自 1932 年奉國民政府訓令出使美國與日內瓦國際聯盟，會務遂交由副會長艾德敷代理。

161 〈第一三三執委會議案〉，《救災會刊》十二卷二冊（民國 23 年 11 月），頁 9。

162 譬如梁如浩卸任後，定居天津，晚年捐出鉅款 3,500 元成立「孟亭紀念金」，作為農村掘井之計劃使用，又名「孟井貸」基金，每年之經費足以提供二十戶農民掘井之用。See CIFRC, *Annual Report 1930, Report on Relief Work in 1930*, p. 1 and p.7.

位與黨政關係方面，都與前面這幾位類似。

在副會長方面，他們與會長同是精神領袖。在華洋義賑會的歷史中，社團老將艾德敷任期最久。艾德敷除了會長與司庫，總會其它職位，幾乎都歷練過。表面上他在一九二〇年代初期參與美國紅十字會委託華洋義賑會的直隸與山東地區的工賑計劃，並作為紅十字會駐華代表；另外他個人也是賑務處財務委員會委員、[163] 美國青年會紐約地區領導人之一，所以他在會中的影響力，遠在華籍會長之上。[164] 同樣情況，在艾德敷之前的英籍副會長德來格亦出任賑務處財委員會，為各國協助外交團辦理賑災附加稅賑款分配的真正領袖。[165] 如果加上另二位財政專家寶道與擅長合作經濟的貝克，突顯了外籍副會長在華洋義賑會中的作用，應與監督華籍職員運用經費、財務有關。這些副會長在卸任之後回到本國，多半就地擔任募款代表，可謂鞠躬盡瘁。至於華洋司庫方面，中國籍的司庫如蔡廷幹、朱漁友等人雖然出身不同，但具有外語能力、基督信仰，以及公正清新的社會形象卻是一致；外籍司庫則多出身財經界與教會。他們最主要的工作是象徵性的代表華洋力量共同監督華洋義賑會。

二、總幹事：平時決策與執行業務的幕僚長

在總會事務所中，真正協調日常會務運作的應當屬總幹事一職最為關鍵。在華洋義賑會章程中，他是執行委員會的秘書，主導決議案的施行，並代表委員會督導、聯繫省分會

---

[163] 〈外交團領銜白使照會〉，1921 年 2 月 20 日，《外交檔案》，03-19-160-02-076。
[164] 〈同仁消息〉，《救災會刊》一卷三冊（民國 13 年 2 月），頁 21。
[165] D. Gray to FO, January 15, 1926, FO 228/3033/p. 78.

幹事；另一方面，他也是總會辦事務所會長屬下的高級職員，領導總會事務所內各股。[166]（參見圖 5）這種設計以總幹事兼秘書的目的，其實是要讓執行委員會與事務所之間聯繫無礙，遂以總幹事兼執行委員會秘書，冀望透過「他」參與委員會決策的機會，

雙方開誠佈公，達到「充分的諒解、永無隔閡」的目的。[167]但總幹事在組織內的法理地位一直不是很明確。初期在這個

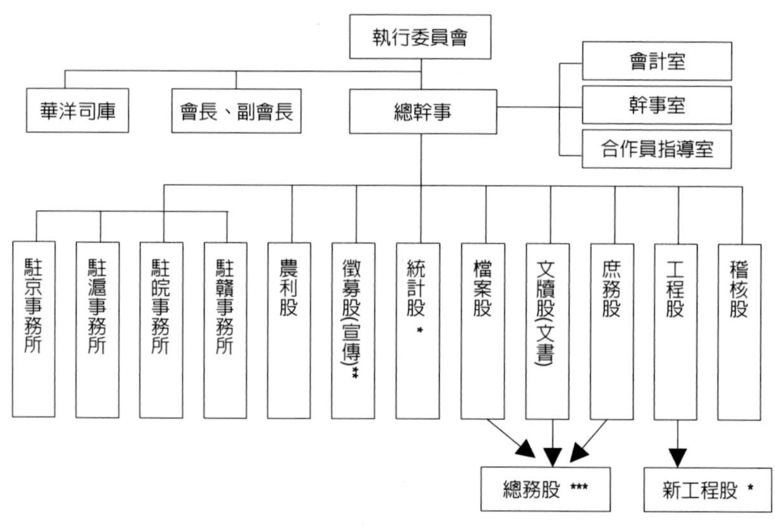

圖 5　總會事務所組織圖（1922-1935 年）

資料來源：依據一九二三至一九三六年度《賑務報告書》與《救災會刊》各期資料修正。
說　　明：* 一九三二年取消。 ** 一九三六年改為宣傳股，*** 一九三五年合併庶務、文書、檔案等三單位成立。

---

[166] 〈執行委員會開會情形〉，《救災會刊》一卷五冊（民國 13 年 6 月），頁 31。

職位的德來格、梅樂瑞在對外活動時，多以總會事務所主管名義，少用執行委員會秘書，儘管他們的英文的職稱都是秘書（secretary），就字面意義沒有差異。這種隸屬不明的現象，一直到一九三五年七月十七日第一〇四次執行委員會通過「總會事務所組織章程」，清楚地規定總幹事作為事務所主管領導下級單位，直接對執行委員會負責，才讓它的定位有了一個明確的答案。[168]

在一九二二年總會事務所成立之後，有人曾經質疑二合一領導，模糊了評議機關與執行機關的界線，無疑是讓總幹事以球員兼裁判的身分，規避行政責任。不過，主導組織發展的章元善認為，[169] 類似的質疑並無太大意義，因為華洋義賑會執行委員會採中外各半為原則，不是華籍委員或總幹事一個人所能掌控的。另外，章元善也暗示總幹事是有給職，依據華洋義賑會內規是無法享有選舉權，但他可以利用秘書身分，規避限制，強化職能。[170] 然而，一九三〇年一月，總幹事的職能有了重大的變化。當時執行委員會為應付各地災情，於是在總會設賑務主任一職，並將屬於

167 章元善，《實用公團業務概要》，頁 21。

168 〈總會事務所組織章程〉，《救災會刊》十二卷十一冊（民國 24 年 8 月），頁 55。

169 過去研究多半認為總會事務所的組織架構主要是由梅樂瑞規劃，實際上這種說法大有問題。因為，第二任總幹事梅樂瑞擔任職務不到五年，其任務與業務範圍僅限於農村地區賑濟問題，以及華洋義賑會與青年會、以及美國華災協濟會、美國紅十字會的交涉。在華洋義賑會執行委員會的會議記錄中，並沒有任何有關他對改革的提議。他的繼任者章元善對社團經營曾經撰寫專書，可以說整套華洋義賑會制度的奠基者。See Andrew Nathan, *A History of the China International Famine Relief Commission*, p.12。

170 總幹事原來是有給職，但是章元善在任內從未領過薪資。章元善，《實用公團業務概要》，頁 22。

總幹事的部分權力移轉到新的職位。原來應該隸屬於總幹事管轄總會事務所日常事務、分會聯絡與農利事務，區分為賑務範圍與非賑務範圍；凡是已經完成的賑務工作，歸總幹事管轄，反之則歸賑務主任，以達成分工合作的目的。[171] 因此，總幹事一職的重要性與影響力，在一九三〇年以後應與過去有一定程度的差異。這也就是為什麼一九三〇年代章元善能夠在兼任多項公私職位的情況下，[172] 依然行有餘力。換言之，長期發展以後，總幹事的權力逐漸下放到專業幕僚單位。

在華洋義賑會發展的歷程中，章元善可以說是靈魂人物之一。他出身於基督教青年會華人幹事，熟悉社會團體管理，同時又在自修的過程中透過于樹德的協助，[173] 掌握了利用組織經營，推廣合作運動的方法。他從美國回到中國以後，所有經歷一直與政府、外國社團的關係密切，直到一九四〇年代初期曾經受過國民政府的違法羈押，才使他與政府漸行漸遠。[174] 在一九四九年以前，中國共產黨對華洋義賑會與外國機構往來的行徑，一向抱持敵視態度，認為他們的行為無異是與帝國主義掛勾，[175] 譬如曾任兩屆執行委員的青年會總幹事余日章、華洋義賑老幹部羅炳生等人都曾被當作是稟承「美國帝國主義的意旨行事」，利用社會事

[171] 〈幹事會分工合作之規定〉，華洋義賑會，《民國十九年賑務報告書》，頁 9-10。

[172] 章元善在擔任華洋義賑會總幹事任內，先後兼任或借調至：中國紅十字會顧問、救濟水災委員會、華北戰區救濟委員會、農村復興委員會委員、華北農業合作事業委員會、陝西合作委員會、實業部合作司司長等職務。

[173] 薛毅、章鼎著，《章元善與華洋義賑會》，頁 45-47。

[174] 薛毅、章鼎著，《章元善與華洋義賑會》，頁 23。

[175] 〈聖約翰大學關於華洋義賑會有關美帝代表利用賑災機會從事各種經濟資料調查等文件〉，依據檔案前後文件判斷，時間約為 1923 年，上海市檔案館，《聖約翰大學檔案》，Q243-01-00756 J1102。

業，暗中出賣中國。[176] 按理，章元善也可能遭遇同樣的評價，但在一九四九年以後中共反而推崇章元善。中共除了肯定章元善賑濟農村的事蹟，視他為代表民族主義的知識份子，並且推舉他成為中華人民共和國開國首屆政協委員、政務院參事，為少數國民政府官員在改朝換代後能夠繼續發揮影響力的個案。令人好奇的是，章元善在一九四九年以後再度踏入政界是否與他的政治態度有關？實際上，章元善受到中共的禮遇與他的政治傾向沒有太大關係。在一九三七年以前，他運用公部門資源、推動華洋義賑會各類業務、公私分明的道德標準、主張人人生而平等，加上在農村賑濟以及長期超脫黨派立場，這才是章元善能夠獲得中共的認同的主因。不過，章元善在中共建國後，仍然對自己在華洋義賑會內部的角色進行檢討與批判。從權力的角度來看，章元善的境遇，反應了中國知識份子在外國人協助下從事社會運動可能面臨的質疑。從一九二〇年代中期開始，中國歷來政權對社會團體與外國力量的掛勾，沒有完全信任過，譬如廣州時期的國民黨甚至將買辦、牧師及擁有外國籍的華人一律視之為帝國主義的走狗，不准他們加入商會。[177] 但從外國同僚的角度觀察，他們對章元善的評價甚高，特別是他的清廉與公平，在華洋共處的組織中，真正能客觀地拋棄族群的界線，維持幹部之間的融洽。[178] 曾任執行委員、總幹事、副會長的艾德敷甚至誤將擔任正式總幹事職務不到十年的章元善，認為實質上他已經任職接近十七年，由此可見

[176] 江文漢，〈基督教青年會在中國〉，《文史資料精選》第十三冊（北京：中國文史出版社，1984 年），頁 450。

[177] 黃詔年，《中國國民黨商民運動經過》（廣州：出版者不詳，1927 年），頁 52。

[178] 薛毅、章鼎著，《章元善與華洋義賑會》，頁 45-47。

章氏對華洋義賑會地位之重要。[179] 在章元善卸下職務後，並未完全離開組織，藉由擔任實業部合作司司長的地利之便，同時接任駐南京事務所的主管職務。接替他的是熟悉合作運動與工賑的執行委員貝克。貝克擔任總幹事的時間從一九三六至一九三八年，真正時間不到兩年。

貝克上台後的主要任務有三：1.領導華洋義賑會轉型為工賑的輔助機構；2.加強在中國的募款，同時成立「檀島中國救災協會」，在華僑支持下籌募經費；3.完成總會南遷的計劃，僅留下農利股與工程股在北方；4.參與戰時救濟工作。[180] 一九三七年七月，日本全面對華發動侵略，為了順利從事戰時救濟工作，貝克在十月初率領包括朱漁友在內的全體職員加入中國紅十字會國際委員會，並將一切捐款、收入撥交國際委員會運用。在組織人員轉換新會後，僅保留四川的工賑繼續進行，其餘華洋義賑會計劃宣告終止。因此，在人員四散的情況下，總幹事制度就此結束。[181]

三、中外幹部依專長領導的各分股單位

如前所述，在一九二二年華洋義賑會剛成立的時候，基本上延續了北京國際救災會的事務所組織架構以及基層單位，先後在北京東城菜廠胡同六號與十四號的辦公地點設置了稽核、

---

[179] 〈艾副會長復章總幹事函（譯文）〉，《救災會刊》十三卷十至十一冊（民國 25 年 7-8 月），頁 68。

[180] 〈本會二十六年度工作報告〉，《救災會刊》十五卷一期（民國 27 年 3-4 月），頁 131-132。

[181] 〈捐款撥駐紅會國際會〉，《救災會刊》十五卷一期，頁 144。

庶務、文牘、檔案、統計，[182] 後來又在一九二三年增加工程、農利，一九三五年添設徵募股。[183] 一九三五年八月，新設總務股合併了庶務、文牘、檔案三股，[184] 同時將總工程師塔德領導的工程股進行改造成為「新工程股」，農利股也一併進行調整。[185] 在一九三七年中國對日抗戰爆發前，華洋義賑會又將將徵募股更名為宣傳股，並且首度公佈總會事務所各股章程，於是完成了整個組織的精簡與再造。

為了拓展華洋義賑會在長江流域下游未設分會區域的影響力，同時協助國民政府水災委員會推動賑務，聯絡地方省級政府及駐在上海的美國駐華協濟會顧問會，總會陸續在一九三〇年十二月初設立駐滬（上海）、皖（安慶）、贛（南昌）事務所。[186] 最後，為了因應工程方針、合作事業，以及對中央各部會的接洽，一九三五年華洋義賑會在第七次大會中決定將總會事務所南遷，同時增加居住在南方的執行委員會委員。[187] 於是，華洋義賑會在一九三六年設駐京（南京）事務所，[188] 使華洋義賑會的影響力開始擴大到長江下游，與上海的華洋義賑會形成鼎足而立的雙雄局面。最後，執行委員會體認到總會在北，而國民政府在南，無論是文電往返或是領導南方合作事務，都不方

---

[182] 統計股在 1932 年取消，CIFRC, *Annual Report 1923, Report on Relief Work in 1923,* p. i.

[183] 1935 年 5 月 18 日在第七居大會中通過成立。〈設置徵募股〉,《救災會刊》十二卷十一冊，頁 54。

[184] 當時總會事務所除了總務股，還有工程、稽核、農利、徵募。〈總會總務股成立〉,《救災會刊》十二卷十一冊，頁 55。

[185] 〈農利股新訂組織規程〉,《救災會刊》十一卷五冊（民國 23 年 6 月），頁 33。

[186] 〈總幹事報告〉,《民國二十年度賑務報告書》，頁 7-8。

[187] 〈總幹事報告〉,《民國二十四年度賑務報告》，頁 12。

[188] 〈本會設立駐京事務所〉,《救災會刊》十三卷六冊（民國 25 年 3 月），頁 41。

便。因此，在一九三七年三月底，華洋義賑會改駐滬事務所為總會事務所，[189] 而原來的會址改設北平事務所，於是整個組織南進的計劃就在這一年春天中完成。

前述各股及四大事務所的出現與職能範圍的損益，主要與華洋義賑會的政策方向、行政效率與基層單位再造有關，其中又以發展策略與人事因素，最為重要：1.就發展路線而言，自一九二四年與中國紅十字會達成默契後，雙方協議由紅十字負責急賑之籌辦，而華洋義賑會則專責冬賑、[190] 致力於推動工賑與合作運動作為防災的策略。一九三四年後華洋義賑會內部開始出現檢討的聲浪，主要原因是國民政府大規模辦理與華洋義賑會業務類似的工賑工程，加上賑款有限。所以，華洋義賑會在同年六月十五日第一三一次執行委員會會議時，決定調整計劃路線，改走農村改良與合作事業。[191] 2.總會事務所的權力擴張，讓原本隸屬於執行委員會底下的各類委辦會功能削弱，進而迫使總會事務所必須改造組織，導入新的功能。3.華洋義賑會部分主管係借調其它團體機構，這使總會必須支付特定費用作為薪資，長期以來造成嚴重的財務負擔，譬如總工程師兼工程股主任塔德的薪資就是由美國華災協濟會、紐約友誼基金會每年捐助四千至四千五百美元的代價支付。[192] 以一九三四年為，例塔德的薪資就將近佔工程股支出的三分之二，[193] 造成華洋義賑會無

---

[189] 〈華洋義賑總會下月遷滬辦公〉，《中央日報》，民國 26 年 2 月 26 日，版 4。

[190] 〈本會與中國紅十字會總會之關係〉，《救災會刊》一卷六冊（民國 13 年 8 月），頁 36-37。

[191] 〈議決賑務方案〉，《救災會刊》十一卷五冊，頁 32-33。

[192] 〈華洋義賑會工程股會計報告〉，《民國二十四年度賑務報告》，頁 100-101。

[193] 〈華洋義賑會工程股會計報告〉，《民國二十三年度賑務報告》，頁 86。

力負擔，必須讓塔德離職，所以才有將工程股工程師為無給職的改革。因此，在一九三〇年代中期，華洋義賑會高級幹部紛紛提出組織調整的呼籲。然而，不可思議的是，作為總會事務所行政支援的幕僚單位，在成立初期並沒有固定的行事準則，僅能依賴各股主管個人的專業來判斷，一直等到一九三五年七月執行委員會通過「組織章程」才將他們的任務予以法制化。[194]

在沒有組織章程的漫長的十餘年中，總會事務所肩負了籌備一切計劃的功能，以及作為全國賑務總機關的樞紐。[195] 可是，若沒有嚴格章程的規範下，華洋義賑會要如何維持總會事務所各股組織的運作呢？一九二七年章元善曾就這個問題提出看法，他認為：1.組織章程與個人職務的關係不應該太過嚴謹，也不能過於寬鬆；2.在執行委員會的決議與總則的規定中，辦事者應該有著自發性的能力；3.如果辦事者不能夠充分發展個人智能，那麼組織將毫無效率可言。[196] 這個答案或許不充分、甚至太過含糊，不過確實點出了華洋義賑會存在的一個重要問題：人事的穩定與素質決定了組織發展，也就是說人才造就組織實力。[197]

就事務所各股及直屬四個滬、皖、贛、京事務分所主管的來源而言，從華洋義賑會各類出版品與中英文會議記錄觀察，主要可分為五類：1.公開對外招聘，主要應用於檔案、中文文書類的主管，[198] 譬如一九二四年六月華洋義賑會在四十九人之

194 〈總會事務所組織章程〉，《救災會刊》十二卷十一冊，頁 54。

195 〈全國組織〉，《救災會刊》一卷二冊，頁 7。

196 章元善，《實用公團業務概要》，頁 24。

197 〈章總幹事改進會務意見書〉，《救災會刊》十三卷七冊（民國 25 年 4 月），頁 48。

198 〈供給與需求〉，《救災會刊》一卷五冊，頁 30。

中，聘用擁有聖約翰大學與東京大學的方乘擔任文牘股主任；[199] 2.由其它非營利性組織、金融機構遴選，主要應用於會計、賑務方面，譬如曾經同時兼任駐滬事務所主任及徵募股主任的美國人謝安道（R. R. Service），是借調自青年會；[200] 3.由總幹事向執行委員會推薦具有實務經驗的專才，主要用於農業合作，譬如一九二三年聘用從事合作運動研究的楊嗣誠、[201] 一九二八年聘董時進擔任農利股主任，直接取代唐有恒，都是這類個案；[202] 4.由執行委員推薦，自職員中拔擢，多用於與財務有關單位，譬如擔任稽核股主任多年的季履義；[203] 5.由其它非營利性組織資助，總會聘用，用於工程股之類，譬如自一九二二年任職的總工程師塔德，其薪資來源主要由美國華災協濟會與美國紐約友誼基金會提供。[204] 因此，總會各股主管的聘用，實際上已經被許多無形的條件所約束，例如：總會的經費贊助團體、主管的人際網絡關係、各國的工程技術、國際社會團體的經營成就、語文的運用能力，以及對實務經驗的掌握能力，這些因素都決

---

199 〈同仁消息〉，《救災會刊》一卷五冊，頁 32。

200 謝安道，美籍，出生於加州，1935 年在華逝世，得年五十六歲。1905 年由紐約國際青年會派到中國服務，創辦重慶與成都青年會，服務青年會長達二十餘年。1934 年擔任華洋義賑會駐滬事務所主任，在職期間主要促成中國與外國的慈善合作。〈謝安道君〉，《救災會刊》十三卷一冊（民國 24 年 10 月），頁 70；〈總幹事報告〉，《民國二十四年度賑務報告》，頁 17。

201 〈農利股之分工合作〉，《救災會刊》六卷三冊（民國 18 年 2 月），頁 22。

202 〈同仁消息〉，《救災會刊》六卷一冊（民國 17 年 10 月），頁 6。

203 非常奇怪的是，在同一年的救災會刊上，季履義會以榮譽稽核主任、名譽總稽核、稽核股主任等職稱出現。他經常親自到中國鄉間收取貸款，並非單純圖享榮譽之清閒。〈同仁消息〉，《救災會刊》十四卷二至三冊（民國 25 年 11-12 月），頁 11。

204 〈本會總工程師塔君服務期滿〉，《救災會刊》十三卷一冊，頁 69。

定了哪些範疇的特定成員，較容易被選派為主管。所以，四所與各股的主任人選，並不是總幹事及其它高級職員片面就能夠決定。最後，無論那一種來源，都須經過總幹事委任，提報執行委員追認同意，才算被聘用為職員。[205]

值得注意的是，華洋義賑會在初期發展組織時，就已經注意到培養基層幹部的必要性。這裡所指的基層幹部，從結果看來主要是指華人。總會事務所在一九二三年頒布「辦公室見習規則」，選擇適當人選充任預備幹事，藉由在職訓練課程，讓這些人熟悉總會辦事方法，同時作為地方分會實習範例。[206] 從歷年華洋義賑會總事所各股主管名單來看，至一九三七年前後外籍幹部的職缺，大多為他們的華籍副手所取代。在一九三六年以後，華籍幹部除了原來持續掌握的農利股、總務股、以及新成立的徵募股，過去較常為外籍職員擔任主管的稽核股、工程股，至此也為華籍職員所取代。[207] 這種結果在華洋義賑會的發展歷程中其實是有脈絡可循，因為最初參與華洋義賑會的華籍人士，本來就多擁有高學歷與國際溝通的能力。[208] 他們在自身

---

205 〈總幹事報告〉，華洋義賑會，《民國二十四年賑務報告書》，頁 15。

206 〈辦公室見習規則〉，《救災會刊》一卷二冊，頁 9。

207 當時各股的主管分別為徵募股駱傳華、總務股李仲華、稽核股李實夫、農利股李在耘、工程股張季春，全部都是華人。〈同仁消息〉，《救災會刊》十九卷四冊（民國 26 年 6 月），頁 9、97。

208 在 1924 年華洋義賑會徵求文牘主任人選時，在四十九位應徵者中，總會統計出：1.年齡從二十至五十三歲不等，平均年齡二十九歲；2.籍貫方面，25%來自直隸、17%來自福建、11%來自江蘇，10%為安徽；3.宗教方面 28%為基督徒；4.婚姻方面，75%已婚；5.學歷方面，56%為大學畢業生；6.學科方面，26%來自經濟、17%法律科系；7.應徵前的職務，來自政界佔 17%。儘管這只是對特定分股主管應徵者的一次統計，卻可以說明華洋義賑會職位對中國知識份子的吸引力，以及他們的知識背景

原有的專業知識上，經過外籍主管數年親身帶領從事田野調查與在職訓練，[209] 加上一九三五年以後總會事務所還有定期的讀書報告與國際級的專家演講，[210] 皆使幹部機會更進一部吸收來自海外經營非營利性組織的經驗，建立獨當一面的能力。當踏出北京菜廠胡同的辦公室，這些專業的幹部在外期間大部分都被借調至政府機關協助賑務，譬如一九三四年農利股調查員燕際祥被借調到章元善主持的「華北戰區救濟委員會農賑組」、同年福建省辦理農村救濟也向華洋義賑會申請借調三員赴閩協助政務，[211] 這類案例不勝枚舉。

由華籍幹部全面性出任主管的時代出現，並非偶然。從主觀因素來看，在一九三五年以前，外籍主管控制的稽核、工程兩股與四大事務所的正副主管搭配方式，都是刻意以「一中一外」的模式在運作，當外籍主管不在總會事務所辦公，或者返國時，他們的職務代理人幾乎都是由華人副主管接替，譬如說駐滬事務所的外籍主管謝安道、總稽核主任季履義、工程股總工程師塔德，他們在華洋義賑會從始至終，都帶著單位的華籍副主管，奔走於大江南北；透過職務代理、田野調查與課程訓練，

是否能夠應付華洋義賑會的國際性格。〈供給與需求〉，《救災會刊》一卷五冊，頁 30。

[209] 譬如 1934 年總會外籍主管稽核主任季履義、工程股主任兼總工程師塔德，這兩位常年均與華籍幹部奔走於災區。〈同仁消息〉，《救災會刊》十二卷二冊（民國 23 年 11 月），頁 13。

[210] 華洋義賑會自 1935 年 5 月起，每星期二在農利股開座談會、每星期五與華北合作委員會開演講會；由總會事務所幹部報告讀書心得，並聘請專家演講。〈同仁讀書報告及專家講演〉，《救災會刊》十二卷九冊（民國 24 年 6 月），頁 44。

[211] 〈農利股合作組組長已請宋之英擔任〉，《救災會刊》十二卷三冊（民國 23 年 12 月），頁 18。

傳遞經驗與華洋合作的默契。再者，華籍副手對各股專門事務之嫻熟，至為關鍵，特別是在章元善領導時期，華洋義賑會加速對本土幹部的刻意培植，他打破各股業務的界線，建立分股不分家的觀念，使華籍幹部能夠在其它單位實習，開拓視野。

相對於華人，外籍主管的分布向來就侷限在稽核、工程與駐滬事務所等單位。他們之所以能夠長期掌控這些單位，主要是在一九二〇年代以美國為主的外援、海關賑災附加稅補助構成華洋義賑會總會與地方分會運用經費，還有外交團中的列強（the powers）對中國幹部運用經費的不信任感，加上西方國家在工程技術的優勢，以及美國非營利性組織管理經驗的成熟，使得外國人在華洋義賑會華洋對等的權力架構中仍然享有較多的影響力。一九三〇年代以後，當各類技術與管理模式逐漸為華人幹部掌握後，加上中國政府大規模的補助華洋義賑會，取代了外國基金的地位。另外，外籍主管退出的原因還包括一九三〇年代中日局勢緊張、中共在農村的活動都導致外國人的恐慌性離職，以及外籍資深幹部退休與老成凋零等。至此，外國幹部喪失往昔優勢地位，選擇淡出領導階層，也是很自然的結果，非關政治。中外領導幹部權力的移轉，這也是華洋義賑會從一個國際救災團體逐漸轉變為本土幹部領導的轉折。

從各股發展的歷程與職能分析，也可夠清楚的看到華洋之間對華洋義賑會管理的理念不斷在交互辯論，使整個組織維持精簡、彈性與高度效率的運作架構，而且能夠跨越國際間對族群、地域與文化的障礙：

（一）工程股（Enginner Department）

它的主要業務是監督並指導地方工程，辦理工賑及防災工程之設計，同時評估各類工賑經費。在華洋義賑組織的歷史中，由總工程師塔德領導的工程股，它可以說是唯一可與農利委辦會推廣合作運動產生的影響力相提並論的單位。所以在歷年的《賑務報告書》，工程股的報告總是排在首位，其地位之重要，可見一般。

前一章曾提到，華洋義賑提倡工賑的起源可以上溯自十九世紀末的江皖華洋義賑會，而真正發揮作用是在一九一四年歐戰爆發前，美國紅十字會主動提議改善淮河淤積問題。當時在美國陸軍兵工團的協助之下，美國官方結合威斯康辛大學河海工程相關學系的師生，由詹美生（C. D. Jameson）領銜來中國進行一系列的調查與施工。[212] 儘管美國工兵團所完成的設施遭到中國工程師譏諷是事倍功半之作，但它的意義在於後來持續引入外籍工程師參與工賑。在北京國際救災會時期，雖有利用工賑從事救災的概念，從總會到各省華洋義賑會卻始終沒有建立完整的防災工程指揮體制。華洋義賑會成立後，為了統一工賑監督機制，於是在一九二二年成立技術部（Technical Board），[213] 設委員九人，代表總會指導地方工程，並提供人力協助各地分會規劃大型工程。另外，執行委員會也透過技術部，在一九二三年七月四日任命塔德為首任總工程師（enginner representative）。同年塔德又被委為總會事務所工程股主任。理論上，塔德既然作為技術部一員，應依照九位中外委員的決議行事，實則不然，導致技術部全體同聲批判塔德完全無視於他們的調度與訓令，而且從不到部裡報告。荷蘭籍委員方維因在極度不滿的情緒

---

[212] 〈外交部函〉，1914 年 5 月 3 日，《經濟檔》，09/21/4/1。

[213] See CIFRC, *Annual Report 1923, Report on Relief Work in 1923*, p. 2

下，企圖透過北京外交團領銜荷蘭公使歐登科對華洋義賑會施壓，並發函給執行委員會要求對塔德解聘，還得將工程股的權力「交還」技術部。[214] 技術部的控訴，後來遭到艾德敷與塔德的反撲，一連串的調查紛紛指出問題其實是出在技術部的鬆散與低效率、對災區工程重要性的輕視、濫費公帑從事旅遊，以及委員各自忙於事業，無心經營部務所致。[215] 最後，執行委員會反在一九二五年決定將功能不彰的技術部裁撤，留下獨立的總工程師，揭開前技術部委員與塔德之間的仇視歷史（history of "hate"）。[216]

在職員方面，如前所述，工程股是以總工程師兼分股主任的方式來管理。在主任之下設有副工程師或助理工程師。另外，一九二六年之後，工程股也與美國密西根大學工程系（Engineering Department）合作，進行所謂「密西根計劃」，接受該校派遣研究生到華洋義賑會實習，同時工程師照相、製圖與田野調查協助。與一般幕僚單位最大的不同是，工程股的職員平均約有一半的時間是在災區活動，另一半才是在北京的辦公室。[217] 至於那些臨時招聘，協助工程的技術人員在結束任務後大多遣散，由華洋義賑會給予優渥的遣散費。因此，曾經在工程股任職的馬席慶就批評，這種做法使施工單位一直無法找

---

[214] Technical Board to Executive Committee of CIFRC, May 12, 1925, FO228/3032, pp.644-645.

[215] M T Liang to British Charge *d'Affaire*s, May 26, 1925, FO228/3032, pp. 649-650.

[216] A. E Maker to British Consul, Hankow, December 24, 1925, FO228/3033, pp.43-44.

[217] See CIFRC, *Annual Report 1925, Report on Relief Work in 1925*, pp. 2-15.

到熟練的工程師與技工，造成工程品質不一。[218] 的確，過去在華洋義賑會與中國政府文宣中被提出作為模範工程的綏遠民生渠、西北的西蘭路工程，私底下都被中國工程師看待成失敗的作品，特別是西蘭路，又被華籍工程師暱稱為稀泥路，意思是：一下雨就會變成爛稀泥。[219]

上述說法與評價大部分來自於基層工程師對華洋義賑會政策的認識不清，以及華人本位主義對外國人的偏見，無論是對華洋義賑會或參與工賑的職工來說都不公平，有欠公允。早期援助工程經費的美國紅十字會與後期的國民政府在合約與慣例中，都有限制工程必須完全聘用災區民眾作為工賑的對象。既然勞動力的來源已被限制，那麼要求技術純熟的工人隨華洋義賑會流動，便不可行。而且以華洋義賑會實行工賑地點經常需要到崇山峻嶺、盜匪出沒無常的地點，工作條件極為惡劣；一般受過資深外地華籍工程師通常不願到荒郊鄙野之地，儘管他們在學習方面表現非常熱衷求知、擅長將理論應用，而且勤奮耐勞。[220] 因此，華洋義賑會以其非營利的特質，很難將工程師留在會中長期服務，僅有那些出身教會的外籍工程師、當地工程師或大學剛畢業的年輕工程師才願意上陣。[221]

在一九三〇年代，當中國知識份子抨擊荒災問題來自於帝

---

[218] 馬席慶，〈回憶華洋義賑會〉，收入薛毅、章鼎著，《章元善與華洋義賑會》，頁 208。

[219] 宋希尚，《值得回憶的事》（台北：三民書局，民國 56 年）。

[220] See CIFRC, *Annual Report 1924, Report on Relief Work in 1924*, pp. 22-23.

[221] 譬如 1933 年華洋義賑會在甘肅開闢西蘭公路時，山西大學校長王錄勳利用課餘時間，以幫辦工程師名義與塔德先期同往各處調查研究，以為實施測量之預備。〈工程股會計〉，《民國二十二年度賑務報告》，頁 25。

國主義對農村的榨取壓迫，[222] 卻很少人知道華洋義賑會拓展西北工賑時曾經出現過數位外籍工程師慘遭土匪綁架，甚至殺害，譬如：一九三二年七月西蘭路平涼段事務主任多福壽及三名公務人員在西安城外遭到散兵遊勇的撕票，以身殉職；[223] 一九三三年負責陝西涇惠渠工程的工程師安立森與全紹周在視察工程時被綁票達十八天之久，[224] 最後是因為土匪之中「明事之人」，感念華洋義賑會長期對陝西的貢獻，自動將兩人釋放；一九三四年民生渠辦事處職員盈亨利在北平西山遭強盜殺害；曾經任職民生渠工程處名譽主任的美以美教會牧師斑馬可罹患肺炎過世。[225] 這些華洋義賑會工程師在親身體驗災區居民「飢寒起盜心」，更加深他們認定非完成永久性的防災，否則不足以改善社會經濟的決心。[226] 像安立森與全紹周就是在脫險後幾天，又迅速返回西北工作。[227] 工程股長期在總工程師塔德的領導下，建立起專業與廉潔的口碑。無論是一九二五年蘇北因戰爭導致的堤防失修，[228] 或者是西北兵匪肆虐的受創道路，工程股都被要求投入工賑，修復那些因戰亂而損壞的設施，這實際上早已打破華洋義賑會早期以天災作為主要救濟的對象。在外籍

---

[222] 蘇筠，〈中國農村復興運動聲中之天災問題〉，《東方雜誌》第三十卷第二十四號（上海：商務印書管，1933 年 12 月），頁 57-63。

[223] 〈工務股報告〉，華洋義賑會，《民國二十一年賑務報告書》，頁 22-23。

[224] 〈二十二年度總幹事報告〉，華洋義賑會，《民國二十二年賑務報告書》，頁 11。

[225] 〈總幹事報告〉，華洋義賑會，《民國二十三年賑務報告書》，頁 16。

[226] 〈工程股報告〉，華洋義賑會，《民國二十二年賑務報告書》，頁 20。

[227] 〈同仁消息〉，《救災會刊》十卷五冊（民國 22 年 6 月），頁 24。

[228] An express letter from the Union of Societies for the Rehabilitation of the districts in Kiangsu which suffered from military operation, to the Diplomatic Body, Peking, March 1, 1925, FO228/3032, p. 487.

工程師的內心中，他們經歷戰亂、匪禍，還得在經費有限的狀況下應付天災，仍然不免有這樣的掙扎：我們為中國貢獻心力，換來的是什麼？中國人對外國工程師的認同不多，卻又要求太多。這使得外籍工程師經常懷疑到底什麼才叫建築工程師，專業在那裡。[229]

在華洋義賑會成立十五年之內，興辦工程的範圍遍佈山東、山西、安徽、江蘇、湖南、河南、河北、湖北、江西、雲南、貴州、綏遠、陝西、熱河、甘肅，耗資八百九十六萬二千五百二十九元六角，[230] 進行了一系列的開渠、鑿井、疏浚河道、築堤、修路等工程。[231] 時人認為華洋義賑會這樣的成就，為中國農村的復興工作奠定了良好的基礎。[232] 這樣的成就，有一部份可以說是因為工程股在發展的過程中獲得執行委員會賦予極大的權力。塔德在決策上幾乎是擔綱獨斷，不受控制，連頂頭上司技術部與他較量後都遭到裁撤的命運。從總會到地方興辦的工程，塔德只需要定期向執行委員會報告，[233] 因而可以在專業上主導工賑。

一九三三年，華洋義賑會開始轉變賑災方向與救災策略，加上受到一九二九年經濟大蕭條（Great Depression）的美國民間無法再提供充足經費予華洋義賑會，這使得塔德過在工賑與

---

[229] See O. J. Todd, " Engineers in Foreign War Zones", in O. J. Todd, *Two Decades in China*, p. 45.

[230] 〈中國華洋義賑救災總會歷年辦理工賑一覽表〉，民國 25 年 5 月 18 日，國史館，《國民政府檔案》，101-939。

[231] 〈十五年來之中國華洋義賑救災總會〉，民國 25 年 11 月 16 日，國史館藏，《抗戰史料》，0160.52/3480.55-01。

[232] 〈社論〉，《天津大公報》，民國 25 年 6 月 7 日。

[233] Meeting Report of Executive Committee, May, 1925, 北京市檔案館，《中國華洋義賑救災總會》，J84-3-452-1。

經費上的主導權大幅滑落。最後，塔德個人的薪資過高問題，[234] 引起執行委員的質疑，使他終於在一九三五年十月由總會宣佈「限於經費不足，未能繼續延聘」為理由，光榮下臺，改聘為榮譽工程顧問。[235] 工程股的領導方式在塔德下台後有了重要的改變，華洋義賑會稱之為新工程股的誕生。這種改造組織的想法早在塔德卸職之前就開始計劃，其目的有二：1.統合工程股對經費、管理、計劃等方面的技術；2.配合華洋義賑會合作事業，相互提攜，給於農民在營繕生產工具，譬如吸水管、掘井、改良汽車、倉庫設計。而新的工程股在主任之下正式設立工程師兩人、助理工程師四人，練習生五人至二十人，專收各工程學校之畢業生，提供實習機會。[236] 新舊制度最大的差異除了業務內容，當然就屬總工程師的年薪由一萬九千三百元縮減為六千元。[237] 另外，為了彌補新舊交替之間的經驗傳承問題，華洋義賑會聘用塔德、曾經遭到綁架的安立森，以及中國工程師領袖李協為名譽工程顧問，由這三人協助防災及改良農事的工程計

[234] 以 1934 年為例，當年度工程股共支出 29837.04 元，其中塔德個人薪資為 19320 元，這筆薪資由美國華災協濟會與美國紐約友誼基金會共同撥款 13305.80 元。他的薪資佔工程股支出的 65%，這還不包括其他助理工程師的薪資。〈工程股會計報告〉，華洋義賑會，《民國二十三年賑務報告書》，頁 86。

[235] 〈本會總工程師塔君服務期滿〉，《救災會刊》十三卷一冊（民國 24 年 10 月），頁 69。

[236] 自 1922 年開始工程股就有招聘中國大學畢業生任職的傳統，特別是楊豹靈任教的北洋大學最多，而且華洋義賑會還會主動取才於工賑地點的高等教育機構，譬如 1933 年建設西蘭公路時就有山西大學在學與畢業生加入。〈工程股會計〉，《民國二十二年度賑務報告》，頁 25。

[237] 〈關於新工程股之建議〉，《救災會刊》十三卷二冊（民國 24 年 11 月），頁 12-13。

劃。名譽工程顧問為無給職，如因工程長期施工，則改由華洋義賑會與顧問商訂契約，給於酬勞。[238]

一九三五年新制實行後，工程師通常會在勘查災區後，將計劃呈送顧問處，請其發表意見，提供諮詢。[239] 不過，塔德的影響力與個人對工程計劃的掌控，並沒有隨新制的建立而衰落，在一九三六年前後，仍然可以見到他在災區不停的視察。他的遺缺由同屬外籍的裴季浩代理。裴季浩後來被國民政府聘用，負責湖南與貴州之間的鐵路工程，華洋義賑會於是在一九三六年八月讓華籍的張季春扶正成為總工程師。[240] 張季春自一九二九年從北洋大學工科畢業後就跟隨塔德擔任助理工程師，同時指導訓練工程股新進職員實習，一直是塔德公開宣稱最倚重的幹部。[241] 惟張季春接掌工程股之後，這個單位已經被華洋義賑會視之為「從前以為必需而此後不必需之工作」，[242] 其影響力遂不再。當總會南遷時，工程股並沒有跟隨。

（二）農利股（Rural Improvement Department）。

成立於一九二五年十月二十八日，有時也稱為農業改良部。[243] 其在初期的任務是辦理關於增進農村福利，實行農賑，

---

[238] 〈聘請名譽工程顧問〉，《救災會刊》十三卷二冊（民國 24 年 11 月），頁 14。

[239] 〈民生渠改修計劃〉，《救災會刊》十三卷五冊（民國 25 年 2 月），頁 36。

[240] 〈工程股消息〉，《救災會刊》十三卷十至十一冊（民國 25 年 7-8 月），頁 69。

[241] 〈工程股報告〉，《民國二十二年度賑務報告》，頁 25。

[242] 〈今後之中國華洋義賑救災總會〉，《救災會勘》十三卷八冊（民國 25 年 5 月），頁 53。

[243] 華洋義賑會並不是第一個在中國推動合作運動的團體，最早的應該是 1917 年安立甘教會教士在直隸（河北）安平縣推動。戴樂仁，〈合作運

以及辦理合作運動事宜；[244] 一九三四年以後，更明確的將業務範圍限定在提倡合作貸款、掘井、經營灌溉溝渠，以及協助農民改良農業，預防災荒等事業。[245] 為什要華洋義賑會要在簡單的組織中，投入數個單位去做農村合作運動呢？簡單的說，華洋義賑會認為農村改造攸關防災成敗。[246] 如將農利股與隸屬於執行委員會下的農利委辦會相較，兩者最大的不同在於前者是行政與教育訓練單位，而後者主要是作為華洋義賑會研究諮詢、推廣提倡組織合作社、[247] 規劃各類合作空白章程的機構。[248] 如前所述，在合作委辦會成立之後，農利股實質上便成為它的附屬單位。為了釐清業務，自一九二九年起農利股便奉令不再負責訓練、教育工作，專責合作成規事件。[249] 不過，所謂的研究與行政區分，祇是理想而已；為了達到整合行政資源的目的，聯繫過去共同研究合作運動的金陵大學、燕京大學與公理會，[250] 未久農利股又接下「合作教育講習會」的工作，至一九三七年為止總共舉辦十二次。在此期間，農利股與合作委辦會

動〉，《中華基督教會年鑑》第十一期（上海：中華續行委辦會，民國二十年），頁 124。

[244]〈總會事務所組織章程〉，《救災會刊》十一卷五冊（民國 23 年 6 月），頁 33。

[245]〈農利股新訂組織章程〉，《救災會刊》十二卷十一冊，頁 55。

[246] CIFRC, *Herr Raiffeisen Among Chinese Farmer*（Peiping: CIFRC, 1930）, p.16

[247]〈農民合作之發軔〉，《救災會刊》一卷二冊，頁 7-8。

[248] See Walter H. Mallory, *China: Land of Famine*, pp. 130-131。〈農利分委辦會會議紀要〉，《救災會刊》一卷五冊，頁 32。

[249]〈農利股之分工合作〉，《救災會刊》六卷三冊，（民國 18 年 2 月），頁 22-23。

[250] 金陵大學農林科與燕京大學在湖北西部地區均曾與農利股合作。戴樂仁，〈合作運動〉，《中華基督教會年鑑》第十一期，頁 125。

共同編印有各類手冊與通訊，藉此推展合作社信用教育，其中比較具有影響力的出版品有：專為天津地區農民設計的《棉花運銷合作之第五年》年鑑；專司聯絡各地合作社、介紹合作社經營方法與討論心得的《合作訊》，[251] 它的貢獻在於：1.普及合作思想；2.傳達合作消息；3.提倡合作事業；4.改善農業經濟。透過每期將近一萬二千份的數量，深入河北、湖北、安徽、江西。據華洋義賑會統計，平均每份約有十八人閱讀，具有龐大的影響力。[252]

在領導幹部方面，成立初期的農利股設主任一人，他的建置與工程股、稽核股的洋正華副的搭配方式有所不同，曾經先後擔任此職務的有楊嗣誠、董時進、唐有恒、虞振鏞、于永滋、李在耘，他們全部都是華籍。相較於農利委辦會與合作委員會主要由外籍主管負責，農利股的人事可以說是非常徹底的本土化單位。值得注意的是，這三個單位的職員互調的情形經常出現，很少幹部是從一而終，僅在同一單位服務。這也應證了章元善所謂的總會事務所分股不分家的觀點。歷任農利股主管的學識背景與社會知名度都是一時之選，如董時進本身就是官費留學，他在康乃爾大學正是專攻農業經濟與鄉村社會學，獲得博士學位後曾經前往英國與丹麥考察合作事業，一九二五年以農業大學教授身分獲得章元善推薦，進入華洋義賑會；[253] 一九

---

[251] 〈農利股三月份工作報告〉，《救災會刊》十四卷八冊（民國 26 年 5 月），頁 73-75。

[252] 〈華洋義賑會致中國農工商銀行〉，民國 24 年 8 月 7 日，北京市檔案館藏，《中國農工銀行、中國華洋義賑救災總會》，J54-1-36。

[253] 董時進離開華洋義賑會之後仍然投入防災與農村運動研究。他認為中國之所會多災多難，人民飽受飢荒之苦的原因，主要是農業生產對生態環境的破壞、人民平時所得瀕臨生活邊界。這個觀念對華洋義賑會後來調

二七年一度接替董時進的唐有恒也是康乃爾大學畢業，對於農業經濟頗有研究，同時也在合作委辦會任職；[254] 同樣學界出身的清華大學教授虞振鏞在一九二八年與華洋義賑會合作，曾經結合清華與燕京大學學生實驗農業教育改革。[255] 不過，或許由農利股的業務太多，使得絕大多數主管都是因病去職，少有任職超過五年以上。

在基層職員方面，早期農利股的職員與其它各股無異，在一九二八年時自行設計出一套「委託合作領袖服務」，授予「視察資格證書」給各合作社中的優秀份子，成為本股的調查員或通信員，同時大幅減少在人事成本上的支出。[256] 因此，嚴格來說本股並沒有在派員駐守各地分會與合作社，僅在河北五大區域，每區設視察員一人、調查員三至五人。一九三〇年代華洋義賑會在南方設置滬、皖、贛三大事務所後，大批的農利股人員，便南下參與農作工作，或者追隨章元善前往華北戰區救濟委員會服務。[257] 一九三四年，在龐大的業務與因應華洋義賑會的賑災新政策，農利股史無前例的設置總務組、合作組、利用組等單位，各組設科長一人，股員、指導員若干人。[258] 但這個規模仍然不足以填補合作運動的快速發展，於是農利股又舉辦

整發展方向，著重於增加農村財富與協助農民轉業，有一定程度的影響。〈農利股主任易人〉，《救災會刊》四卷一冊（民國 15 年 10 月），頁 2-3；董時進，〈論災〉，《獨立評論》第 168 冊（民國 24 年 9 月）。

254 〈農利股主任易人〉，《救災會刊》四卷一冊，頁 2-3。

255 〈改善農業教育之一說〉，《救災會刊》五卷四冊（民國 17 年 4 月），頁 15。

256 〈農利股報告〉，華洋義賑會，《民國十七年賑務報告書》，頁 14。

257 〈救濟華北戰區〉，《救災會刊》十一卷一冊（民國 22 年 10 月），頁 6。

258 〈農利股新訂組織章程〉，《救災會刊》十二卷十一冊，頁 33。

多次「外班調查員研究班」，每次約十八人，用以協助調查合作社社務及擔任合作講習會講師。[259] 在地方業務方面，為了使皖、贛兩所與農利股之組織一致，所以農利股在同年仿照河北之先例，在兩省實行。不過，農利股職員在一九三五年以後由於全國經濟委員會將合作業務收回，大多數職員連同各所主管的離職，轉入各省農村合作委員會任職，[260] 導致整個組織的急遽縮減。[261]

（三）稽核股（Accounting Department）

一九三五年成立，主要任務是辦理籌募本會事務、工程、賑務所需經費，[262] 以及總會事務所「職員福利儲金」、「同仁消費合作社」。在華洋義賑會內部執掌財務的人事主要有高級職員華洋司庫（treasurer）兩人，[263] 稽核股主任、與財務委辦會（sub-committee of finance），另外還有負責中央至地方會計報告認證的湯生洋行（Thompson & Co.）查帳員（Auditor）。從組織精簡的觀點來看，這四個職位同時負責會計工作，實則不然。按照章元善的設計，華洋義賑會的款項可以分為經常費與基金兩項，其中經常性經費，依照預算動用主要歸稽核主任管理；組織興辦工賑、數額較大且不常動支的基金，則歸司庫直接管

---

259 〈舉辦外班調查員研究班〉，《救災會刊》十二卷三冊（民國 23 年 12 月），頁 17。

260 譬如皖所總幹事楊性存、贛所總幹事魏競初，奉國民政府南昌行營的命令，分別擔任兩省的農村合作委員會委員及總幹事。〈總幹事報告〉，華洋義賑會，《民國二十三年賑務報告書》，頁 17。

261 〈農利股成立十週年紀念〉，《救災會刊》十三卷二冊，頁 14。

262 〈總會事務所組織章程〉，《救災會刊》十二卷十一冊，頁 54。

263 1934 年以後改稱會計，華洋義賑會，《民國二十四年賑務報告書》，封面底。

轄。[264] 至於直屬於執行委員會的財務委員會，在一九二四年成立後被賦予專司基金投資，同時作為華洋義賑會的財務諮詢顧問（advisor on finance question）。[265] 至於湯生洋行則一直是華洋義賑會付費聘用的稽核。[266] 不過，一九三三年，以華人身分擔任主管的史譯宣發現稽核股主任在現行架構下無法執行業務，因而辭職。司庫貝納德因處理史譯宣案，確立了稽核股主任的職責在於聯絡司庫與稽核查帳公司湯生洋行，協調全部帳冊，並設立與維持適當的帳冊簿記與方法，最後通過司庫向執行委員會負責。也就是說稽核股主任負責華洋義賑會全部會計事務，包括總會、分會還有工地會計。[267] 自此確立稽核股與其它單位的關係。

稽核股業務中的年度大戲是在每年大約十一月終左右，整理總會事務所各股財務報告（financial statement），並且公告華洋義賑會的基金、投資狀況與貸款數額，與「職員福利儲金」收入概況，最後再將這些資料交付湯生洋行會計師審核無誤，公告於每年的《賑務報告書》。有了專業機構的協助，為了方便管理總會與地方分會財務，華洋義賑會一開始就採用「賑濟實務標準化」(standardization of relief practices)系統，先後頒布《賑務指南》、《田野工作章則》，[268] 一方面建立自總會到分會共通的記帳系統，另一方面使總會能夠掌握分會財務狀況。不過，

---

[264] 章元善，《實用公團業務概要》，頁 163。

[265] See CIFRC, *Annual Report 1924, Report on Relief Work in 1924*, p. 12.

[266] 華洋義賑會每年付給湯生洋行 2600-2800 元負責總會事務所的稽核，地方分會則給付 500-800 元不等。.

[267] 〈貝納德致顏惠慶〉，1933 年 12 月 18 日，收入中國人民銀行金融研究所編，《美國花旗銀行在華史料》(北京：中國金融出版社，1990 年)，頁 581。

[268] See CIFRC, *Annual Report 1924, Report on Relief Work in 1924*, p. 2.

這套制度它的實際功能往往受制地方分會的組織經營狀況，無法落實。

由於湯生洋行的協助，華洋義賑會的會計誠信一直受到北京外交團的相當肯定。[269] 但這種正面評價來自於當「自己人」監督經費時，英美兩國政府駐華使館才會願意相信華洋義賑會在賑款的處理上，不至於出現貪污與浪費，而且願意長期支持、贊助各類工程。一九三〇年前後，黃河與江淮發生大水災，各地賑務紛紛啟動，為了更進一步處理帳目，稽核股在湯生洋行會計師的建議下，大幅度的改革記帳系統，建立會計規則，設置五大單位帳目存款帳戶與分類收據，此為中國非營利性組織前所未有之制度。[270]

人事方面，在一九三〇年以前稽核股的幹部極為精簡，初期僅有外籍出身主任一人、股員一人。主任一職唯有給職，每月薪資二千四百元，[271] 按照華洋義賑的傳統，自一九一一年以來，攸關會計的業務都是由外國人擔任，華洋義賑會自不例外。一九三〇年後，為了應付水災後各省陸續成立賑務查放事務所、彙整帳簿及核對內容的壓力，稽核股遂增加中國職員兩人，其中一人必須常駐災區，提供災區記帳之協助。不過，稽核股主管的出缺、代理人的選擇，與一般單位截然不同，而是交付專業機構代理湯生洋行行使職權，譬如在一九三〇年克萊滿因公負傷，即是由該行外籍查帳員卞鳳年代理。[272] 為何會有這種特定族群壟斷組織人事呢？曾任副會長的德來格點出核心：許

[269] Douglas Gray to British Legation, January 15, 1925, FO228/3033, p. 78.

[270] 〈稽核股報告〉，華洋義賑會，《民國十九年賑務報告書》，頁 52。

[271] 〈總幹事報告〉，《民國二十二年度賑務報告》，頁 19。

[272] 〈稽核股報告〉，華洋義賑會，《民國十九年賑務報告書》，頁 52。

多問題的起源，都是政府裡的華人在搞鬼。[273] 因為不信任華人政府官員，認為中國政府檯面上的政治人物都是將自身福利放在所有考慮之上，[274] 所以從一九二一年的高爾森開始，郝爾素、呂義森、克萊滿，史譯宣、季履義，只有一九三三年前後任職的史譯宣是以中國人的身分擔任稽核主管，其他都是外籍。[275] 史氏擔任稽核主管原本可以視為華人在華洋義賑會財務管理系統中地位逐漸成熟的重要指標，不過他發現華人任職時並不能主動向其它單位查帳，頂多只能夠算是總幹事的記帳員。而且外籍主管在休假與出差費的享有較高待遇，這使他感到屈辱與憤恨，最後主動辭職。[276] 這種情形一直到一九三六年李實夫由代理主任扶正後才宣告結束外籍主管的時代。

（四）總務股

成立於一九三五年，為融合庶務、文牘、檔案三科的新組織。[277] 在組務股尚未成立之前，檔案股主要則歸納、整理，包括製作文件內容卡片、目錄檢索卡片、利用十字檢索法為文件編號。由於華洋義賑會的成員來自不同國家，所以在文件的編排必須以中、英、法等不同文字製作。[278] 文牘股主要負責中文文書的處理與研擬各類報告書，每月定期出版中英文對照的通

---

[273] Douglas Gray to British Legation, January 15, 1925, FO228/3033, p. 78.

[274] See China Association, *China Association Annual Report 1932-1933*, p. 23.

[275] 史譯宣為美國哈佛大學商學碩士，〈總會歷年職員一覽表〉，《中國華洋義賑救災總會十五週年紀念冊》，頁 27。

[276] 〈I . Hsuan Si to K. Z. Li〉（史譯宣致李廣誠，原譯文誤作奚××致李XX），1933 年 12 月 7 日，《美國花旗銀行在華史料》，頁 579。

[277] 〈總務股成立〉，《救災會刊》十二卷十一冊，頁 55。

[278] See Report of the Filing Department, CIFRC, *Annual Report 1924, Report on Relief Work in 1924*, p. 25.

訊雜誌《救災會刊》(*Famine Communication Bulletin*),另外還受中國政府實業部委託編纂《經濟年鑑》。庶務股的功能主要是支援事務所一切辦公之所需、管理手續,各地捐助華洋義賑會衣物的發放,以及年度舉行的會員大會。[279] 章元善認為這三個單位為公共團體總部基本組成,如果業務量不大的組織,那麼就可以將它給合併,[280] 以期維持組織的精簡與效能。所以,一九三五年這三個單位整合後,新的總務股擴大業務舉凡文書、編譯、檔案、收發、採辦、運輸,及其它不屬於各股的事項皆由他負責。[281] 首任主管由華籍的檔案組長丁鼎文兼任。[282]

(五)統計股

它的建立起源於農利委辦會在一九二二年前後蒐集了龐大的田野調查資料。因此,產生了本股作為研究各類資料與數據,並將它分析提供總幹事及執行委員會決策之用。[283]

四、南進趨勢下產生的新機構

為了正視一九三〇年代以後中國政治中心的南移,加上拓展華洋義賑會在中國長江下游的防災、賑災、農村合作運動的聯繫網絡,以及彌補上海華洋義賑會退出造成的影響。華洋義賑會以直接在江、浙、皖、贛地區設置事務所,同時賦予上海地區華洋仕紳另組揚子水災賑務顧問委員會,並享與總會執行

279 〈總務股報告〉,《民國二十四年度賑務報告書》,頁 18。
280 章元善,《實用公團業務概要》,頁 20。.
281 〈總務股報告〉,《民國二十四年度賑務報告書》,頁 18。
282 〈總會總務股成立〉,《救災會刊》十二卷十一冊(民國 24 年 8 月),頁 54。
283 See Report of the Statistical Department, CIFRC, *Annual Report 1924, Report on Relief Work in 1924*, p. 25.

委員會同等位階的待遇與權力。最後，在三〇年代中期將駐滬事務所直接提升為總會，使華洋義賑會在江淮地區的穩定，完成防災的大網。

（一）揚子水災賑務顧問委員會、駐滬事務所、徵募股、宣傳股的孿生關係

依照章程架構，揚子委員會屬於地方分會，但因它的發展與總會事務所駐滬事務所與徵募股，以及徵募股改制的宣傳股等單位，息息相關，因此一併討論。一九三一年江淮水災遍佈中國南北十省，災情慘重，華洋義賑會執行委員會決定利用組織協助國民政府賑災，並派遣章元善參與救濟水災委員會，這個計劃後來又再添三名幹部前往上海協助，使總會重要職員幾乎都在南方。為了方便聯繫美國援華小麥物資與執行工賑計劃，華洋義賑會遂與美國華災協濟會達成共識，在上海成立揚子委員會與駐滬事務所。

揚子委員會由旅滬中外名流組成，推選華籍委員六人外籍委員五人。組織發展初期比照總會設名譽會長、主席一人、副主席一人、司庫一人，第一年度分別由王正廷任名譽會長，北京國際救災會時期的公共醫學專家伍連德博士任主席、資深華洋義賑幹部羅炳生任副會長、貝克任司庫，加上司篤培、胡本德、陳立廷、陳光甫、梅華銓、曾雲祥、駱維廉（W. W. Lockwood） 等委員構成全體。這十一人必須遵從總會大綱及執行委員會的決議。從組織架構與成員來看，揚子委員會根本就是華洋義賑會執行委員會的上海版。[284]

揚子委員的成立還有一個重要的意義是，華洋義賑會開始

---

[284] 〈總幹事報告〉，華洋義賑會，《民國二十年賑務報告書》，頁6。

重新將它的影響力延伸到向來屬於上海華洋義賑會的蘇、浙、皖、贛四省，並且透過國家力量的協助，冠冕堂皇地對昔日盟友進行人際網絡拔樁的工作。為了強化它的職權，執行委員會大幅度地它的管轄範圍擴大到未設分會的長江流域各省，以及海外，同時對外作為華洋義賑會的代表機關。[285] 因此，同年設立的上海與安徽事務所也就歸揚子委員會所管轄。在名義上駐滬事務所仍由總幹事領導。

在人事方面，駐滬事務所初期設主任一人，幹事一人，後來幹事增加為三人。他們的主要業務，除了對美國華災協濟會辦理賑災物資的交涉，同時還要協助揚子委員會推動合作與募款業務。由於創所之初，滬所幹部對於財務管理不當，因而導致駐滬所遭到總會質疑，幹事尤植夫任職一年就立刻離職，而後來擔任幹部職務者也多苦於案牘勞形，經常抱病上班，諸如謝安道、周永治、駱傳華後來都是在擔任滬所幹部時往生。這些造成幹部疲勞的業務中，最重要的是募款，由於一九三〇年代初期世界金融市場受到經濟大蕭條的衝擊，導致長期支持華洋義賑會的美國僅能夠過華災協濟會提供有限經費，而中國政府對華洋義賑會的補助又日趨減少。為了避免財務危機，同時恪盡中國人民自身的責任，執行委員會認為應該逐步減少國際協助，於是在一九三五年開始正式，由對外國募款轉為中國內部自籌。[286]

事實上，華洋義賑會募款政策的起源甚早，有鑑於上海為不僅為中國之金融中心，也是各國僑民在華活動的舞台，早在一九三二年駐滬事務所就開始辦理募捐，負責上海、香港、廣

[285] 〈揚委會的任務〉，《救災會刊》十一卷四冊（民國 23 年 4 月），頁 55。
[286] 〈第七屆常會概況〉，《救災會刊》十二卷九冊（民國 24 年 6 月），頁 42。

東、馬來西亞、紐約。[287] 為此，總會還派創立滬所的老幹部安獻今以視察幹事身分進駐上海，督導募款業務。滬所運用募款的方法包括報紙宣傳、（參見圖 6）發行季節性與紀念版慈善花簽、派員用幻燈片解說各地災情、赴學校與工廠巡迴演講，總體來說，滬所成效卓著。[288]

為了讓過去較少參與中國北方賑務的上海各界紳商，能夠融入華洋義賑會募款網絡之中，華洋義賑會在一九三三年主動組織「義務委員會」，邀請上海地區各國熱心賑務人士參與。首屆委員會推舉出朱博泉為主席、貝克及劉馭萬為副主席，徐新六、蓋

圖 6　總會的募款宣傳廣告（1936 年）

資料來源：《賑災會刊》，十三卷四冊，（民國 25 年 1 月），頁 36。

---

287 〈籌募黃災農賑經過〉，《救災會刊》十一卷一冊（民國 22 年 10 月），頁 2。

士利為司庫，謝安道、駱傳華、周錦才等事務所職員兼任為委員會幹事。[289] 委員會在推行不到一年之內，透過類似直銷的模式，共獲得五十六個團體的支持，參與勸募的學生高達五三三九人，共得一萬四千三百七十五規元，為捐款運動之創舉。[290]

但正如中國諺語所說的：事修則謗興，德高而譭來。華洋義賑會的募款運動，在推行沒有多久後就遭到詐欺者的利用，甚至一些名為義賑會的中國傳統善團也搭順風車，仿效慈善花籤發行所謂的「幸運連環信」，蒙騙社會大眾，造成中國民間對華洋義賑會募款的正當性的質疑。[291] 一般支持者與媒體似乎也沒搞清楚華洋義賑會與上海華洋義賑會（Chinese-Foreign Famine Relief Committee, Shanghai，以下簡稱滬會），那個才是全國華洋義賑的代表？兩者有何差異？在「粥少僧多」的狀況下，上海華洋義賑會積極透過各省旅滬團體籌募鉅款。[292] 華洋義賑會只好訴諸媒體視聽，強調自己是國民政府內政部唯一核可的立案組織，並且以正式會名「中國華洋義賑救災總會」，加上「藍底白十字旗」來識別它與滬會之間的差異。嚴格來說，華洋義賑會與滬會募款來源最大不同在於募款方向，前者是透過上海，聯絡海內外各地團體聯合募款，再由各地徵募輸向上海，屬於

---

[288] 關於華洋義賑會募款與各界捐贈的細節，參見本文第四章第一節。

[289] 〈駐滬事務所著手募捐〉，《救災會刊》十二卷一冊（民國 23 年 10 月），頁 10。

[290] 〈駐滬事務所募捐運動〉，《救災會刊》十二卷五冊（民國 24 年 2 月），頁 25。

[291] 〈否認發行連環幸運信〉，《救災會刊》十三卷三冊（民國 24 年 12 月），頁 38。

[292] 〈編餘補記〉，上海華洋義賑會，《華洋義賑會常年會務報告書》1934 年（上海：上海華洋義賑會，1934 年），頁 11。

外擴類型；後者是透過各地的中國各省旅滬組織，就地在上海同鄉的聯誼網絡中募集賑款，屬於內聚類型。

為了維持滬所的高度競爭力，提供寬廣的聚會所作為募款中心，至一九三四年為止，事務所辦公室就搬遷過三次，還在一九三五年四月以後每季發行《建設救災》宣傳華洋義賑會與上海募捐運動的概況，[293] 可見其發展之蓬勃。既然滬所募款成就斐然，執行委員會所幸就直接將總會事務所的徵募股直接設在滬所辦公室。[294] 當然，以上海作為募款中心，除了看中它的富庶，還包括市民的公共意識較成熟，可以接受華洋義賑會的募款方式。新成立的徵募股為求效率，其幹部直接由滬所美籍的主任謝安道兼任、副主任為華籍幹事駱傳華兼任，[295] 下轄文書、庶務、會計、庶務書記若干人，體制龐大。[296] 謝安道接任未久就因病殉職，[297] 其職務由駱傳華接任；新官上任後搭配執行委員會聘用資深幹部周永治為募款專員，協助對外交涉。他個人不僅熟悉媒體，擅長聯繫英美兩國在華僑界。他曾經在一九二七年為了獲得英國官方協助募款，一度與堅持不介入中國內政的駐華公使藍浦生（Miles Lampson）槓上，批評英國立場保守的右派駐華外交官從未傾聽中國社會的聲音，而且有意識

---

293 〈申所發行建設救災〉，《救災會刊》十二卷八冊（民國 24 年 5 月），頁 38。

294 〈第七居常會概況〉，《救災會刊》十二卷九冊，頁 42。

295 〈徵募股成立〉，《救災會刊》十二卷十二冊（民國 24 年 9 月），頁 60。

296 〈徵募股組織章程〉，《救災會刊》十三卷五冊（民國 25 年 2 月），頁 36。

297 為了紀念謝安道對募款的貢獻，華洋義賑會募集近萬元，設立「謝安道紀念金」，專門用來辦理救濟水災天災及改進農利事業之用。基金由揚子顧問會分配，〈徵募股成立〉，《救災會刊》十三卷四冊（民國 25 年 1 月），頁 30；〈謝君紀念金辦法大綱〉，《救災會刊》十三卷六冊（民國 25 年 3 月），頁 41。

的邪惡（conscious of evil）。[298] 最後，周永治利用他曾任英國工黨內閣某閣員的堂兄 F. W. Jowett 的力量，鼓動英國外交當局承認華洋義賑會的行動是非政治性、單純站在人道立場去協助中國迫使藍普生交出政商名流通訊錄。[299] 過去英國政府僅止於消極支持華洋義賑會代管賑災附加稅基金業務，現在則發揮它在政治上的影響力，利用政府資源協助華洋義賑會。所以，周永治進入滬所的時間不長，但意義重大，象徵華洋義賑會對英國政府與民間的聯繫。

滬所的進步，在人事的性別與領導者籍貫也可以發現。就性別而言，華洋義賑會歷來幹部都是以男性為主，唯一的例外是滬所在一九三六年四月晉用了密西根大學新聞系出身的彭望荃為第一位幹事。她的女性身分並不是出線的唯一因素，華洋義賑會主要還是希望藉著她在《中國評論報》、大學任教的經驗來協助宣傳。[300] 另外，在籍貫方面，如果說總會代表中國北方的中外菁英，那麼滬所的成立可以說是象徵南方力量進入領導核心。第二屆的揚子委員會，由財經界名人陳光甫擔任名譽會長，伍連德任會長，安獻今與朱漁友任副會長，章度與開捷克為名譽司庫，並且合併由上海紳商組成，專事募款的「義務委員會」，自此滬所在人事上可以說是完全融入上海本地菁英力量。

一九二八年以後，南方政治地位的超越北方，加上原有雄厚的經濟力量，華洋義賑會在長期規劃之後認為滬所的地位越來越重要，遂在一九三七年初直接將滬所改為總會事務所。原

---

[298] M. Lampson to Hardy Jowett, December 24, 1927, FO228/3701, p. 121..

[299] M. Lampson to Hardy Jowett, December 30, 1927, FO228/3701, p. 121..

[300] 〈彭望荃女士為申所幹事〉，《救災會刊》十三卷八冊（民國 24 年 5 月），頁 57。

總會事務所則改設駐平事務所，僅留下工程還有負責西北的水利機關，其它單位一律遷往上海。[301] 至於駐滬事務所則改為宣傳股，[302] 由駱傳華接任主管，結束了上海分會時代，但也同時開啟華洋義賑會在上海活躍的時代來臨。

（二）駐皖、贛事務所

駐皖與駐贛事務所的成立，源於前述一九三一年華洋義賑會接受國民政府所託，推動農賑計劃所設。他們在行政體系上除了接受國民政府的任務、總會事務所指揮，還要對揚子委員會負責。相較於駐滬事務所，皖贛兩所的任務完全被限定在農賑業務，無須在災區承擔募款的任務，但相對的，在人事組織方面也就要具備省級分會的架構，才能夠利用充沛的人力進行推廣與輔導的工作。因此，華洋義賑會在一九三四年九月「合作事業討論會」中徵詢各方意見，同時參酌總會事務所農利股組織，除了比照滬所設主任幹事職務，另外就是設立了總務、視察、貸放等三組。[303] 而兩所的主任，同時擔任當地政府委託農村委員會的規劃。

皖贛兩所的成立，不僅提高華洋義賑會在中國長江下游的影響力，也提高本地農民對合作運動的興趣。華洋義賑會鑒於幹部素質攸關業務成敗，因此在一九三三年針對指導員與推廣人員，成立了「外勤同仁事工研究會」，每年召開為期七天的年會，將一年來工作的心得、建議與對各類章則的批判，匯集成冊。這種做法加上同年成立的「豫鄂皖贛四省農村合作指導員訓練所」，

---

301 〈總會定期遷滬〉，《救災會刊》十四卷六冊（民國 26 年 7 月），頁 21-22。

302 〈揚子賑委會加聘委員〉，《救災會刊》十四卷六冊（民國 26 年 3 月），頁 50。

303 〈修正皖贛兩所組織規程〉，《救災會刊》十二卷四冊（民國 24 年 1 月），頁 21-22。

在一定程度之內，確實提賑了工作的效率，有助推展農村活動。[304] 弔詭的是，當他們推廣業務成熟後，也意味著兩會辦賑的時代即將結束。一九三六年，國民政府救濟水災委員會結束後所有業務移歸全國經濟委員會繼承，在該會合作委員會成立後，政府即訓令兩所移交相關文件與人員，[305] 原組織遂告瓦解。

（三）駐京（南京）事務股

前已提過，華洋義賑會在一九三〇年代初期開始與國民政府發生緊密的合作與指導關係，不少政府高級官員也在華洋義賑會內擔任高級職員，雙方的關係遠超過北洋政府時期。華洋義賑會鑒於政府與組織之間在賑務、合作方針上的互動性日益蓬勃，特別是與隸屬於經濟委員會之「合作事業委員會」商議的機會，隨皖贛事務所的南進，更顯頻繁。為了避免官方與民間產生聯繫上的誤會，華洋義賑會乃決定由總幹事章元善主導設置駐南京事務所，專責政府公關與爭取贊助事務，[306] 一九三六年四月十五日正式成立。[307] 駐京事務所的功能著重於對政府聯繫業務，並沒有涉入農村合作運動或工賑。它的出現，大幅地提高了華洋義賑會在國民政府防災、救災體制中的地位。如果說一九三七年總會事務所遷滬，象徵華洋義賑會從政治的北京往南方金融中心上海移動，那麼駐京事務所可以說是承擔國民政府時期總會的政治分身。

---

[304] 〈駐皖事務所報告〉，華洋義賑會，《民國二十二年賑務報告書》，頁 45。

[305] 〈經委會將接收四省合作事業〉，《救災會刊》十三卷四冊（民國 25 年 1 月），頁 31-32。

[306] 〈本會設立駐京事務所〉，《救災會刊》十三卷六冊，頁 41。

[307] 〈華洋義賑會成立駐京事務所〉，《中央日報》，民國 25 年 4 月 16 日，版 7。

五、幹部與職員的教育訓練

華洋義賑會秉持國際合作與科學化的經營管理方式，展現一個貧弱的國度，只要有系統、有組織，透過海外援助與國內社會的良好互動，也能夠孕育出成熟的非政府、非營利性組織。整個組織能夠發揮一定效能的關鍵，除了制度化的發展，團體精神的凝聚與長期性的教育訓練，確實有助於幹部與職員在短短十餘年的活動中，貢獻所長。章元善在一九三六年分析華洋義賑會之所以能夠在社會生存，其要素有四：信譽、財務、計劃、人才。由此可知人力資源關係著華洋義賑會的長期經營與在時代變局中的優勝劣敗。[308]

就總會事務所人員的徵聘與教育而言，其產生方式有二：幹部來自總幹事對外徵選；職員則出自對外公開招聘與各分會推薦實習。應聘人員在履歷審核通過，還要符合章元善制定的辦事考核三原則：準確、整齊、敏捷，再經由三至四日的試用，接受業務訓練，並且在錄取後與總會訂定工作契約，這才算是正式成為員工。若是同僚認為新人無法守時、耐勞與人和衷共濟，而且還有惡疾、怪癖，則往往被要求立刻離職。[309] 入會後不論新舊幹部或聘僱的職員，皆須遵守〈辦公室見習規則〉，[310] 以標準化的方式推動日常業務。另外，各股也針對單位業務特性，在〈辦公室見習規則〉的精神下，自行訂定各股見習規則，譬如牽涉到農村財務、合作運動的農利股，因為中國各地公私

[308] 〈章總幹事辭職之意趣〉，《救災會刊》十三卷十至十一冊（民國 25 年 7-8 月），頁 69。

[309] 章元善，《實用公團業務概要》，頁 27-32。

[310] 〈辦公室見習規則〉，《救災會刊》一卷二冊（民國 12 年 12 月），頁 11。

機構要求派員到會實習，因而作成見習原則八條。值得注意的是，在農利股的見習八原則之中，定出其它團體少見的見習分類：1.事務實習，由農利股主任指定實習順序，從事收發、登記、放款、通信、用品、調查等工作；2.自由研究，由見習員自由研究關於合作社理論、合作章則、經營方法、會計規則、表格簿記。若遇有問題時，可以向單位主任指定人員，要求諮詢。[311] 從一九三五年二月開始，總會為了增加幹部與職員對業務的研究興趣與增加知識，乃由章元善與公部門的華北合作委員會規劃，每月二次邀請專家到總會事務所講演。[312] 同年五月開始華洋義賑會總會頒布規定，每星期二在農利股舉辦談話會（座談會）、每星期五由農利股與華北合作委員會開演講會，每次聚會時間為一個半小時，兩項活動內容主要是幹部與職員報告讀書心得，或邀請專家演講。[313]

就華洋義賑會推動農村合作事業的人員而言，這些合作社職員與合作社指導人才的訓練，也是組織外圍的團體教育。前者的活動主要利用自一九二五年起實施的年度「合作講習會」、社務擴大週，以及定期刊物的函授，使分布在各省的職員都能夠熟悉合作社的經營方式，其中成效最大是在河北地區；後者的訓練，也是透過年度的講習，由各地方合作社推薦人才實習。到一九三六年為止，類似大型講習會共舉辦十二次，其中兩次還同時開設講習人才訓練課程。一九三〇年代國民政府與民間

---

311 〈農利股見習規則〉，《救災會刊》十卷四冊（民國 22 年 4 月），頁 16。

312 〈特請專家講演科學概論〉，《救災會刊》十二卷五冊（民國 24 年 2 月），頁 25。

313 〈同仁讀書報告及專家講演〉，《救災會刊》十二卷九冊（民國 24 年 6 月），頁 44。

公私機構推動的農村合作計劃，大部分的幹部與技術人員，多出自華洋義賑會十餘年的培養。為了鞏固合作運動的穩定性，華洋義賑會認為教育應為突破各地組織發展瓶頸的解決途徑之一。因此，在一九三七年一月初，由總會與燕京大學、北平研究院、通俗讀物編刊社、河北省棉業改進會，共同籌組「農村合作教育協進會」，由中英庚款委員會董事會補助經費，以一年及三個月兩種學程，造就合作事業的幹部領導人才。[314] 儘管華洋義賑會在中國推展合作事業並不順利，它仍認為人才的訓練組織對合作運動的最大貢獻之一。[315]

從以上針對總會事務所的各股發展與人事的分析可知：1.華籍與外籍幹部分別掌控了特定單位，而外籍主管長期擔任的職務，最後都在執行委員會與總幹事刻意扶植本土幹部的政策下，逐漸轉化為華人主管；2.南方政經力量的興起，迫使華洋義賑會必須針對南方需求，擴張編制根移寧、滬；3.中國政府單位與華洋義賑會單位在人事上相互流動，形成專業與技術的移轉；4.中外幹部對賑災事務的參與，無論是隸屬於工程、稽核、農利等單位，他們無翻山越嶺、兵災匪類之苦，遠赴災區，特別是外籍幹部，往往表現了不遜於中國人對人道的關懷。艾德敷在一九二九年赴山東考察災情時也曾在工程師福德蘭的家中遭遇武裝匪徒的劫掠，當時身受暴力毆打的福德蘭夫人與二名幼子隔日並未離開災區，照常讀書工作。顯見賑災人員的對中國的期望，並沒有因為本身的際遇而受挫。[316] 但根據安獻今

---

[314] 〈合組農村教育協進會之經過〉，《救災會刊》十四卷八冊（民國 26 年 5 月），頁 72。

[315] 李在耘，〈本會之合作事業〉，《救災會刊》十四卷九冊，頁 93-94。

[316] 〈艾德敷君山東之行〉，《救災會刊》六卷三冊（民國 18 年 2 月），頁 17。

的統計，自一九二一年到一九三七年，單是總會幹部在各地犧牲的人數就不下於四十位，他曾驕傲的表示：在一次嚴重的瘟疫當中，總會辦賑人員染疫身亡已經接連有好幾個，但是他們絕不視為畏途，仍舊前仆後繼地的前往災區，從未停頓過一天。[317]

如果說天災與匪禍不能擊倒華洋義賑會幹部，那麼一九三七年的中日戰爭就成了他們的終結者。一九三七年九月，有鑑於戰爭帶來的治安、災害、疾病流行問題，美國紅十字會與美國華災協濟會有意在上海辦理救濟事業，華洋義賑會便邀中國紅十字會、上海地區的中外慈善界，包括上海華洋義賑會，共同組成中國紅十字會上海國際委員會，辦理收容災民、治療傷兵。新會成立之後，華洋義賑會上海總會事務所成員全部投入，依照原來職務進行賑濟。於是，華洋義賑會就在上海時期的第二年完全結束會務。[318]

華洋義賑會總會事務所的成立，在一九二〇年代的中國社會事業發展歷程中，具有重要的指標意義。它們的存在，直接否定了國民黨元老馬君武所說的：中國社會救濟制度不備，私人慈善事業也沒有類似歐美的規模。[319] 總會事務所在歷任總幹事領導下，引進海外經營社團的方法，在濃厚的國際氣氛下，配合中外人士的專長，適度的給予各股不同的權限，造就出一

---

317 〈中國華洋義賑總會十五週年〉，《救災會刊》十四卷四冊（民國 26 年 1 月），頁 17。

318 〈本會二十六年度工作報告〉，《救災會刊》十二卷十一冊（民國 27 年 3、4 月），頁 133。

319 馬君武活動的範圍主要在中國南方，對於當時活躍於北方黃淮流域的華洋義賑會不甚明瞭。馬君武，《失業及貧民救濟政策》導論，頁 3。

個具備高度執行能力的行政機關。總會事務所各股在不同的條件下，與執行委員轄下各分股委辦會產生密切的聯繫關係，部分甚至完全替代了委辦會的研究與決策功能，使得總會事務所的權力高張，連帶的讓總幹事這個位置成為集大權於一身的領袖。長期以來這個位置幾乎都是由章元善所掌握，使華人在華洋義賑會內的力量穩定發展，象徵本土受到國際的認同。而外籍幹部如專精農村合作的貝克、賑務管理的安獻今也多次參與中國政府的賑濟行動，將已經發展十餘年的賑災技術移轉到政府組織，[320] 深獲政府信賴。

過去學界對華洋義賑會單位的研究，經常將焦點放在執行委員會的農利委辦會與總會事務所的農利股，而這些單位不過是華洋義賑會防災賑災的體系中的一小部份。上述分析顯示華洋義賑會所有單位的運作，不是為了直接達到賑災的任務，就是輔助其他同僚能夠獲得行政支援、研究諮詢與成效考核。他們在推動職務的時候，事實上根本沒有區分彼此，譬如舉辦過十一個年度的合作講習會，就是在總會事務所各股「分股不分家」的狀況下完成。另外，從整個總會事務所的組織變動觀察，可以發現它的各股發展其實受到政府政策、外國援助的興衰，以及華洋義賑會研究賑災的經驗等因素影響，造就它與時調整的彈性特質。換言之，華洋義賑會對賑濟方式的調整，決定了大部分的組織變動，突顯它在時代便局中的自主性。因此，即使列強曾經介入工程股與技術部之爭，美國紅十字會也質疑過

[320] 貝克本來就是國民政府交通部的顧問，他與安獻今兩人在 1933 年曾任行政委員會委員，專門辦理國民政府救濟水災委員會之結束工作。〈國民政府水災委員會之結束及總結論〉，民國 22 年 2 月，《革命文獻》第八十一輯，頁 458。

工賑的效益，但華洋義賑會始終未曾有過裁撤工程股的討論，[321] 可見專業與維護非營利性組織主體性才是它調整組織的主因。

小結

在中國國力衰微的年代，華洋義賑會以它豐沛的人力資源，突破了政治與主權上的限制，展現另一種非政府層次的國際關係活動。從華洋義賑組織發展的脈絡觀察，華洋義賑會組織的建構與演進，它的出現不單是北京國際救災會的改造後的脫胎換骨，同時也意味著中國本土與國際慈善組織力量的再次結合，雙方透過人才的互動、經費的不對稱互援，以及知識上的互通，創造出這樣一個特殊的國際慈善機構。它的成就讓國際對中國非營利性組織的經營與賑災能力，刮目相看，如著名的學術團體「美國政治社會科學學會」（American Academy of Political an Social Science），在一九三〇年代唯一邀請參加內部會議報告會務的外國機構，正是華洋義賑會。[322] 其它諸如國際紅十字組織、國際聯盟都與華洋義賑會有過密切的交流。

為了能夠有效解中國的災荒問題，華洋義賑會打破了過去傳統善團對災民「救急不救窮的觀念」，改以現代化的工賑計劃作為防災手段，另外積極發展出農業合作、農村信用合作社等策略，用以徹底解決農村的經濟問題。最後，在一九三〇年代初期，在考量到與國家力量防災工程中的分際、外國援助經費

---

[321] Andrew Nathan, *Peking Politics, 1918-1923, Factionalism and the Failure of Constitutionalism*, p. 17.

[322] 〈揚子賑委會加聘委員〉，《救災會刊》十四卷六冊（民國 26 年 3 月），頁 50。

的逐漸減少，以及農村合作的成效之情況下，華洋義賑會將政策調整為救災、防災並重，並推動「三元計劃」。種種現象顯示它在規劃組織發展方向上的彈性與高度的自主性。從北京到上海時期，它始終維持一貫的國際色彩與本土關懷。

就組織而言，過去研究對於華洋義賑會的架構與管理方式，長期以來一直存在著許多含糊不清的認識，甚至誤以為這個機構領導的機制純然為華洋各半（half Chineses and half foreigners）共同管理。實際上，所謂的華洋共治不過是一種充滿平等互惠的理想。在華洋義賑會的歷史中，華人長期控有大部分高級職員職位，至於提供經驗、出錢出力的外國人則不如想像中的控制大部分職位與資源。而這些偏見與誤會的澄清都必須回歸到章程的精神來討論。為了避免重蹈北京國際救災會缺乏法理化的約束力量，早在籌備之初就訂立的總會章程，建立了協調會務與權力區分的依據，並且在經營的過程中導入西方公共團體的運作制度，以及北京國際救災會時期的本土經驗。所以，華洋義賑會能夠在短時間內迅速的建置出以會員大會作為最高權力機構、執行委員會指導會務、分委辦委員會研究授權專案、總幹事領導總會事務所負責推動決策，清楚地規範政務與事務單位的界線。

執行委員會，作為華洋菁英討論會務的場域，不僅集合了各地方會的力量，同時也讓具備各類專業的中外委員能夠透過華洋義賑會將自身的社會資源，轉化為組織整體的力量，擴大華洋義賑會在中國與國際之間的影響力。在執行委員會底下的組織包括各類分委辦委員會、總會事務所、總幹事等單位與職務。委辦會的配置可以說是北京國際救災會的直接遺傳。他們原本專門負責研究與接受執行委員會委託業務，但是由於各會人事的離心力問題、加上缺乏龐大的行政後援組織，使得各會不是遭到裁撤，就是被總會事務所各單位掠去風華，以致於最後多半成為有名無實的單位。

從人事流動的觀點來看，大部分的執行委員、總幹事都曾經在各分委辦委員會供職，他們的經驗實際上一直在研究與實務中對話。所以，分委辦委員會的衰落，並未給華洋義賑會帶來衝擊，反而促成一九二〇年代中期以後總會事務所各股擅場之時代。依照最初構想，總會事務所各股的職能，按照章程內容規範主要是作為推動平時會務的行政單位，並不作為決策單位，但是在華籍幹部章元善接掌後，突破了總會章程的限制，整個組織趨於精簡與本土化。在執行委員會的政策下，透過華洋正副主管的安排、增加了華人幹部的經驗、職務調動趨緩、訂定各股組織章程與行事指南、漸進式調整組織精簡，以及廣泛吸收外國社團經驗，都有助於華洋義賑會建立常規與變動的依據，以及明確的經營理念。特別是章元善主張分股不分家的精神下，各股以統整的方式共同推共各類防災計劃，發展出高度效率。因此諸如農利股、工程股、徵募股長期經營後，陸續取代了同質性高的分委辦委員會的地位。值得注意的是，當時華洋義賑會內部人除了由分委辦委員會流向總會事務所各股，同時也從華洋義賑會流向國民政府相關機構。過去，學者將這種現象解釋為國家在公共社會領域擴張權力，其實不過是華洋義賑會原班人馬換一個戲臺演出而已。

第肆章　華洋義賑會的財務及其與分會的互動

中外人士共同推動的國際救災合作運動，從十九世紀末經歷不同階段的調適，在一九二〇年代初期華洋義賑會創會之後，達到極致。而支持這樣一套結合本土與國際資源的救災體系運作的關鍵，除了彈性與制度化的組織結構，另外就是華洋義賑會在財務上的有效管理，以及與時調整、因地制宜的決策模式。黎安友指出，華洋義賑會利用經費維繫了總會與分會之間的主從關係，達到整合的作用。[1] 在總會章程的約束下，認同總會的理念、接受中外管理模式的各地分會，都必須將賑款交由總會統籌分配。而這些賑款的來源，主要包涵了國內募捐、政府補助、外國援助，以及替代政府管理基金等四類；在以道德勸說、紳商發送「捐啟」樂捐的中國慈善界，[2] 華洋義賑會的財務結構，確實特殊。這四類收入在華洋義賑會發展過程中，各自扮演過不同的影響力，但大部分研究沒有討論經費

---

1 Andrew James Nathan, *A History of the China International Famine Relief Commission*, p. 45

2 章元善，《實用公團業務概要》，頁 52。

背後所隱藏的政治與社會意義，[3] 以致於不能突顯華洋義賑會如何運用國際合作，幫助中國的特殊貢獻。事實上，僅一九二〇至三四年期間，中國先後經歷水旱災六十八次，華洋義賑會毅然發起八大工程籌款四百八十八萬規元，深入災區開拓出農田二百平方英哩，就為各地方創造二千多萬財富，同時吸引二十五萬災民順利返鄉參與防災工程，最後達成灌溉農田面積突破一百九十五萬畝的目標。顯見華洋義賑會在財務的運用方面，其成就、企圖與對社會的貢獻，並不亞於當時的中國政府機構。[4]

華洋義賑會的成功，不單是建立在總會以非政府組織的型態，作為匯聚海內外力量的平台，發展出長期、穩定、有效率的組織信譽、財務、計劃、人才的經營模式，[5] 還包括如何將這套經營模式，延伸到地方，才是問題的關鍵。過去有關華洋義賑會的研究，經常將總會與分會視為一體，忽略它們之間的主體性並非全然一致，譬如黎安友就主張：財務關係為結合總會與分會的唯一媒介。然而，除了經費方面的不對等流動，總會與分會還仰賴哪些條件來聯繫彼此關係？就地方分會的發展而言，在一九二一年華洋義賑會成立之前，中國部分省份已經出現大小規模不一的國際義賑組織。它們與華洋義賑會的前

3 薛毅在《章元善與華洋義賑會》一書中簡單的說明華洋義賑會的經費來自於海關附加稅、英國庚款、美國捐助、慈善花簽、政府補助，募捐以及年捐等來源，但是並沒有說明它們的出現與在華洋義賑會財務結構中所佔的比例。而且文中也沒有提到這些經費的管理機制與地方分會如何參與分配的問題。參見薛毅、章鼎，《章元善與華洋義賑會》，頁98-99。

4 〈本會之新刊物〉，《救災會刊》十二卷二冊（民國23年11月），頁8。

5 〈章總幹事辭職之意趣〉，《救災會刊》十三卷十至十一冊（民國25年7-8月），頁69。

身--北京國際救災會的互動關係鬆散，甚至不具備上下單位的科層關係。如果無視於分會之間的差異性、獨特性與地方性，也就無法清楚的理解華洋義賑會為何在某地實行工賑、某地專注於合作運動，某地又採取金錢急賑的策略。要判斷華洋義賑會政策在地方實踐的效果，以及總會與分會之間的互動關係，就要回歸到地方的層級觀察，否則便會出現前一章所提到的西蘭公路，總會耗費巨資，投下無數人力物力後，總會視它為史上空前之成就；地方卻認為那條「稀泥公路」是工程界的災難。

一九二一年華洋義賑會成立以後，各地分會因為自身財務狀況、發展歷史、領導階層的組合，以及管理模式的差異而與華洋義賑會形成四種互動關係：總會直屬、依附、競爭等類型。雙方透過討論，利用標準化章程、技術移轉、工賑契約規範、農村財務援助、組織管理諮詢，以及幹部訓練等方式，建立了共同的信念。即使是代表競爭類型的上海華洋義賑會，雙方在競爭的過程中仍有微妙的互動，充分顯示在賑災資源的有限分配的競爭下，各會還是可以透過共同的人道主義關懷，利用國際合作的氣氛，團結一致。[6]

第一節　總會的收入及其以工賑為主的運用

中國有一句諺語，「巧婦難為無米之炊」。這個問題不僅存在於政府賑濟災民之時，同樣地非營利性組織也會面臨更為嚴苛的財務考驗，特別是在中國民族主義意識高漲的年代，華洋共事的

6　〈總務組〉，上海國際救濟會，《上海國際救濟會年報》民國26年8月～民國27年8月15日（上海：上海國際救濟會出版，1938年），頁5。

華洋義賑會仍能以獨特的國際形象，跨越的政治對立的鴻溝，獲得穩定的財務奧援，建立起自主的財務來源。當時絕大多數的非營利性組織還只能仰賴幹部主動對外道德勸募，對內向紳商認捐，藉由拋磚引玉之舉，籌募經費。華洋義賑會組織經費的取得，不僅是民間團體的經營問題，還牽涉到複雜的國際關係？簡單地說，華洋義賑會的經費來源主要可以分為：繼承北京國際救災會結算後的賑款，另外還有中國政府委託代管，官方資助、外國募捐、總會投資所得，以及微不足道的各地分會徵募等六種。無論是交涉賑款的過程，或者是如何宣傳募款，乃至事後的稽核結算過程，在在都表現了它國際化的色彩。

如果比較華洋義賑會與一九三〇年代中國其它慈善團體在爭取經費的表現，兩者實有極大的差異。華洋義賑會長期接受外國援助、中國政府委託辦理各類事務，並且擁有專業化的財務管理制度，一方面穩定了本身的運作，另一方面也擴大它與其它團體的經濟差距。但是為何外國慈善機構、各地華洋賑義賑組織、中國政府主動選擇與華洋義賑會合作，而非老牌的上海華洋義賑會或是其它團體呢？難道只是因為彼此性質接近，理念相契合嗎？有幾項理由使各界支持華洋義賑會，選擇與它合作：1.各地華洋義賑組織對中國政府賑災與工程機構的不信任，所以它們寧願選擇華洋義賑會，也不願意跟一個組織與財務不穩的政府合作；[7] 2.北京外交團中的英、美、荷蘭等列強對華洋義賑會賑災效率印象深刻，相信這個組織在集合國際人士的狀況下，確實能夠達到拯救災民的目的；3.華洋義賑會在執行賑濟計劃時是以

7 〈Cooperation between Provincial committee and Conservancy Commission〉，1928年12月18日，北京市檔案館藏，《中國華洋化賑救災津會》，J84-3-453-81。

契約的方式進行，從事公共慈善（public tender）；[8] 4.北京是中國首都，不僅是政治中心，同時也聚集許多國際組織，而華洋義賑會繼承北京國際統一救災總會與其它組織的聯繫網絡，成為團結力量的討論場域，相較於上海華洋義賑會處於英國的勢力範圍，涉及勢力範圍特權及巨大的利益，沒有租界當局影響的華洋義賑會當然較適合作為交涉對象。[9] 不過，有了各方勢力的支持與監督，在華洋義賑會發展的十六年之間，審視它的總收入盈虧狀況與各方的關懷，兩者相較實不成比例。依照目前已公佈的十二年總收入盈虧紀錄，大多數時間華洋義賑會都是處於支出大於收入的狀況。少數幾年有盈無虧的年度，都是在美國捐助強力挹注下才能夠反歸為盈，因此一直到一九三八年活動結束為止，華洋義賑會整個財務狀況仍然沒有改善。（參見表 4-1）

由於華洋義賑會的記帳方式在一九二七、三〇年前後曾經有過數次變動；記帳名稱的差異與經費項目歸類的改變，譬如工程股與合作運動的經費就從未列在報告中，這使研究者很難掌握華洋義賑會全部收入與支出狀況，而且這也不是本文關心的議題。

因此，本文將討論重心放在總會的財務來源與使用。華洋義賑會作為一個國際慈善組織，來自政府、國內外的捐助，對它的影響力有多高？它要如何在有限的財源中創造穩定收入？從財務狀況是否可以判斷華洋義賑會的行政效率？以下依照華洋義

8 Circular No. 318 of Diplomatic Body, Peking, December 20, 1923, FO228/3032, p.152.

9 J. E. Baker to Director , Foreign operation , American Red Cross, Washington D. C, *Report of the China Famine Relief American Red Cross, October 1920-1921* (Shanghai: Commercial Press, Ltd. 1922), pp. 7-8。藏於上海市圖書館徐家匯藏書樓。

表 4-1　總會各年度總收入盈虧狀況（1927-1935 年）

單位：規元

年代	總收入	盈虧狀況	年代	總收入	盈虧狀況
1927	86778.19	-53093	1932	1853073.3	-29748
1928	65638.98	-29478	1933	496973.79	-69155
1929	31427.75	0	1934	280900.14	46593
1930	721051.08	200024	1935	209891.72	-62186
1931	167022.9	3510			

資料來源：依據一九二八至一九三五年各期年度《賑務報告書》，重新計算。

賑會經費產生的主要四種形式：總會基金、募捐、投資與代管政府基金，進行探究。

一、基金的成立與總會運用的效益

非營利性組織穩定財務基礎的第一步就是基金制度的建立。早期華洋義賑多由在美國設置海外基金，透過教會與傳播媒體，代為募款，從事投資與金融業務；華洋義賑會則是在中國境內設置基金，並與海外慈善基金合作。在一九二一年，北京國際統一救災總會與北京政府賑務處推動全國急賑募款，在短短一年內共得二百一十三萬三千餘美金與五萬六千兩規元，[10] 奠定華洋義賑會創會的財務基礎。一九二一年十月上海、天津、山東、河南、山西、漢口、北京地區等七大華洋義賑組織在上海聚會達成共識，在總幹事艾德敷的協調下，以北京國際統一救災總會餘款，集合

[10] 〈中國華洋義賑救災總會函北平社會局〉，民國 22 年 10 月，北京市檔案館藏，《北平市社會局、北平市政府檔案》，J2-6-37。

一百二十萬〇六百八十一元美元加上二十六萬〇三十關兩作為華洋義賑會的信託基金，[11] 並且將其中三十萬作為賑災準備基金。各會依照上海協議，將募款直接遞送總會，所得交由執行委員會決議分配，過程中不截留於各地分會。[12] 但以一九二四年初公佈的資料，各會仍然控有不少流動資金。由表 4-2 可見，各分會在成為華洋義賑會一份子後，於財務方面仍然有相當彈性，譬如擅長急賑、主張施放糧食的上海華洋義賑會，在現金方面就維持了龐大的流動資金，同時利用上海的金融市場，購置債券規避財務風險；由曾任華洋義賑會第一屆副會長的懷履光神父主持的河南分會，因為組織經濟能力較佳，加上主事者的經驗，因而主動撥款充作定存，完全比照總會辦理。

表 4-2　總會及分會的資金狀況表（1924 年度）

單位：規元

單位	基金	借款	債券	定存	存款	單位	基金	借款	債券	定存	存款
總會	404500	65500	267500	27000	44500	山西	7000	---	---	---	7000
導淮委員會	456000	---	---	427500	28500	陝西	7500	---	---	---	7500
湖北	335000	247000	---	---	88000	甘肅	4000	---	---	---	4000
上海	336000	---	110000	---	226000	湖南	1500	---	---	---	1500
河南	133000	---	---	120000	13000	汕頭	3000	---	---	---	3000
貴州	97500	---	---	---	97500	重慶	---	---	---	---	---
山東	55000	---	---	---	55000	天津	5000	---	---	5000	---
總計	1845000	312500	377500	579500	575500						

資料來源：〈經濟狀況〉，《救災會刊》，一卷三冊，頁 17。

[11] See CIFRC, *Annual Report 1922, Report on Relief Work in 1922*, p. 15.

[12] 湖北分會編，《中國華洋義賑救災會湖北分會》(*Annual Report of 1922-1927*)（漢口：華洋義賑會湖北分會，1928），頁 1。香港大學圖書館藏。

因此，總會建立統籌分配的財務劃分協議，其目的不是要造就強幹弱枝的組織，而是要利用科學化與制度化的稽核制度，作為模範，一方面協助地方熟悉財務管理的概念，譬如設置定存基金，利用活期存款購置債券，建立查帳體制；另一方面，最重要的是要讓地方與總會之間的關係能夠真正整合。[13] 不然，除了擁有定存孳息的總會、河南、天津，以及債券投資的上海，可以掌控財務狀況，其它如貴州、山東、山西、陝西、甘肅、湖南、汕頭等地分會，它們所有基金數連支付旅行調查費用都不足。至於連創會基金都無法籌措到一毛錢的重慶就更不用說了。這些基金在總會的運用下，確實為它創造了雄厚的資金。（參見表 4-3）

表 4-3　基金投資利息與總收入關係（1926-1931 年度）

單位：規元

年度	總收入	投資所得利息	佔總收入比例	指數
1926	245963.8	36298.01	14.76	100
1927	86778.19	16437.57	18.94	128
1928	65638.98	24674.64	37.59	255
1929	31427.75	13973.99	44.46	301
1930	721051.1	30555.94	4.24	29
1931	167022.9	36842.74	22.06	149

資料來源：依據一九二八至三二年各期《年度賑務報告書》，重新計算。

13 〈經濟狀況〉，《救災會刊》一卷三冊（民國 13 年 2 月），頁 17。

過去一般認為，華洋義賑會的收入主要仰賴捐助，實際上為了建立穩定的收入，它從一九二〇年代末期開始擴大基金的投資。這項約佔一九二六至一九三一年度收入總收入的二成至三成左右。在一九二九年的收入中，因為海內外捐助與政府組補助的經費驟減，甚至使華洋義賑會投資的基金佔總收入達到百分之四十四之比例。華洋義賑會財務主管季履義明白的表示：「慈善機關之基金，應視同建築物之基礎」，其重要性不言而喻。[14] 這些基金的孳息與投資利潤所絕大多數都是作為支付、補助總會事務所與工程股辦公費之用。[15] 依照現代非營利性組織經營的經驗，業務費與人事經費若佔辦公室營運預算過高，或者用來投資設備的經費降低，那麼就表示這個團體的行政效率有著明顯問題。但要如何才算高？這個概念實際上在華洋義賑會早期活動時就已經出現，譬如負責工賑的總工程師塔德一直維持工程股的辦公經費佔該股總經費的百分之四點三左右。[16]（參見表 4-4）

從表 4-5 可知，在總會事務所的支出項目中，大部分的經費是充作職員薪資支用，而且歷年佔總支出的比例平均將近六成。人事經費比例過高，對總會事務所的經營顯然是不利。惟這個問題主要是因為總會事務所將辦賑經費與辦公經費分離，才造成人事經費相對偏高的假象。鑑於人事經費對華洋義賑會整體發展造成負擔，總幹事於是在一九三一年裁減大部分職員，以求改善財務狀況。至於隱藏在其它經費中的辦賑費：旅費及調查費用歸入糧食運費之內、合作運動類用歸入雜項經費，它所佔比例又有多

---

14 〈稽核股報告〉，華洋義賑會，《民國二十三年度賑務報告書》，頁 41。

15 〈司庫報告〉，華洋義賑會，《民國二十年度賑務報告書》，頁 18-19。

16 大部分經費都是作為塔德每年一萬九千元的薪資之用，若有不足則由美國華災協濟會補助。

表 4-4　工程股總經費與業務費比例（1924-1933 年度）

單位：規元

年代	總經費	業務費	比例	年代	總經費	業務費	比例
1924	20868.28	1500	7.19	1929	26214.16	1500	5.72
1925	28334.42	1500	5.29	1930	23055.73	600	2.60
1926	25001.85	1500	6.00	1931	22273.97	600	2.69
1927	27766.72	1500	5.40	1932	12000.00	600	5.00
1928	29137.35	1500	5.15	1933	28438.55	600	2.11
				總計	243091.03	11400	平均 4.72

資料來源：依據一九二四至一九三三年各期〈工程股會計報告〉，《年度賑務報告書》，重新計算。

高呢？曾任稽核股主管的克來滿認為：總會辦公室辦賑的事務性經費，實際上還不到總經費的百分之四點五。[17]

為了建立制度，華洋義賑會在一九三三年的常會中規定了總會事務所辦事經費不得超過百分之五，儘管後來總體支出增加，辦事費始終維持一定比例，也就是四點三左右。[18]

17　〈成績統計之一班〉，《救災會刊》五卷四冊（民國 17 年 4 月），頁 19。

18　〈總幹事報告〉，華洋義賑會，《民國二十二年度賑務報告書》，頁 16。

表 4-5　總會事務所支出項目表（1924-1935 年度）

單位：規元

年代	總會支出	薪資	儀器	雜費	稽核	旅行	其它
1924	38530.00	24891.71	3632.64	3506.05	2168.31	3810.20	521.09
1925	40837.21	28261.38	1294.98	1919.65	1693.22	1783.86	5884.12
1926	40282.09	26714.47	1192.80	2029.72	1692.53	890.06	7762.51
1927	30372.75	21460.67	605.82	1739.19	1696.69	1065.20	3805.18
1928	28924.17	19290.70	961.48	1884.24	1720.00	490.35	4577.40
1929	31427.75	19577.43	1673.98	3063.25	1720.00	723.40	4669.69
1930	32770.70	20418.66	293.92	1005.40	1720.00	765.08	8567.64
1931	35209.92	19837.04	30.20	715.11	2580.00	197.60	11849.97
1932	44385.68	23662.22	78.88	909.72	2580.00	252.02	16902.84
1933	51158.07	30777.22	2474.88	1001.43	2580.00	488.30	13836.24
1934	44273.19	24167.17	2286.91	1287.36	2795.00	1202.90	12533.85
1935	45901.25	23671.14	2210.74	1164.85	2000.00	712.20	16142.32

資料來源：依據一九二五至三五年各期《年度賑務報告書》，重新計算。

二、相互替代的海內外三大捐助來源

就捐助而言，華洋義賑會不同於傳統中國慈善社團習慣以民間紳商認捐、慈善義演、會員募款等徵募經費方式，它是以政府捐助、民間與海外募款為最大特色。尤其是海外募款方式，它的活動網絡幾乎片佈世界各地，甚至華洋義賑會的理想在實踐的過程中，並非無拘無束，無論是地方、國際、與中國政府都有關心它發展的力量，監督它並且支持它的運作。在地方層面，當時曾有地方人士對華洋義賑會濃厚的國際色彩感到不信任，他們質疑第一線負責賑災人員多出身教會，那麼總會是否會將分會上繳的所得，作為宗教，甚至政治用途。為此，華洋義賑會幹部曾經反駁：這個組織既然是由各會所組成，除了賑災，利益不一，所以不可能會被誤用。[19] 在國際方面，前述美國紅十字會在北京設有救災顧問團，其存在目的之一也是為了監督華洋義賑會的機能。在中國政府層面，有感於華洋義賑會能夠以有效率的方式，作為救災計劃的承包者（contractor），華洋義賑會副會長德來格以球員兼裁判，運用他在賑務處全國急賑委員會的影響力，中國與外交團遂支持華洋義賑會分享賑災附加稅及其它相關基金。不過，這一部份總會並沒有直接獲得捐助，它所能作的只是協調地方分配。[20]

---

[19] 湖北分會編，《中國華洋義賑救災會湖北分會》，頁 3。

[20] G Douglas Gray to Diplomatic Body, January 4 ,1924, FO228/3032, p.192.

表 4-6　總收入與三大捐助來源（1921-1934 年度）

單位：規元

年代	中國政府	中國社會	美國社會	總數
1921	3,960,800.00	6,848,833.39	6,549,000.00	17,358,633.39
1922	2,616,815.39	2,251,827.12	691,963.63	5,560,606.14
1923	975,815.40	1,490,655.74	186,065.00	2,652,536.14
1924	166,000.00	198,346.24	19,110.00	383,456.24
1925	15,000.00	520,723.96	151,000.00	686,723.96
1926	1,100,103.45	374,201.07	0.00	1,474,304.52
1927	731,647.42	114,135.85	0.00	845,783.27
1928	419,937.64	316,753.33	300,825.62	1,037,516.59
1929	228,000.00	474,723.70	1,328,274.06	2,030,997.76
1930	0.00	114,339.61	503,875.41	618,215.02
1931	50000	750598.32	1302039	2,102,637.29
1932	70000	16088.34	2000	88,088.34
1933	266920	11561.9	465662	744,143.57
1934	89920	21237.47	106122	217,279.23
1935	53657.11	13047.14	10413	77,116.75
總數	10,744,616.41	13,517,073.18	11,616,348.62	35,878,038.21

資料來源：一九二二至一九三五年各期《年度賑務報告書》。

就整體而言，華洋義賑會十五個年度總共獲得了至少三千五百七十八萬餘的捐助。這些錢主要用於賑務的使用，不作為總會事務所的辦公費之用。（參見表 4-6）從捐助的來源與經費數量的變化，也可以看出幾個現象：第一、華洋義賑會最初的經費來源可以說是奠定在中國政府的援助，在一九二三至一九二五年繼之以中國民間對華洋義賑會的捐助。一九二〇年代中期，中國海關稅收增加、政府收入改善，刺激了中國官方在社會救濟上展開另一種收回主權的策略，因此中國政府在一九二六年至一九二八年，對華洋義賑會提出連續性的資助。第二、美國對華捐助則分佈在一九二九至一九三四年。過去一般認為，華洋義賑會的經費來源主要是由美國支援，由表 4-6 看來，這種說法必須修正。值得注意的是，美國的捐助，並非單純是「白人恩惠」傳統的產物，這些基金有部分來自美國華僑捐助，他們直接捐款，或組織籃球隊表演募款，透過中國駐外使領館、[21] 中華總商會，甚至美國駐檀香山總督代募。儘管這些華人對整體捐助的貢獻相當有限，在一九三〇年前後美國捐助中，以華僑為名義的捐助佔九點七。[22]

為何長期以來，美國的協助會被認為是華洋義賑會捐助的財務主力呢？其原因有二：1.從三大捐助來源的數據變遷觀察，以一九二二年為基期，在它以後歷年三項指數平均都呈現下滑的趨勢。除了美國在一九二九年與一九三一年曾有過幾近一九二二年金額二倍以上的增長，其它數據都是慘不忍睹。2.中國在一九三二年開始受到世界經濟大恐慌的影響，國內物價下跌、出口銳減，國內工商業遭遇嚴重打擊，無論公私機構都面臨財務失衡的問題，導致來自公部門與社會對華洋義賑會的捐助巨幅減少。美

[21] 〈總副幹事報告〉，華洋義賑會，《民國十八年度賑務報告書》，頁 6-7。

[22] 根據華洋義賑會十九年度的報告，當年度約收到將近一百五十萬賑款，其中美國協濟會佔 1302,038 元、檀香山華僑及中華商總募集 145,345 元、國內中外人士捐助 129,118 元。〈總幹事報告〉，華洋義賑會，《民國十九年度賑務報告書》，頁 2。

國捐助的重要性相對被突顯出來。[23] 美國在一九三〇年代初期對華洋義賑會確實具有扮演重要援助者的角色，他們主要是透過在紐約青年會的活動網絡，利用「羅卻斯德式聯合募捐」。[24] 但是經濟大恐慌無疑地同樣對它在中國繼續活動，造成打擊。不過，美國華災協濟會在一九二九年至一九三四年期間，仍然獨立撥款給華洋義賑會，其總金額超過同時期總捐款之一半；在一九三〇與一九三二年甚至分別達到二倍與五倍之多。（參見表 4-7）

表 4 –7　總收入與三大捐助來源歷年指數（1921-1934 年度）

年代	中國政府	中國社會	美國社會	年代	中國政府	中國社會	美國社會
1922	100.00	100.00	100.00	1929	8.71	21.08	191.96
1923	37.29	66.20	26.89	1930	0.00	5.08	72.82
1924	6.34	8.81	2.76	1931	1.91	33.33	188.17
1925	0.57	23.12	21.82	1932	2.68	0.71	0.29
1926	42.04	16.62	0.00	1933	10.20	0.51	67.30
1927	27.96	5.07	0.00	1934	3.44	0.94	15.34
1928	16.05	14.07	43.47				

資料來源：依據表 4 -6 修正而成。

說　　明：以一九二二年為基期=100。

[23] 參見鄭亦芳，《上海錢莊（1843-1937）》（台北：中研院三民主義研究所現改名為孫中山人文社會科學研究所，1981 年），頁 172。

[24] 所謂「羅卻斯德式聯合募捐」就是不以社區為中心，而以商業集會與宴會的方式，討論慈善募款進度，分配任務後，各自進行募款活動。陳緒先，《社會救濟行政》，頁 35。

如果將華災協濟會的捐款併入美國的部分，那麼顯然的，來自於美國公私捐款的數量，將近佔總捐助六成。根據華洋義賑會內部的估算，比例甚至高達七成以上。[25]換另一個角度，在一九二九年以後，中國政府與民間所能夠提供的協助無異杯水車薪，相當有限。必須注意的是，中國政府大部分的捐款都是指定用途居多，譬如工賑與急賑，它們在年度會計報告中，大部分無法為華洋義賑會作為其它賑務所用。因此，美國社會與中國民間的非指定捐助在一九三〇年代相對地倍顯珍貴，特別是充作農業合作。（參見表 4-8）

表 4-8　美國華災協濟會撥款概況（1929-1934 年度）

單位：規元

年代	A	B		
	總捐款	美國華災協濟會	指數	A：B
1929	2,030,997.76	1328274	100	1.53：1
1930	618,215.02	1302039	98	0.47：1
1931	2,102,637.29	2000	0	1051.32：1
1932	88,088.34	465662	35	0.19：1
1933	744,143.57	106122	8	7.01：1
1934	217,279.23	10413	1	20.87：1
總計	5801361.21	3214509		

資料來源：一九二九至一九三四各期《年度賑務報告書》。

[25] CIFRC, China International Relief Commission Answers American Red Cross Report", *The North China Standard*, Peping, November 7, 1929.

在各國對華捐助中，以團體名義捐助的其它國家，還包括以英國退還庚款組成的「中華文化教育基金董事會」，[26] 在一九三四至一九三五年補助總會農利股九千五百規元辦理合作人才訓練，以及日本紅十字會在三〇年代以前的小額捐助。兩者金額都十分有限，而且指定用途，所以華洋義賑會沒有將它們列為收入。[27] 是故，所有來自海外的捐助仍然以美國最具持續性與連續性，未曾有過一年停擺。甚至到一九三七年中日戰爭爆發後，美國華災協濟會與紅十字會仍然捐出六萬一千元國幣協助。[28]

面對全球性的經濟大恐慌，華洋義賑會認為總體捐助數量的萎靡不振，「公私經濟，同形竭蹶」，[29] 造成總會有必要另闢生機，主動尋求資金。為此，在一九三〇年二月華洋義賑會曾經派遣三組代表：周詒春赴南洋、荷屬印尼；江庸赴日本與台灣；陳籙赴越南與暹邏，以一個月的時間進行海外募款計劃，獲得二十七萬五千二百六十四規元，[30] 佔當年度捐款的百分之十八點三，成效顯明。後來，華洋義賑會多主動派員到海外籌賑。乍看之下，募款不失為華洋義賑會挽救財務，自籌資金的良藥，但募款的程序卻因國家的政權的交替而有變化。在北京政府時期，非政府組織

---

[26] 以庚款作為防災用途起於一九二四年英國的構想，而美國政府對英國的建議，其支持程度甚至勝於將庚款充作教育經費，但僅英國實踐此一構想。英國的積極或許與清華大學校長，同時也是華洋義賑會幹部的周詒春在「中華教育文化基金會」擔任董事有關。〈庚款用途〉，《救災會刊》一卷五冊（民國 13 年 6 月），頁 29。並見劉師舜，〈與好友何庸談周詒春校長〉，《傳紀文學》第十五卷第四期，頁 19。

[27] 〈中基會補助合作經費〉，《救災會刊》十二卷一冊，頁 5。

[28] 〈本會二十六年度工作報告〉，《救災會刊》十二卷十一冊，頁 133。

[29] 華洋義賑會，《會務一覽表》，頁 5。北京市檔案館藏，《北京市社會局檔案》，J2-6-37。

[30] 〈總幹事報告〉，華洋義賑會，《民國十九年度賑務報告書》，頁 2-3。

募款是不用向政府申請活動。到一九三〇年代初，南京國民政府開始強化國家對社會救濟團體的管理，頒布「監督慈善團體發施行規則」，介入民間募款活動，往後華洋義賑會必須要得到當局的同意後才能夠進行國內募款。[31] 也就是說，它再也不能任意在中國境內舉行募款活動，即便是海內外同時進行的捐募活動，除非獲得國家的認同，否則就算違法。

在國家優先的基調下，華洋義賑會要如何因應呢？前述華洋義賑會在一九三三年，宣佈調整救災策略，將工賑救災轉型為農村合作路線。兩年後，華洋義賑會更設置徵募股，策劃常期性的募款防災運動，[32] 配合駐滬事務所運作，種種針對募款的機能調整，其目的正是要尋求財務的獨立與自主，擺脫被動的捐款，爭取自由運用捐賑的權力。否則像一九三四年由總會在南京國民政府外交部為救濟旱災所舉行的大型舞會，這類宣傳大於收穫的活動，華洋義賑會為何還要持續進行呢。[33] 因為它象徵國際與中國之間的非政府層次交流，以及華洋義賑會作為國際對華賑災救災的合作窗口。到了一九三六年，華洋義賑會終於完成了中國南北與國內外之間的徵募網絡；從東亞、南亞到北美洲東西岸都有華洋義賑會的募款活動。[34] 這套制度後來獲得政府的肯定，幾乎每次在中國舉行募款活動的宣傳會場，國民政府高層與各國使節都

---

[31] 〈監督慈善團體法施行規則〉第七條規定：慈善團體如需募款實應先得主管官署之許可，及收據、捐冊，並編號送由主管官署蓋印才算是有效。民國 23 年 1 月，北京市檔案館藏，《北平市社會局、北平市政府檔案》，J2-6-37。

[32] 〈設置徵募股〉，《救災會刊》十二卷十一冊，頁 54。

[33] 〈南京通訊〉，《中央日報》，民國 23 年 10 月 18 日，版 7。

[34] 〈本會代表受華僑之歡迎〉，《救災會刊》十三卷十至十一冊（民國 25 年 7-8 月），頁 69。

會出席，以實際行動支持。[35] 到一九三八年，華洋義賑會為了進行戰地賑務，還遠赴檀香山，以兩個月的時間募得三萬多國幣。最後，這些經費全部交給中國紅十字會上海國際委員會辦理救濟，結束了長達十七年的募款運動。[36]

三、債券、工程與糧食交換的投資

華洋義賑會資產結構中較為特殊的是投資所得，這部分主要來自工賑後收取的獲益費，運用基金購置糧食，對地方低利放款，以及投資債券與股票出售後所得。（參見表 4-9）前面已

表 4-9　華洋義賑會總資產概況（1928-1935 年）

單位：規元

年代	總資產（元）	投資	動產、不動產及借款	銀行存款及現金	其它
1928	1,129,856.80	258,157.48	516,080.26	232,453.64	123,165.42
1929	833,640.10	326,683.65	401,518.64	99,505.01	5,932.80
1930	1,049,204.09	332,863.50	429,894.73	277,951.73	8,494.13
1931	1,039,568.24	340,967.91	429,785.36	110,982.94	157,832.03
1932	1,333,510.97	430,839.50	695,672.21	202,886.34	4,112.92
1933	1,062,596.00	436,191.74	155,578.61	76,721.54	394,104.11
1934	957,184.86	485,504.81	14,367.29	57,172.46	400,140.30
1935	960,423.58	485,552.84	13,955.52	61,587.75	399,327.47

資料來源：一九二二至一九三五年各期《年度賑務報告書》。

35 〈華洋義賑會舉行茶會〉，《中央日報》，民國 26 年 4 月 7 日，版 7。

36 〈本會二十六年度工作報告〉，《救災會刊》十二卷十一冊，頁 132。

經討論過，總會與滬會在財務上都有超過兩成以上資金進行投資債券與股票，成為重要的資產，表現兩團體在經營上的靈活性與風險管理能力。在中國政局治絲益棼，金融市場處於長期低利率之際，北京政府在一九二〇年代先後對外發行的高利率債券，確實可以被提供非營利性組織作為日常經費的固定來源。

在國民政府繼承北京政府以後，金融市場受到政治力量的干預，過去政府發行的債券有許多已經無法為新政府立即接受，形同廢紙。因此，表面基金投資佔總資產的比例在一九三三年以後維持在四成以上，但這是因為動產、不動產與借款縮減造成的現象，實際上基金投資的金額並沒有太大變動。（參見表 4-10）

表 4-10　總資產各項比例（1928-1935 年度）

	投資佔歷年總資產比例%	動產、不動產及借款%	銀行存款及現金%	其它%
1928	22.85	45.68	20.57	10.90
1929	39.19	48.16	11.94	0.71
1930	31.73	40.97	26.49	0.81
1931	32.80	41.34	10.68	15.18
1932	32.31	52.17	15.21	0.31
1933	41.05	14.64	7.22	37.09
1934	50.72	1.50	5.97	41.80
1935	50.56	1.45	6.41	41.58

資料來源：據表 4-9 重新計算所得

如前所述，在一九三三年底以後，美國援助的急遽減少，中國各大銀行的利率下滑，造成華洋義賑會的銀行存金縮水，組織活動僅能仰賴有限的各界的非指定捐款。為了免於破產，總會稽核股將全會基金分為固定基金與非固定基金兩種，先選擇票面原價較高的債券與銀行利率，加上存放於銀行的七厘至八厘定存，構成總會後來可運流通資金主體。[37] 再就投資債券的項目，華洋義賑會的投資偏好外商發行的中國鐵路交通與租界當局公司債與公債，真正屬於中國政府發行的公債並不多，譬如一九二八年購置的基金，[38] 屬於中國政府公債只佔總值的二成九九。這些投資在一定程度上，受到擔任中國政府交通部顧問的貝克與銀行界出身的步隆等執行委員的影響，反映美籍幹部在非從事非營利性事業經營時，其財務管理仍不脫美國在中國的長期投資路線。[39]

---

[37] 以一九三五年為例，華洋義賑會擁有天津英租界工部局一九二四年七厘債券、上海法租界十三年七厘債券、上海電報公司的六厘、上海水力公司七厘債券、上海電力公司十二年五厘半債券，加上中國銀行的七厘定期存款，總計三十萬元作為固定基金；選擇持有零散的債券作為額外基金，如上海法租界工部局一九三四年五厘債券、七年長期六厘公債、上海公共租界工部局一九二六年六厘公債債券、懋華地產有限公司一九三六年六厘債券、上海業廣地產公司五厘債券、綏遠民生渠水力工會借款、上海電話局六厘債券，加上中國銀行、興業銀行的七厘至八厘定存，總計 185552 元整。〈總會固定、額外基金一覽表〉，華洋義賑會，《民國二十四年度賑務報告書》，頁 96-97。

[38] 當年購置的債券包括北京飯店債券、天津工部局公債、上海工部局公債、寧滬鐵論債券、整理公債法國部分債券、英發河南鐵路債券、英發湖廣鐵路債券，以及中國政府發行的五厘金券、九年公債、十四年公債，〈中國華洋義賑救災總會資產負債對照表〉，華洋義賑會，《民國十七年度賑務報告書》，頁 48。

[39] 羅志平，《清末民初美國在華的企業投資（1818-1937）》（台北：國史館，

除了債券，華洋義賑會在中國各地舉辦的工賑計劃，也算是投資的一種。過去，中國一般傳統的善團習慣上僅購置房舍出租作為經常收入，如果這也算是投資的話，那麼華洋義賑會進一步採用西方的財務管理概念，以契約化的經營，協助災區建構防災體系，可以說是慈善業中的功利主義代表。華洋義賑會的工賑區在一九二〇年代多屬於軍閥勢力範圍。中國軍閥的存在，一般以為既不能防外患，只能造內亂。[40] 然而，至少在慈善事業的領域，軍閥對華洋義賑運動態度，長期看來是支持大於反對、幫助大於破壞，譬如在北京國際救災會時期，山東軍閥田中玉與義賑人員討論修築道路與破壞風水的問題，田氏態度極為低調，一方面婉轉的提醒賑務人員相關禁忌，另外利用不到十天的時間完成徵收土地的工作。[41] 西南地區方面，一九二七年華洋義賑會發起所謂

1996)，頁 124。

[40] 張玉法，《中國現代政治史論》(台北：東華書局，1988 年)，頁 144-145。

[41] 田中玉詢問北京國際統一救災總會與美國紅十字會如何辦理賑濟。田中玉認為紅十字會要進行工程，期間勢必會遇到許多農民的阻礙。紅十字會人員以為那麼可以將農民的土地買下。雙方有過一次對話：

田 中 玉：要強制徵收農民土地，會造成許多困擾。

紅十字會：會安排適當的安置，並且將收購來的田地作為道路修築。

田 中 玉：還是很困難。

紅十字會：路修好以後會交給本地教會保養，教會在道路有盈餘的情況下，將道路交給省政府。

田 中 玉：這樣做還會遇到許多阻力，造成誤會。

紅十字會：折衷的方案是由中國地方政府購置土地。

田 中 玉：但是中國政府沒有錢。

紅十字會：省方可以透過收稅與發行公債來作。

田 中 玉：我怕人們不會瞭解政府為何大肆加稅去購買土地。

紅十字會：現在，無疑的，中國方面已經有一批接受過訓練與教育的年輕人準備下鄉去幫助他們的同胞。這些人熟悉如何談判與交易，當然也知道價碼如何。

「好路運動」，推動對西南各省的道路修築，[42] 貴州分會計劃修築貴陽到赤水之間的四百英哩道路，就是在當地工兵協助下，以二十萬人次的勞動力，[43] 迅速在一年之內完成。[44] 有的軍閥甚至還會以本地人（natives）的姿態，對外來的工賑與急賑策略提出自己的看法，如在一九二八年十月素有基督將軍之稱的馮玉祥主動與華洋義賑會討論，要求將理想與實際結合，提案在山東、河南、陝西、甘肅等地區實施工賑，以利拯救四十至五十萬人，那麼他願意協助運輸、食物與衣物的後勤支援。[45] 另外，還有軍閥願意負起華洋義賑會地方分會的領導，如四川省主席劉湘，他自一九三〇年代初期開始以重慶分會會長的身分參與賑濟活動，一直到一九三八年一月病逝於漢口為止。由此可見，軍閥在處理賑濟問題時，他們對國際慈善團體的接受程度，確實迥異於他們在政治於權力上的負面表現。

當工程實施前，華洋義賑會多視工程狀況與地方當局定訂合約，並在完工後收取回饋金。[46] 如一九二九年完工的河北石蘆水渠，在農民利用灌溉告成後，開始徵收水費。[47] 至於訂約的對象也頗有意思，華洋義賑會固然同意由中央政府收稅提供工賑使

田中玉：給我幾天的時間去計劃。

十天之後，田中玉批准築路計劃。

See American Nation Red Cross Society, *Report of the China Famine Relief American Red Cross*，p. 9.

42 〈幹事報告之要點〉，《救災會刊》五卷四冊（民國 17 年 4 月），頁 19。

43 〈路公告竣〉，《救災會刊》五卷四冊，頁 18。

44 〈滇黔路工積極進行〉，《救災會刊》五卷二冊（民國 16 年 12 月），頁 8。

45 CIFRC Bulletin to British Legation, Peping, November 27, 1928, FO228/3932, pp. 93-98.

46 See Walter H. Mallory, *China: Land of Famine*, p. 158.

47 〈總幹事報告〉，華洋義賑會，《民國十九年度賑務報告書》，頁 7。

用，[48] 在百餘件工中，大部分的合約都是與縣級政府或地方水利公會合作，略過了省的層級。縣級政府在中國近代政治制度發展，固然是一個國家權力深入社會基層的重要象徵。但為何華洋義賑會會直接跳過省的層級呢？這個問題的答案或許源於地方軍閥控制省級政府，以及省對地方水力工程事務的不熟悉所致。在沒有辦法解決這兩個問題的狀況下，華洋義賑會主張由縣政府公署作為交涉對象，一方面由縣的長官作為擔保，並且透過他們協助收款。但是，徒有官方的支持，華洋義賑會仍然無法保證能夠完全收到匯款，因為一九二〇年代中國各地政局不穩，各縣的長官更迭頻繁，大小官員送往迎來不暇，甚至有的還被殺、被劫、潛逃，連政府公署有時也遭遇焚毀的命運。[49] 換言之，從華洋義賑會在地方層級的經營，以及地方政府的協助不如預期理想的情形來看，北京政府時期國家力量深入民間的程度，其實是相當有限。

在一九二〇年代後期，華洋義賑會改變交涉對象為各地的水利公會，企圖透過傳統的地方權力網絡關係，配合本地的紳商、董事的力量，進行調解。華洋義賑會發現，與非政府單位的交涉，其效果往往出奇的好；在雙方互動的過程中，這些水利公會讓國際人士認識到工賑遭遇的問題，不僅僅是單純的土地徵收問題，諸如「祖業的移轉」、水權的分配，還有風水的問題，[50] 這些都牽扯到鄉村的權力關係，也揭開工賑「本為地方要求，及其通過

[48] See Walter H. Mallory, *China: Land of Famine*, p. 176.

[49] 〈華洋義賑會湖北分會十七年度報告〉，華洋義賑會，《民國十七年度賑務報告書》，頁 31。

[50] 〈石渠工程之延緩原因〉，《救災會刊》四卷五冊（民國 16 年 6 月），頁 21。

又遭地方反對，前後異趣不相侔」的弔詭現象。因此，華洋義賑會後來的工賑計劃中，對水利公會的協調就成為相當重要的關鍵。然而，部分地方或者說是工賑區的地方政府、農民與紳董，似乎認為華洋義賑會是在作善事，蓄意拖欠，導致經費的回收狀況並不完全。

為了進一步掌控工賑工程，使堤防、道路、橋樑能夠有效維護，穩定工賑地區農民的長期收入，確保華洋義賑會之債權，總會甚至會以股東的名義，直接指派幹部擔任水利公會的財務主管，譬如河北石蘆曾向總會借款修堤，至一九三六年仍有高達十二萬九千七百元未歸還，[51] 於是華洋義賑會乃指派熟悉農村合作事務的助理幹事李廣誠擔任河北石蘆水利公會司庫。[52] 儘管處境艱辛，至一九三六年四月為止，各地積欠華洋義賑會工賑經費的有河北的永定河借款四萬、山西建設廳借款一萬、江西淳化鎮貸款五千、以及河北各縣堤工經費十八萬九千七百元，以及前述的石蘆借款，華洋義賑會在經費的投資所得回饋金（revolving fund）與回收上仍然達成百分之九十六的回收率。[53]

由於一九三二年以後，華洋義賑會不再特別將投資所得金額列出，因此目前研究並不能斷定，它對整個組織收入的影響力。

---

[51] 華洋義賑會在中國西北部分的工賑與放糧辦公室有的甚至就直接設在「龍王廟」，這類神祇通常被華北地區的農民視為地方的守護神，同時也是掌管雨量的神明。〈中國華洋義賑救災總會歷年辦理工賑一覽表〉，民國 25 年 5 月 18 日，國史館，《國民政府檔案》，101-939；並見朱漁友，《朱漁友自傳》，（香港：基督教文藝出版社，1972），頁 54。

[52] 〈李廣誠君被派為石蘆水利公會司庫〉，《救災會刊》十四卷一冊（民國 25 年 10 月），頁 4。

[53] 〈中國華洋義賑救災總會歷年辦理工賑一覽表〉，民國 25 年 5 月 18 日，國史館，《國民政府檔案》，101-939。

惟就現有文獻中可知，在一九二八年度這些投資所得約佔總會收入的百分之三十八。（參見表 4-11）依照北京政府在法律上給華洋義賑會的租稅優惠，上述財產與投資收入都可以享有「稅契條例」規範的公益法人免納繳稅之待遇。[54] 整體而言，華洋義賑會在工賑方面的投資，其目的不在於營利，最大的收益應該來自於災害的減少、生命保障，以及對整個區域社會無形的經濟穩定。

最後一類投資是糧食的交換創造的價差，前一章談到統籌糧食後勤採購作為工賑報酬，為華洋義賑會賑濟方法中相當重要的項目，所以在積年累月的操作後，購糧的經費有時還超過工賑薪資、免費金錢發放與貸款的開銷。從一九二〇年代初期的北京國際救災會到一九二七年的華洋義賑會，總會與地方分會共同持有的三千〇六十二萬五千九百元經費中，購糧費用就佔了百分之三

表 4-11　總會總收入與投資之關係（1926-1931 年度）

單位：規元

年代	總收入	投資所得	投資所得佔總收入之比例
1926	245963.77	36298.01	14.7575
1927	86778.19	16437.57	18.9421
1928	65638.98	24674.64	37.5914
1929	31427.75	---	---
1930	721051.08	30555.94	4.23769
1931	167022.9	36842.74	22.0585

資料來源：依據一九二六至一九三一年各期《年度賑務報告書》重新計算。

[54] 〈慈善團體得享免稅之利益〉，《救災會刊》一卷五冊（民國 13 年 6 月），

十四。（參見表 4-12）

不過，或許是華洋義賑會在糧價操作的策略上有問題，在一九二四年的年度會計報告中，它的貢獻僅佔總收入不到百分之零點一六，一九二七年最達到高點時也才百分之十一。一九三〇拜美國捐助所賜，華洋義賑會獲得大批海外糧食，變賣後獲得三萬一千餘元，約佔總當年度總會總收入的百分之十。[55]（參見表 4-12）

四、以工賑為主的經費運用及其貢獻

華洋義賑會以其獨特的財務管理方式，為組織募集與投資獲得龐大的經費，即使是與當時歐美地區擁有政府、教會與財團奧

表 4-12　總會支出項目比例與金額（1920-1927 年度）

項目	金額	百分比（%）
購買糧食	10,500,000	34
現金發放（義賑）	7,500,000	24
其它開銷	2,500,000	8
貸款	900,000	3
工賑薪資	4,500,000	15
補助地方工程	4,725,900	15
總計	30,625,900	100

資料來源：CIFRC, *Scientific Disaster Relief* （Peiping: CIFRC, 1929）, pp. 2-12。

說　　明：地方工程經費之總數原為 8,026,000 規元，其中 4,725,900 元係由華洋義賑會贊助。

頁 33。

[55] 參見一九二四、一九二七年、一九三〇年各期《年度賑務報告書》。

援的少數團體相較，也毫不遜色。而其經費運用之方式，基本上仍然依照組織章程的精神，即以防災、救災為主軸，如表 4-12 所示。因此，地方工程與環繞工賑所需，包括總會事務所、工程股業務經費，仍佔多數。不過，隨著華洋義賑會自身的財務狀況、海外捐款的限定用途，以及中國政府對賑濟事務的態度，導致經費的運用在一九三〇年代初期有了政策性的轉變。就工賑而言，從一九二一至一九三五年，華洋義賑會共在中國各地興建一百一十二件工賑計劃，內容包括計新舊道路、堤防、疏浚河道，七千四百八十一英哩、掘井五千〇五十口。（參見附錄五）全部工程跨越中國十七個省份與地區。這些工程的經費華洋義賑會支出的部分有兩類：一為工賑時的伙食費與買菜錢；[56] 一為地方貸款，當地方當局無法承擔工程經費，華洋義賑會則將以短期低利貸款協助。[57] 自一九二一年以後十五年之間，華洋義賑會經費援助與投資最多的是湖北省。（參見表 4-13）

這些工程不全然是作善事或義賑，譬如綏遠薩托渠運作以後，華洋義賑會認為附近地價將會由每畝一元漲到二三元不等，所以執行委員會便建議開徵土地增值費，以應付公款不足的現象。[58] 另外，過去研究認為華洋義賑會在工程方面偏重中國西北，惟從表 4-13 來看，前五個省份都只有陝西屬於這個區域。華洋義賑會十五年間的工賑範圍偏重華北、華中、與西南地區，當

---

56 〈執委議定施賑簡則〉，《救災會刊》六卷三冊（民國 18 年 2 月），頁 19。

57 以湖北的石首大堤為例，它的經費僅十五萬，華洋義賑會估計工程改善後的二十萬畝土地每年約可獲得二百萬元。石首政府無力負擔工程經費，因此由華洋義賑會給予貸款〈石首堤工成績優美〉，《救災會刊》四卷一冊（民國 15 年 10 月），頁 3；〈年會概況〉，《救災會刊》十卷五冊（民國 22 年 6 月），頁 17。

58 〈總幹事報告〉，華洋義賑會，《民國二十一年度賑務報告書》，頁 5。

然也包括西北陝甘。華洋義賑會結束會務前，最後一批實施工賑的地點主要是四川與河南地區，前者是在一九三七年開始修築四川歌樂山至保育院之間的道路，[59] 至一九三九年初完成；[60] 後者主要是委託教會辦理河南歸德的工賑。[61]

就各期工賑的經費項目分布而言，一九三二年以前偏重河岸堤防與道路的修築工程；一九三一年以後隨著國民政府對華北地區水利工程與西北道路的重視，河渠修築計劃增加，而道路工程也成為挹注經費最多的項目。在水利工程方面，其中僅陝西涇惠

表 4-13　總會在中國各區域工賑經費（1921-1935 年度）

單位：規元

排名	地區	經費	排名	地區	經費
1	湖北	1355000	11	甘肅	365587
2	山東	1104600	12	貴州	340000
3	陝西	990243	13	山西	331800
4	河北	935000	14	雲南	250000
5	湖南	550000	15	直魯	200000
6	綏遠	518800	16	江蘇	140000
7	江西	440000	17	浙江	86000
8	河南	410500	18	廣東	51000
9	安徽	393000	19	蘇皖	35000
10	陝甘	385000	20	熱河	9000

資料來源：據附錄五重新計算所得。

59 〈華洋義賑會舉行四川兩大工賑〉，《中央日報》民國 26 年 7 月 11 日，版 6。
60 〈華洋義賑會工賑築路〉，《中央日報》，民國 28 年 1 月 2 日，版 3。

渠工程在一九三二年完工以後，使當地每畝田地價值由五元增至四十元，總灌溉面積達五十萬畝以上。[62] 另外，公路方面，華洋義賑會至一九三六年為止共築路五千七百六十六英哩，約合九千二百七十九公里，約佔當時全國公路里程十萬九千五百公里總數之百分之八點四；若與同級路面（有面道路）比較，則佔百分之二十一。[63] （參見次頁表 4-14）

在以公部門施政為國家工程建設主體的年代，華洋義賑會能達此比例，即使是在當時的歐美國家，也不多見。儘管公路維修不易，加上現代化運輸工具少，以及管理機關混亂等原因，造成這些公路的運輸量成長有限。[64] 然而，在施工的過程當中，除了可以藉著工賑解決災區民眾的經濟問題，訓練工程師熟悉科學化、系統化的現場作業，對於後來部分華籍工程師參與對日抗戰，從事兵工築路、設計防禦工事，具有很大的幫助。[65] 另外，華洋義賑會在多災多難的農村地區，興辦農用水利工程、水土保持工程、產業道路、移民殖墾，確實有助於農村的重建與長久計劃的鄉村建設，具有很大的貢獻。

在一九三〇年代末期，中國學術界還流傳著華洋義賑會為政府在內蒙規劃移墾區，安置東北難民。[66] 東北移民移墾傳說所指

---

[61] 〈本會二十六年度工作報告〉，《救災會刊》十二卷十一冊，頁 132。

[62] 〈抗戰前之中央水利建設〉，《革命文獻》第八十一輯（台北：中國國民黨黨史委員會，民國 68 年），頁 20。

[63] 至 1937 年 6 月為止，中國全國公路里程有路面里程為 43,521 公里，土路里程約 65,979 公里，合計 109,500 公里。國史館編，《中華民國史交通志（初稿）》（台北：國史館，民國 80 年），頁 40-41。

[64] 郭飛平，《中華民國經濟史》（北京：人民出版社，1994 年），頁 106。

[65] 劉如松，〈天津築城記〉，《傳紀文學》第二十四卷第二期，頁 47-48。

[66] 楊懋春，《近代中國農村社會之演變》（台北：巨流圖書公司，民國 75 年），

表 4-14　總會主持之各期各類工賑（1921-1936 年度）

單位：規元

	掘井	堤工	路工	渠工	實驗場	總計
1921-1923	222,000	605,800	2,280,100	972,500	0	4,080,400
1924-1926	0	860,000	0	0	0	860000
1927-1928	0	100,000	483,000	120,000	0	703000
1928-1929	200,000	11,000	270,000	0	0	481,000
1929-1930	0	0	44,000	46,000	0	90,000
1930-1931	0	13,000	587,466	0	0	600,466
1931-1932	0	140,000	0	664,836	0	804,836
1932-1933	0	0	0	89,528	0	89,528
1933	0	0	0	463,800	0	463,800
1934	0	0	385,000	50,000	0	435,000
1935	5,000	0	0	0	1,000	6,000
1936	0	10,000	15,000	25,500	1,000	51,500
總計	427,000	1,739,800	4,064,566	2,432,164	2000	8,665,530

資料來源：據附錄五重新計算所得。

的計劃，其實正是一九三七年前後華洋義賑會與綏遠省政府合作的墾殖事業。[67] 儘管移墾的成效被過度誇大，惟透過學者的正面論述，華洋義賑會在當時中國政界與社會的評價，由此可知。

至於其它方面的經費支出，主要還是以總會各委辦會、總事務所、工程股、補助分會會費、地方自辦工程、慈善花簽發行與

頁 114。

67 〈綏遠移民墾荒待遇辦法〉，《救災會刊》十四卷六冊（民國 26 年 3 月），頁 132。

急賑為主要大宗項目。由於地方分會的財務管理欠佳，加上天災肆虐影響募款，使得總會每年幾乎必須投入數萬經費援助分會。總會對臨時性的賑災，在名目上其挹注的經費並沒有持續性的存在，而是間接由補助地方分會的經費中撥給。（參見表 4-15）

一般地方分會在接受總會援助以後，其經費多用於設置粥廠、收容所、醫療機構，以及贊助育幼院，以這些措施配合總會在災區進行的工賑工程。是故，注重防災、救災工程，維持有限的急賑，固然為華洋義賑會處理經費分撥的一大特色，符合組織的發展宗旨與大綱，其實也反映了總會與地方分會的分工關係。換言之，總會著重於長期性大環境的工程建設，地方分會專注於短期性小區域的社會重建。當然，前述一九二四年華洋義賑會與中國紅十字會在「全國水災賑募大會」達成協議，同意由紅十字

表 4-15　總會撥款主要項目（1922-1928 年度）

單位：規元。

	補助地方	急賑	救濟日本	浙賑	汕頭風災	平糶	永定河	花簽	投資損失	工程部	地方工程	總計
1922	2969840	---	---	200000	100000	500000	---	---	---	---	---	---
1923	125000	41000	25231	---	---	---	60000	---	---	---	---	251231
1924	---	---	---	---	---	---	---	3093	---	20868	10000	33961
1925	10000	---	---	---	---	---	---	1453	---	28334	---	39787
1926	37652	---	---	---	---	---	---	337	3956	25002	7000	73947
1927	25291	---	---	---	---	---	---	2185	18283	27767	18000	91526
1928	10500	---	---	---	---	---	---	540	548	29137	10000	50725

說　　明：1.補助地方指的是補助地方分會會費。

2.關於總會事務所經費請參見表 13。

資料來源：依據一九二二至一九二八年各期《年度賑務報告書》重新計算。

會專注於急賑，而華洋義賑會提供部分經費，也是造成總會撥給急賑經費不多的重要原因。另外，華洋義賑會除了在中國本土進行賑濟，一九二三年前後還曾撥款二萬五千餘規元，針對日本境內天災籌募基金，藉以直接援助華僑與日本民間團體。其規模與金額之龐大，遠高於一九三〇年代初期日本紅十字會對華洋義賑會的回饋。創會初期它也曾配合北京政府的社會政策，依照雙方的協議，設置五十萬規元作為糧食平糴基金，顯示它與政府之間的密切關係。

一九二九年以後，華洋義賑會在賑務報告書中更進一步的將撥款項目細分，主要用途偏重於替代政府撥款、總會事務所等機構的業務費、工程日常維修，以及海內外指定捐款，其中又以代撥公款金額最高。（參見表 4-16）

表 4-16　總會撥款主要項目（1929-1935 年度）

單位：規元

年度	指定捐款	維修	薪資	工賑	業務費	代撥公款	補助地方	義賑	購置種子	旅費	收容所	總計
1929	60492	35000	5000	399582	124716	200000	---	162136	82226	1600	1000	1071752
1930	20782	3000	---	89416	46343	---	---	15142	12127	---	2314	189124
1931	12180	4400	1600	50350	50809	---	6000	---	20000	5794	---	151133
1932	9178	3990	---	1000	58547	1741939	5000	536	---	1200	---	1821390
1933	9769	50000	21720	---	274454	266920	---	---	---	1735	---	624598
1934	20805	---	---	---	118149	89920	---	---	---	---	---	228874
1935	12897	---	---	5000	187658	800	---	---	---	---	---	206355
總計	146103	96390	28320	545348	860676	2299579	11000	177814	114353	10329	3314	4293226

資料來源：依據一九二九至一九三五年各期《年度賑務報告書》重新計算。

由於華洋義賑會辦賑經驗豐富，加上它設計出驗工證（work certificate）與付款單（pay order）的工程請款方式，確實能夠有效杜絕貪污，維持工賑品質，[68] 使得它獲得國民政府的重視。在總幹事章元善的領導下，華洋義賑會先後接受中央與地方政府委託，辦理長江大水災善後，戰地賑務與一九三〇年代初期的農賑。另外，表 4-16 也顯示華洋義賑會對政府委託代撥經費的依賴程度，自一九三二年開始加深，這種趨勢也符合國民政府在中國統治的穩定程度。一九三五年以後，全國經濟委員會逐漸掌控水利、道路、河渠工程，加上賑務委員會與中國紅十字會在賑災領域的業務增加，因此華洋義賑會接受政府委託的經費隨之驟減。不過，從一九二一年至一九三六年之間，華洋義賑會累積的龐大工賑成績與多元化的防災設施，仍然可觀。（參見附錄六）

華洋義賑會能夠以民間團體的有限資源，結合海內外的力量，靈活的運用財務管理，積存大筆基金，確實有助於它推廣各方面的業務。不過，龐大的經費也曾引發少數職員的覬覦，一九三三年服務於總會農利股的兩位華籍職員爆發貪瀆與虧空案，[69] 正是它發展過程中的小污點。雖然華洋義賑會實際損失金額不大，總會仍將相關人員移送法辦，以正風氣。一九三八年，蘆溝

---

[68] 驗工證與付款單是由總工程師塔德設計，華洋義賑會主張無論任何工程、任何器材的採購，須由工程師填表申請，而收款人再向會計請款，最後由出納人員付款。自 1931 年就在華洋義賑會服務的劉如松認為，這樣的程序能夠彌補中國工程偷工減料與監守自盜的問題。劉如松，〈天津築城記〉，《傳紀文學》第二十四卷第二期，頁 47-48。

[69] 本案為華洋義賑會成立以後唯一對外公開的貪污案，事件主要是總會股員駱秉義侵吞賑款 5,290 元，他的同事趙世誠虧空 1,470 元，兩案一併遭到總會舉發。〈北平市公安局內一區署關于中國華洋義賑救災總會農利股員駱秉義潛逃故將趙世誠送署訊辦呈文〉，民國 22 年 4 月 27 日，北京市檔案館藏，《北平市警察局內一區警察分局》，J181-20-10623。

橋事變後的第一年，華洋義賑會毅然以僅存的資產與現金，投入「中國紅十字會上海國際委員會」，從事寧滬地區的難民救援行動。由於新組織每月必須承擔二十餘萬人的飲食起居所需，加上投資基金的票面嚴重貶值。於是，過去累積的雄厚財務實力，就此消耗殆盡，[70] 同時也結束了華洋義賑會輝煌的時代。中日戰爭結束以後，儘管有幹部希望重振華洋義賑會，但此時總會僅剩下價值不高的不動產與醫療器材，甚至連聘人看管財產的經費都付不起，只能坐視盜賊竊取物資變賣。[71]

綜合來說，華洋義賑會的經費來源的維持方式大致上是比照英美海外慈善團體的經驗，他們除了利用國內外募捐、政府補助與投資所得，還進一步透過運用資金的過程、興辦地方工賑工程，維持華洋義賑會在縣級行政區的影響力，達到有效推廣防災的理想。但無論是哪一種財源，他們在組織整體的財務結構的比例多不會超過三分之二以上，而且互補性強，維持經費長期發展的穩定性。在華洋義賑會運作初期，總會一開始就以建立的穩定的基金管理制度為目標，種種減少行政開銷，增加投資基金的政策，其目的無非在於建立自主性財源，企圖擺脫贊助者與社會景氣榮枯對募款的影響。雖然成效不算突出，至少開創了中國非營利性組織經營的新路線。

從一九二一年至一九三七年間，華洋義賑會在中國各地興

---

70 〈本會二十六年度工作報告〉、〈紅會國際會四月來工作彙報〉，《救災會刊》十五卷一冊（民國 27 年 3-4 月），頁 132-139。

71 華洋義賑會在戰後受中國國際救濟會辦理盟邦慈善團體捐贈醫療器材分配，協助以不營利為目的之各教會、醫院及診所。〈北平市警察局內一區警察分局關于中國華洋賑救災總會被竊棉花絨毯八條的情形報告〉，民國 36 年 6 月 1 日，北京市檔案館藏，《北平市警察局內一區警察分局》，J181-24-5088。

築、修砌大批的橋樑、道路、溝渠、水道、堤防與鑿井業務。它所創造無形的、實質的經濟提昇、生活便利與社會安全保障，絕不是經費數字所能簡單敘述。在地方層次的運用上，華洋義賑會曾經試圖透過財務上的聯合管理，匯聚力量，觀照地方分會活動，惟縣級政府的不穩定發展，迫使華洋義賑會無法繼續與官方合作，轉而尋求中國民間傳統的水利公會，透過鄉村的權力網絡，找到防災事業的對話窗口。過去一般認為是魚肉鄉民的省級軍閥與政府，譬如馮玉祥、田中玉、劉湘等軍人，在賑災活動的過程中多能給予華洋義賑會支持與保護；他們對賑災事務的成熟態度很難被解釋為源自於敬畏華洋義賑會擁有列強作為後盾，大部分原因還是在於華洋義賑會在地方分會的深耕與經驗傳承，使其能夠獲得社會認同，肯定它對中國社會的貢獻，進而被接納與尊敬。

第二節　總會與分會經手的過路財：賑災附加稅賑款

華洋義賑會經手的大宗經費除了上一節的所述三項來源，實際上還有中國政府所委託管理的賑災附加稅抵押貸款及其賑款，但因其性質屬於「代管」，故嚴格來說，並不能算是它的「收入」。這項經費源起於一九二〇年的華北旱災，期間實施過五個年度，一直到一九二七年北京政府垮台為止。過去研究往往認為華洋義賑會能夠自「海關附加稅」中獲得一些資金，[72] 實際上這種理解並不完全正確：第一、在一九二〇年代，中國政府實施的海關附加稅有兩種，一為二五附加稅，一為賑災稅加稅，只有後

[72] 薛毅、章鼎，《章元善與華洋義賑會》，頁 98。

者與華洋義賑會有關；第二、賑災附加稅實施的時間從三個月到半年為限不等，且並非每年實施；第三、為了時效起見，在賑災附加稅稅收有限時，中國政府會以常年關稅抵押貸款，因此又有所謂的賑災附加稅抵押賑款的出現，不見得是直接拿關稅充作賑款；第四、賑災附加稅的賑款與貸款不是直接撥給總會，而是由中國政府賑務機關交由華洋義賑會地方分會；第五、地方分會通常直接將賑款作為急賑與工賑之用，不會將賑災附加稅賑款向上呈繳給總會。換言之，賑災附加稅與總會的關係，相當有限。在討論賑災附加稅問題時，與本文有相關的是，以非政府組織身分參與外交活動的華洋義賑會，它在中國政府實施賑災附加稅的過程中，到底扮演什麼樣的角色？特別是它的執行委員來自英、美、法、日、荷等國列強，這些國家一般被認為是主張反對中國實施賑災附加稅；華洋義賑會外籍成員夾在本國利益與人道主義之間，兩者是否會有衝突的出現？

一、慈善與國權：總會爭取附加稅的關鍵

將問題回歸到一九二〇年九月，當時賑務督辦熊希齡首度透過稅務處向北京政府國務院建議：徵收海關關稅時加徵百分之十的稅，以一年稅收五千萬兩來計算，開徵後約可得到五百萬規元，此款用來清償四百萬規元賑務貸款，不作它用。[73] 由於當時中國政府係以海關關稅作為各類賠款與公債擔保品，加上一九一一年辛亥革命之際，外交團與中國政府協議將關稅的存放保管交由各國決定，造成任何對海關關稅稅率的變動、關稅剩餘使用，

[73] 〈收國務院公函〉，民國 9 年 9 月 20 日，近史所，《外交檔案》，03-19-160-01。

都必須透過外交途徑談判才能夠施行。[74] 熊希齡的建議案後來引起北京外交界的激烈討論，各國反對最力的是日本與荷蘭，前者認為附加稅無異成為中國利用保護稅則打壓外商的利器；後者認為，中國政府在方維因聘用案無法滿足荷蘭的要求，因而有意擱置。除了這兩個國家，大部分的英、美新聞媒體都同意，列強不應該漠視百萬災民的性命，刻意這個時候阻擾中國進行賑災的工作，只因那區區之款。[75]

一九二〇年十二月，有了輿論的贊助，英、美、法三國位首的列強，[76] 積極推動中國與外交團仿造北京國際統一救災總會的設計，在賑務處之下成立財務委員會，由華洋各六人共同組成董事會，其中中國委員由北京國際統一救災總會司庫、賑務處一人、災區代表四名；外國委員由北京外交團指派。這十二人所組成的委員會有權收受與保管各類賑款的核定、監管、支配、散放之方法。[77] 依照各方協議，一九二一年初財務委員會正式運作後，外交團始完全同意中國政府所提賑災附加稅的實施與分配計劃，[78] 開啟中國政府以關稅開徵赴賑附加稅的時代來臨。從一九二一年三月至一九二七年五月期間，海關賑災附加稅斷斷續續實行與展延，一直到北京政權垮台而結束，總共募得八百六十六萬

[74] 有關關稅的存放問題，參見黃文德，〈北京外交團與近代中國關係之研究-以關餘交涉案為中心〉(台中：國立中興大學碩士論文，1999 年)，第三章、第四章。

[75] 〈收國務院公函-函送京津泰晤士報救荒經費論文譯件〉，民國 9 年 10 月 17 日，近史所，《外交檔案》，03-19-160-01。

[76] 〈收法館問答〉，民國 9 年 10 月 21 日，近史所，《外交檔案》，03-19-160-01。

[77] 〈發領銜日白使函〉，民國 10 年 1 月 15 日，近史所，《外交檔案》，03-19-160-02。

[78] 〈收漢口密而斯電〉，民國 10 年 1 月 15 日，近史所，《外交檔案》，03-19-160-02。

六千三百五十七關兩。自從賑災附加稅被提出討論後，過去沒有意識到外國介入中國社會事業可能影響主權的北京政府，在一九二二年左右開始有了重要變化，他們提出了：加稅問題「事關慈善，且繫國權」的觀念。[79] 這使他們更有自信的對外國提出強烈人道主義的訴求，開徵海關賑災附加稅，由中國全權管理。依照中國政府最初的構想，賑災附加稅的實施約可得到當年度海關稅收的一成，也就是百分之十，實際上這個目標從未達到過，僅第一次實施達到百分之八左右的程度，還必須仰賴政府兩次舉債計八百萬規元。[80] （參見表 4-17）

表 4-17　海關稅收與賑災附加稅概況（1921-1927 年）

單位：海關兩

年代	海關總數（不含賑捐）	海關兼轄常關稅課總數（不含賑捐）		
			海常兩關賑捐數	稅收總數
1921	54462644	4871293	4544485	63880343
1922	58634250	4362452	724944	63723568
1923	63504251	4490130	----------	67996304
1924	69595131	4251328	----------	73848383
1925	69870003	4728156	916485	75516569
1926	78122277	4482600	2431772	85038575
1927	68735128	3784361	48671	72570087
總計	462923684	30970320	8666357	502560361

資料來源：中國通商海關造冊處編，《中國海關民國十九華洋貿易總冊》（上海：中國海關總務司，1931），頁 61。

[79] 〈交通部、內政部、財政部、賑務處等為會同咨復事案准〉，民國 11 年 7 月 20 日，近史所，《外交檔案》，03-19-164-02。

[80] The Finance Commission of the National Famine Relief Bureau to

因此，海關賑災附加稅的出現，不僅很難滿足中國社會的整體需求。而且受制於實施時間的長短，即使外交團支持北京政府，後者所獲得的經費也是不多，譬如一九二七年，甚至連百分之三都不到。

從國際關係角度觀察，賑災附加稅的實施過程充滿許多不確定因素，譬如關稅收入的興衰、中國政府的國際債信良莠、外交團隊中國政府的信賴、個別國家對華的政治、中外商務關係，以及外國對災情嚴重性的認定等等因素，都會影響此稅能否被同意，譬如：1.法國在一九二三至一九二五年期間因金佛郎案問題與中國政府決裂，完全拒絕中國實行海關賑災附加稅，[81] 一直到一九二五年三月初才在美國政府的施壓下，同意基於「人道主義」，配合各國在華盛頓會議中的對華承諾，撤除徵稅的障礙；[82] 2.外交團內部對於中國海關徵收賑災附加稅之所得是否會淪為北京政府的軍費，經常抱持懷疑的態度，也是造成此稅每年都需要

Diplomatic Body, 1923, FO228/3032, p. 153.

[81] 金佛郎案起因於一九二三年前後，歐洲各國幣值滑落，對中國以銀本位的貨幣償付庚子賠款相對有利。法國為避免受到金銀匯兑的損失，要求以金質法郎作為償付計算單位。中法交涉期間，法方對中國政府採取強硬姿態，多次企圖利用關餘提撥之同意權、使館升格問題，暗示北京接受巴黎所提「金佛郎」解決方案，迫使中國接受其無理的條件。顧維鈞口述，中國社會科學院近代史研究所譯，《顧維鈞回憶錄》第一分冊（北京：中國社科院近史所，1983 年），頁 320; see also Akira Iriye, *After Imperialism: The Search for a New order in the Far East*（New York: Atheneum, 1978）, pp. 33-34; French Ambassador to Foreign office, 28 December 1923, FO371/10230 [F 1/1/10]; Mr. Chilton to Foreign office, 31 December 1923, FO371/10230 [F 2/1/10]; Mr. R. Macleay, 31 December 1923, FO371/10230 [F 3/1/10].

[82] 〈總長會晤美舒史問答〉，民國 14 年 3 月 18 日，近史所，《外交檔案》，03-19-165-1。

經過冗長的交涉才能施行的原因；[83] 3.一九二八年初中國政府希望繼續開徵附加稅，並且透過國際聯盟要求各國援助，結果英國在華各地商會群起反對，認為當時的中國天災規模不大，而且飢荒的問題可以透過移墾方式解決，所以直至北京政府垮台，都未能通過徵稅案。[84] 除了在關稅，北京政府於一九二二年曾經試圖利用郵、電、航等交通事業開徵附加稅，企圖迴避外交團的控制。不過，受到外交團的抵制，以及外商的抗議，要求豁免課稅，[85] 使加稅政策並沒有持續進行。但無論從任何角度觀察，將賑災經費寄託在海關賑災附加稅或是其它稅收，對於改變中國的飢荒問題，效果不大，而且還會對商業造成障礙，這不僅是中國民間的質疑，[86] 也是英美等國長期觀察中國財政的心得。

對於立足於中國的華洋義賑會來說，儘管它有著強烈的國際色彩，組織幹部來自世界各國，特別來是英美法等列強；它在海關賑災附加稅的實行交涉過程中，完全站在非營利性組織的立場，時而支持中國，時而支持外交團，時而保持中立，時而譴責各方勢力。雖然華洋義賑會組織並沒有直接涉入政府層面的交涉，不過早在一九二〇年初外交團調查各地災情時，北京國際統一救災總會幹部如多曾利用本國外交系統，強調中國災情的嚴重性，需要經費來防止更多的災害出現。伴隨賑災附加稅實施成立

---

83 Miles Lampson to British Foreign office, April 3, 1928, FO228/3930, pp. 147-148.

84 Tientsin British Chamber of Commerce to Consul General J. W. Jamieson, January 17, 1928, FO228/3920, p. 55.

85 〈交通部、內政部、財政部、賑務處等為會同咨復事案准〉，民國 11 年 7 月 20 日，近史所，《外交檔案》，03-19-164-02。

86 陳布雷，〈賑災附捐又續收〉，民國 10 年 10 月 27 日，黨史會編，《陳布雷先生文集》（台北：中國國民黨黨史會，民國 73 年），頁 21-22。

的財務委員會，第一屆六個外籍成員：艾德敷、盧克斯、盧立基、深澤暹、德輔廊（F. B Turner）、郭斐蔚（F. R. Graves），全部都來自華洋義賑組織，前三人後來擔任華洋義賑會幹部，[87] 一九二二年財務委員會擴編為中外各八人，分別來自英、法、義、荷、丹麥、比利時、日本、美國，其中華洋義賑會副會長德來格、技術部委員方維因雙雙加入這個掌握賑款的單位。同年，財務委員會擷取的華洋義賑會的宗旨，將業務範圍定位為：將基金拿來賑濟因天然因素造成的災害，並且以工賑作為主要賑濟方式，繼之華洋國際監督。除了缺乏專門委員會與行政組織，財務委員會在目標、理念與長期發展方向，幾乎與華洋義賑會沒有兩樣，由此可見後來成立的華洋義賑會對財務委員會的影響有多大。

中國政府徵收的海關賑災附加稅，在初期並沒有交給華洋義賑會，而是直接撥給地方的華洋義賑機構，譬如山東賑災工會、河南災區救濟會、漢口華北救災會、陝西義賑統一委辦會、甘肅震災救濟會、貴州華洋義賑會（Kweichow International Famine Relief Committee）等地華洋義賑會，各自負責所在省份；上海華洋義賑會負責江蘇、安徽、浙江三省。[88] 這種程序與直接撥給華洋義賑會的意義截然不同，它基本上反應了省級政府要求的公平性，以及地方當局對華洋義賑會的不信任。儘管這些錢最後還是在華洋義賑會的建議下作指定用途。在華洋義賑會的法理地位尚未被中國政府與外交團認定之前，想要爭取海關附加稅直接撥入總會使用，實有其困難性。況且，各地方會因為缺乏技術與財務

[87] 〈領銜公使致外交部函〉，民國 10 年 2 月 23 日，近史所，《外交檔案》，03-19-160-02。

[88] Statement of important Actions of the Finance Commission, March 11, 1922, FO228/3931, p. 89.

管理人才，於現實中還是需要諮詢總會的意見與指導，所以華洋義賑會仍然掌控了大部分政府補助款的動向。以一九二三年全年中國政府提供的補助為例，大部分的地方分會都能夠獲得補助，唯一的例外是閻錫山控制的山西，由於過度封閉，使當地分會無法獲得明確的資訊，得到補助：（參見表 4-18）

二、總會參與附加稅收管理的挫折

表面上看來華洋義賑會並沒有直接被納入政府的賑災體系，但從華洋義賑會在一九二二年創會之初，就積極改造地方分會成為符合中外各半的領導結構、在災區設置分會，協調華洋義賑組織合併，實際上它等於承擔了大部分的組織聯繫與制定標準賑濟程序的工作。[89] 特別是當北京外交團無法信任財務委員會裡面的中國委員時，而中國委員又企圖打破中外各半的監督體制，[90] 加上政府主導的賑災計劃居然出現有錢沒地方用的窘境，譬如

表 4-18　總會所收由政府撥來基金一覽表（1923 年）

單位：規元

各會	政府撥來基金	各會	政府撥來基金
總會	89,200.00	山東	360,000.00
湖北	115,400.00	山西	0
上海	100,000.00	陝西	30,000.00
河南	30,400.00	甘肅	80,800.00
貴州	25,000.00	汕頭	100,000.00
總計 930,800.00			

資料來源：依據「經濟狀況」，《救災會刊》，一卷三冊，頁 17 重新計算

[89] Hewlett to British Legation, Peking, February 24, 1922, FO228/3931, pp. 92-95.

浙江省的工賑執行效率奇差無比，兩次舉債共計八百萬元造成過度的浪費，種種的落差使外交團不得不向艾德敷反應外國人的耐心有限。[91] 一九二三年，在艾德敷與德來格的建議下，外交團選擇凍結了這一年年初中國政府對賑災附加稅的展期計劃，後來鑑於華洋義賑會在設置華洋義賑組織提倡防災與合約管理制度，擁有卓越成效，遂由賑務公署提出「賑災附加稅餘基金額提案」（Disposal of Remainder of Funds From Custom Surtax For Famine Relief），將掌控在華洋義賑會各地分會中的三十三萬一百八十二元賑款加上財務委員會名下的四萬八千四百九十七元基金交給華洋義賑會。[92]

為什麼外交團與中國政府願意將這筆不算少的基金給民間組織？從這份報告書中給了幾個答案：1.財務委員會堅持賑災附加稅必須長期作為救災使用；2.如果災情舒緩，那麼這筆錢也要被拿來從事防災。但財務委員會又為何指定華洋義賑會，排除了上海華洋義賑會呢？艾德敷認為：1.華洋義賑會經驗老到，其它組織無法相提並論；2.它是目前中國從事防災工作最具成效的團體；3.華洋義賑會在一九二三年已經在十省建立組織，並持續推動各類工程。[93] 在人力資源方面，類似蔡廷幹、梁如浩、德來格、艾德敷、方維因等華洋義賑會幹部，先後兼任財務委員會職務，也使它徹底壓過其它組織的聲望與影響力。當然，在列強方面，

---

[90] Minute of British Legation, Peking, November 8, 1922, FO228/3931, p. 377.

[91] Minute of Decanat 109, December 7, 1922, FO228/3931, p. 421.

[92] The Finance Commission of the National Famine Relief Bureau to Diplomatic Body, 1923, FO228/3032, p. 153.

[93] The Finance Commission of the National Famine Relief Bureau to Diplomatic Body, 1923, FO228/3032, p. 153.

英國透過領事與海關系統調查，發現海關賑災附加稅的開征的初期對外商在華經營影響不大，[94] 也使各國對此稅的反感暫時解除。經過半年，華洋義賑會終於在一九二四年七月底與中國政府、外交團議約，達成協定：1.各方同意賑災附加稅用於緊急狀況；2.賑災附加稅基金餘額交由華洋義賑會托管；3.基金的分配交由三方共組委員會分配；4.實務中，華洋義賑會在國際監督下全權處理基金；5.基金的運用以建立工賑為主；6 基金必須要有回饋機制，以其改善民眾的經濟狀況並應付未來緊急所需。[95] 從以上協定，可以看出華洋義賑會在分配機制中的地位與中外政府對等。以一個非政府組織的身分能夠介入政府社會政策，貢獻自身長期的業務經驗，並且牽動外交關係，華洋義賑會的成就確實展露國際關係研究中重要的一環，也就是非政府層次的國際活動。

一九二四年十一月十五日，華洋義賑會正式接收海關移交的賑災附加稅，原本總會還期望這些基金可以在他們的睿智安排下，其結果盡可能地對災民作出貢獻（funds may be handled and the results be made as productive as possible to famine suffers）。[96] 不過，還不到一年的時間，華洋義賑會夢想與計劃的主導權隨即被中國政府與外交團收回。在華洋義賑會接掌賑災附加稅分配業務後，中國各省其它社團，譬如商會紛紛效法，要求中國政府給予參與協調的機會。他們透過財務委員會的華籍委員，質疑華洋義賑會以一個國際色彩濃厚民間組織，在國際控制基金的狀況

[94] Senior Consul Changsha to British Legation, Peking, February 7, 1923, FO228/3931, p. 447..

[95] Resolution, July 25, 1924, FO228/3032, p. 250.

[96] See CIFRC, *Annual Report 1924, Report on Relief Work in 1924*, p. 12.

下，能否公平、客觀地為中國解決問題。所以，部分華籍委員在協議簽署後，又積極地爭取中國政府在賑款分配上的控制權。

從主權角度而言，本國委員對賑災基金的高度興趣，其實不過是前述「事關慈善，且繫國權」，慈善主權理念的持續發展，同時也是一九二〇年代中國政府在外交上營造主權獨立的漣漪。他們志在參加，不在成功。即使慈善主權真的回歸中國控制，政府能否有效管理，以當時中國政府的效率來說，不無疑問。因此，身兼財務委員會委員與華洋義賑會司庫的蔡廷幹採取兩種策略因應，一方面強烈反駁其他同僚的意見，認為：1.基金的運用受到銀行的稽核；2.基金的分配完全跳脫宗教、政治及地域的界線；3.國際控制仍有必要。[97] 蔡廷幹協調中國委員放棄無謂的抗爭，真正去理解國際聯合救災的意義，不在於主權，而是要借重外國人的力量，幫助中國。另一方面，當英國商人認為賑災附加稅實施造成嚴重商業損失後，他們透過英國駐華公使麻克類（R. Macleay）向財務委員會抗議，蔡廷幹還與華洋義賑會會長梁如浩在委員會中一搭一唱，結合其他幹部共同安撫外商與英國的反彈。[98] 為了避免樹大招風，華洋義賑會除了擴大與各界溝通，並成功地勸說麻克類擔任全國急賑募款委員會副會長（Vice Chairman of National Famine Relief Drive, 1924）。[99] 這不僅是外國公使第一次正式成為中國全國性非營利性組織幹部，同時象徵英國對華洋義賑會的支持。因此，當地方領事抗議賑災附加稅帶給中國巨額收入，但中國所謂災區卻提不出任何的賑災計劃，質

[97] To Mr. Hoars, August 12, 1924, FO228/3032, pp. 255-257.

[98] Memorandum, August 20, 1924, FO228/3032, pp. 273-274.

[99] R. Macleay to National Famine Relief Drive, August 29, 1924, FO228/3032, p. 280.

疑徵稅的正當性；[100] 華洋義賑會憑藉著兩使為後盾，順利的平息這場風暴。

令人好奇的是，在一九二三年初，外交團拒絕中國政府展延賑災附加稅的要求，而碰巧的是華洋義賑會在這一年底也開始與外交團同中國政府合作，協助處理賑災附加稅基金的分配與管理。時間上的銜接是否意味著華洋義賑會以放棄新年度賑災賑災附加稅的展延，換取對既有基金的掌控？雖然沒有直接的證據可以解答這些疑問，不過，在一九二三至一九二四年，也就是沒有賑災附加稅的兩個年度，華洋義賑會在蔡廷幹的領導下，曾經多次向外交團提書說帖，宣示開徵課稅對中外關係與外商在華權益的重要性：1.若是災情持續擴大，中國的經濟與貿易將因災情而沒落，它將大幅的減少中國全面性的購買力損失，導致市場交易失序的狀況出現；2.強調賑災附加稅對外商影響有限，因為主要納稅者還是中國的公司與個人；3.開徵附加稅主要是基於中國政府失能與地方救災不力所致；4.過去在西方也曾有過類似政策；5.稅款若是用在那些沒有醫院、教育、紅十字會的地方，一旦相關機構成立，長久發展就可以讓他們成為國家部門或政府的代理機構（agency of government），結果將為地方建設的開端；6.在政府與各界捐助縮減的狀況下，關稅的存在，對中國受苦受難的地方更顯重要。[101] 從華洋義賑會這份積極爭取海關附加稅實施的說帖，看不到它為自己謀取利益，有的是更多華洋義賑會為中國政府政策辯駁的聲音，營造華洋共同命運的氣氛，並沒有所謂出賣中國換取基金保管權的跡象。

---

[100] Consulate General, Tientsin to Teichman, September 3, 1924, FO228/3032, p. 298.

[101] Tsai Ting Kan to James William Ronald Macleay, September 17, 1924, FO228/3032, p. 298.

一九二四年九月，在華洋義賑會的爭取下，英國率先在外交團中表態，支持中國於一九二五年以六個月為期限，開徵賑災附加稅。[102] 華洋義賑會各地分會獲知這個消息後，陸續對列強展開遊說與交涉，希望獲得基金補助。[103] 曾經參與華洋義賑會業務的外國教會紛紛致書外交團，表明將盡力協助工賑。但是，身為基金三大管理者的之一的外交團，其內部對華洋義賑會一直有不同的看法，特別是法國。如前所述，法國為了金佛郎案的問題一直刻意阻礙「海關賑災附加稅」的實施，還迫使外交團收回華洋義賑會對基金的管理權，完全否決了華洋義賑會在一九二五年中的賑務工程提案；同年十月，原來的合作機制轉由中國政府與北京外交團共組中外各半的賑務委員會執行。[104] 新制實施後，各地華洋義賑組織與華洋義賑會分會若是要申請補助，那麼就必須單獨面對新的財務委員會來審核與監督；連過去總會可以透過章程統籌地方分會會款的變通之法似乎都失靈，導致總會最後逐步縮減各類計劃的規模，同時將工程經費的補助，移轉到地方政府與民間機構身上。至於原來的第三位經費管理者，中國政府則透過民間人士的運作，聯絡萬國紅十字會聯合會（League of Red Cross Societies in Paris，今名為紅十字國際聯合會），企圖將內政問題拉高到國際輿論。中國政府要求列強繼續展延賑災附加稅，並在萬國紅十字會聯合會與國際紅十字會（International Committee of the Red Cross in Geneva，又稱紅十字國際委員會）中選擇其一，負責後續的賑災基金管理，這無疑背棄了華洋義賑

[102] observations on Circular, September 25, 1924, FO228/3032, p. 360.

[103] W. H. Mallory to Ronald Macleay, December 1, 1924, FO228/3032, p. 418.

[104] 〈海關附加稅如何？〉，《救災會刊》三卷二冊（民國 14 年 12 月），頁 7。

會長期在中國的經營與爭取海關附加稅的奮鬥。[105]

三、山不轉路轉：總會對附加稅賑款的間接控制

表面上看，喪失對賑災附加稅基金管理的契機，是華洋義賑會在申請經費上一大挫敗，但必須注意：1.在一九二六年前後北京政府在財政的調度已經是脈像盡散，經常出現政府挪用社會福利與教育預算的情形，所謂的海關賑災附加稅不僅被用在天災造成的飢荒，偶爾也還被拿去拯救人禍，造成經費運用上的排擠；2.天津英國商會（Tientsin British Chamber of Commerce）對華洋義賑會賑災的定義，長期以來一直有所不滿，他們強調自己不是鐵石心腸，但是中國的不幸絕大多數是出自軍人的豪取巧奪，否則飢荒根本不會出現。商會強調，中國在內政未能改善的情況下，南北政府要求加稅，這樣無異是將外國人當笨蛋。[106] 而且後來也證明了，中國政府徵收賑災附加稅並非完全作為防災、賑災之用，甚至還有用於教育文化費與國際聯盟會費，以及其它政府軍政開銷，[107] 在客觀環境無法繼續提供更多資源的狀況下，華洋義賑會號召海內外推動的賑災防災業務，是否能夠持續不綴，確實一度讓它處於兩難。

華洋義賑會無法獲得政府邀請繼續參與決策，並不意味著地方分會也跟著喪失獲得附加稅的資格。華洋義賑會在一九二五年八月，仍然以詳細的說帖，洋洋灑灑地列出九省十一地區，研議

---

[105] Eric Drummond to Hsia-Chi-Feng, February 24, 1928, FO228/3920, p. 71.

[106] B. Q Tours to Lampson , December 27, 1927, FO228/3701, p. 102.

[107] 關於北京政府以海關賑災附加稅充作國聯會費的情形，請參見唐啟華，《北京政府與國際聯盟（1919-1928）》，頁 204-221。

進行的修堤、造路，開鑿溝渠、疏浚與移民等工程共計九百八十七萬五千元規元。[108] 一九二六年五月，華洋義賑會建議財務委員會讓它替代中國政府管理所屬各省華洋義賑會分會賑款，並且授權進行稽核與審查。[109] 此後數年，除了少數分會因為戰爭或與北京政治對立，無法具體提出申請，一九二六年各地分會所得分撥賑款，山東十五萬、直隸十四萬五千、陝西五萬、雲南二十九萬五千、北京七萬一千〇五十元。[110] 一九二七年河南得款九萬六千二百五十、山東八萬兩千五百、陝西九萬六千二百五十、直隸六萬五千、雲南五千、熱河三萬三千五百、湖北十四萬、江西十四萬五千元，[111] 總計六十六萬三千五百元。[112] 而地方分會在獲得補助之後，也比照賑務處財務委員會的設置，召集中外各半組成委員會討論運用與分配，[113] 這些經費的運用可以說都在總會的掌控之中，不僅由總會代領、轉匯賑款，還由總會向賑務委員會提出計劃與報告書。[114] 也由於華洋義賑會名氣太大，因此外界便質疑單一團體何以能夠領取各省賑款。實際上這多半是因為各省外籍人士離去，無法實踐中國政府對外交團所承諾的國

---

[108] CIFRC, A Plane for Utilization of the Customs Surtax for Famine Relief（Peking: CIFRC, 1925）, pp. 2-4B in FO228/3032, pp. 685-686.

[109] 'Customs Surtax operation, Allotments to Provinces" March 9, 1926, FO228/3033, p. 166.

[110] See CIFRC, *Annual Report 1926, Report on Relief Work in 1926*, p.12. .

[111] See CIFRC, *Annual Report 1927, Report on Relief Work in 1927*, p.11.

[112] 〈關附增撥〉，《救災會刊》四卷四冊（民國 16 年 4 月），頁 15。

[113] 梁如浩指出本次津會可分得附加稅第二多，得 250000 元。他希望指定一個委員會名為「外援會」，由中外各八人組成。〈Chihli International Famine Relief Committee Executive Committee〉，1925 年，北京市檔案館藏，《中國華洋化賑救災津會》，J84-3-457-1。

[114] 〈關附增撥〉，《救災會刊》四卷四冊（民國 16 年 4 月），頁 15。

際監督，所以才會由總會代理。[115]

弔詭的是，在北京政府即將垮台之際，外交團內部鑑於中央政府所在地的災情嚴重與過去南方未曾受惠賑災附加稅，突然又有加稅之聲湧現。為什麼以英國為首的列強會放棄對賑災附加稅的抵制行動。這次的轉變，主要原因是華洋義賑會的英國籍幹部周永治，他積極透過個人在工黨的人脈，由海外間接對外交系統施壓，才迫使英國改變態度。最初，英國考慮到中國南北政府對立，若由外交團主動給予北方實行賑災附加稅的機會，將會成為國民政府與中國共產黨攻擊外國干預內政的最佳宣傳利器。[116] 英國遂與、日、美二國，放棄反對徵稅，改弦易轍，主張協助中國賑災，以免中國社會激進派藉機反英，[117] 順便落實華會主張，提撥附加稅給南方政府。基本上，英國這樣的態度或許可以視為「英國變更對華政策建議案」，[118] 在慈善事業轉移交涉對象的示範。日本駐華外交官甚至認為即使這些錢全淪為國民黨北伐之用也無所謂，[119] 顯見列強對於賑災附加稅與中國主權、政府承認問題脫勾已有一定程度的共識。

英、美、日三國的提議最後因日本二度出兵山東而無下文，[120] 後來的海關賑災附加稅談判再也與華洋義賑會無直接關係。過去

115 〈關附賑捐已匯交各省〉，《救災會刊》五卷一冊（民國 16 年 10 月），頁 15。

116 Memorandum to the Secretary General, February 23, 1928, FO228/3920, pp. 72-76.

117 Miles Lampson to Minister of Foreign office, March 6, 1928, FO228/3920, p. 109.

118 參見唐啟華，〈英國與北伐時期的南北議和〉，《興大歷史學報》第三期（臺中，1993 年），頁 130。

119 Canton Surtaxes, May 3, 1928, FO228/3920, p. 182.

120 British Legation to Canton Surtaxes, May 3, 1928, FO228/3920, p. 189.

研究認為華洋義賑會長期控制海關賑災附加稅的管理與分撥，並無事實根據。一九二八至一九三〇年期間，因為中國內戰的關係，賑災附加稅停徵。一九三一至一九三四年期間國民政府，首度以代表中國主權的身分，在沒有外交團的干預下，獨立決定開徵「救災附加稅」，[121] 總共得款國幣四千八百九十九萬八千九百二十八元。[122] 由於社會與論要求全國公私立慈善機關協力合作，由中央統籌全局，華洋義賑會過去替代政府執行業務的機能也隨之降低。[123] 在此期間，國府先後設置水災委員會、賑務委員會，「成績斐然」，自一九三一年以後，官方不再撥款委託私人機構辦賑。[124] 自此華洋義賑會並沒有直接獲得補助，而是透過與中國紅十字會結盟，[125] 加上長期以來的工賑、農村合作，以及代理政府急賑的方式，參與賑款的執行。從媒體的宣傳與政府文件的標題可以發現，華洋義賑會長期提倡的「救人即所以自救；助人即所以自助」的觀念已為大眾所接受。[126]

綜合來說，華洋義賑會以民間組織的力量，藉由有限的資金、外來的技術與經營管理，令人印象深刻的宣傳方式，加上強烈的宗教精神，確實給予中外政府極大的刺激。它以賑災知識與

---

[121] 戴一峰研究發現 1931 年以後新開徵的關稅及附加稅並不視為債權擔保，直接匯存上海的中央銀行，參見戴著，《近代中國海關與中國財政》（廈門：廈門大學出版社，1993 年），頁 82。

[122] 中國通商海關造冊處編，《中國海關民國二十三華洋貿易總冊》（上海：中國海關總務司，1935），頁 77。

[123] 〈總幹事報告〉，《救災會刊》十四卷七冊（民國 26 年 4 月），頁 56。

[124] 〈總動員與普遍救濟〉，民國 20 年 8 月 4 日，《申報評論選》，頁 10。

[125] 譬如 1935 年冬，華洋義賑會與中國紅十字會在安徽中南部舉辦急賑，另外由安徽省政府負責北部賑濟。〈紅十字會與華洋義賑會合辦長江水災賑務〉，《中央日報》，民國 24 年 10 月 24 日，版 6。

[126] 〈總幹事報告〉，《救災會刊》十四卷七冊（民國 26 年 4 月），頁 56。

技術，為自己在中國與國際社會的活動帶來權力。於是，在北京政府與外交團的同意下，華洋義賑會曾經短暫的成為海關賑災附加稅的管理者之一。然而，也正因為華洋義賑會的崛起是建立在政府失能的狀況下，人民無法繼續享受國家提供的契約服務，所以當本國政府將賑災事業視為主權一環時，具備華洋合作與國際色彩的非營利性組織無論是在募款或經費的運用，都會受到國家法規的消極限制；取而代之的是，國家以鮮明的民族主義角色，在財政上爭取關稅的自主。在一九二〇年代中期，華洋義賑會兼具國際與本土性格的人士特質，在批判政府失能、爭取海關賑災附加稅的兩難之間，確實倍顯尷尬。不過，華洋義賑會在爭取經費的過程中，未曾因為與列強關係密切而出賣中國，反而積極建立人脈，拉攏英美外交官參與活動，營造中外合作的氣氛，促使外國增加對華同情與信任。反觀中國與外交團雙方各懷心機，無法真正落實賑災基金設置時的人道主義優先，在政治反覆不定的氣氛下，背棄了長期從事防災與慈善事業的夥伴。當一九二〇年代末期，列強對中國提議「經濟提攜」、「經濟合作」，華洋義賑會以非政府組織的身分展現民間層次的國際合作。這種合作不是向王寵惠所說的：縛著別人手足的提攜，而是在國際對等的姿態下，由中國政府提供賑災經費，華洋義賑會透過海外技術、非營利性組織經營概念，協助官方賑災、防災，達到合作的目的。[127] 只是最後，這樣的關係仍然在國家收回慈善事業主權的政策下，逐漸被壓抑，導致民間力量的衰退。

---

[127]〈中國歷來對外態度〉，民國 17 年 4 月 5 日，《王寵惠先生文集》，頁 462-463。

第三節　地方分會的經營及其與總會的互動關係

依據華洋義賑會創會初期的理想，它存在的目的之一就是為了打破慈善團體各自為政，無法統合資源的局面，因此才有整合華洋合作組織的計劃出現。從一九二一年至一九三八年期間，全中國先後有十七個華洋義賑機構加入華洋義賑會，成為這個中國民間防災、救災體系的一部份。在中國近代非營利性組織的發展過程中，嚴格來說也只有本土的中華民國紅十字會在三〇年代以後才有像華洋義賑會那樣龐大的分支，散佈在各省省會與重要城市。這兩個機構最大的差異處在於：1.中國紅十字總會對地方具有高度的指導與控制力，但是華洋義賑會卻無法完全達到同樣的效果；2.紅十字會屬民間組織，惟與官方關係十分密切，[128] 而華洋義賑會的地方分會始終維持獨立於政府的形象，富於國際色彩；3.紅十字會各地分會的組織架構與財務管理採取一條鞭的方式，因此各分會大致相同，然華洋義賑會各地分會的發展模式卻不盡相同。

如前兩章所述，華洋義賑會所屬分會各具特色，有的早在籌備以前，就已經運轉年餘，部分組織歷史甚至可以追溯到一九〇六至一九〇七年前後的華洋義賑運動，譬如天津與上海的華洋義賑會；也有分會經常受到治安與政局的影響，辦公室幾近處於無人管理的狀況，譬如山西、陝西與甘肅分會；還有一些地方分會，

[128] 中國參與紅十字是在 1904 年由駐美公使梁誠向清廷呈請設立。1904 年 7 月 8 日獲得國際紅十議會正式承認。1934 年根據國民政府頒布之〈中華民國紅十字會管理條例〉，改稱之為中華民國紅十字會。參見張力，〈國際紅十字會的中國代表權之爭〉，「辛亥革命九十週年國際學術研討會」，台北，圓山大飯店，民國 90 年 10 月 6 日。

他們長期接受總會協助，但行政領導上卻幾乎等同於各省政府麾下單位。換言之，華洋義賑會所屬地方分會，無論是在組織嚴格、領導架構與對總會的財務關係，都不盡相同。如果依照各分會與總會之間的關係親疏，可以簡單的分為直屬類型、依附類型、獨立競爭類型等三種。

從華洋義賑會創會以後，沒有一套標準與制度可以將分會完全制約。如果有的話，簡單的總會章程與各類指南就是它們曾經試圖建立標準程序的痕跡。透過鬆散但富於利他主義的宗旨，華洋義賑會凝聚了南北各地的華洋義賑會。儘管，在組織發展過程中，組織章程對地方分會缺乏強制性的約束力量，但意外地，這種權力結構使華洋義賑會各地分會更能夠適應本地環境。藉由地方層級華洋菁英的合作，連結民間賑濟權力網絡，同時也讓國際化色彩濃厚的華洋義賑會執行委員會，在擬定賑災策略時能夠納入地方觀點，擺脫從中央看地方的缺陷，加速總會與分會之間的政策溝通程度。

一、對等聯盟或是從屬關係？

華洋義賑會，從組織架構上可以分為總會與分會。在創會章程中，各省分會被定位為總會的派出機構，但實際上並非如此。在一九二一至一九二四年初，總會原本有意藉由章則的約束將各省華洋義賑組織視之為地方的派出分支，可是在後來的十餘年間，這個政策可以說是不成功。因為，各地分會的仍然沒有全面達到總會認同（identity）與同化（assimilation）的程度，譬如說在一九三三年以前總會稽核股主任居然無法介入地方分會的財務管理，[129]

[129] 〈I. Hsuan Si to K. Z. Li〉，1933 年 12 月 7 日，中國人民銀行金融研究所編，

就表示總會在地方層次運作法規的無力感。目前一般研究很少注意到總會與分會之間的的差異性，而是將這些省級「華洋義賑會」視為執行總會意志的執行者，全然誤解各地分會的性質與發展。

如果一九二一年華洋義賑會創會時所訂立的「總會章程」與隔年議定的「總會辦事大綱」、「分會模範章程」，可以視為總會企圖建立它對分會的約束力，那麼執行委員會承認新會的條件主要有五項：1.由華洋相等人數組成者；2.除經特別協商，不計外所收款項願匯總於本會所管轄之賑款，受本會支配者；3.能履行本會一切議決案件者；4.其章程經執行委員會認為與本會宗旨相符者；5.能承認本會章程及辦事大綱者。[130] 包含南北各省華洋義賑團體，想要參與華洋義賑會都必須要在章程與辦事大綱的規範下，調整自己的發展方向、幹部結構與財務收支。另外，在人事上還得接受總會派遣人員擔任地方分會幹事，[131] 使之符合中外各半、化作具體而微的華洋義賑會「分支」。[132] 經過承認與改造後的分會，在體制上有幾項重要特徵：1.領導方面，分會設董事至少十人，中外各半，必要時隨時增加員數，但以中外各半為標準。華洋義賑會開辦之初，董事由地方公開推舉陳報總會執行委員會認可，以兩屆常會之時期為任期，或至其繼任會員選定之日為止。2.分會權限方面，分會有全權執行執行委員會賦予之職務，並分設支會與徵求會友等事。3.經費方面，分會若得到總會之許

《美國花旗銀行在華史料》（北京：中國金融出版社，1990 年），頁 579。

130 〈中國華洋義賑救災總會辦事大綱〉，1922 年 12 月 2 日議定、1923 年 8 月 20 日、1924 年 1 月 21 日至二十三日修正，《救災會刊》一卷三冊，頁 21。

131 〈中國華洋義賑救災總會詳細組織表〉，《救災會刊》一卷二冊，頁 12。

132 〈中國華洋義賑會救災總會章程，1921 年 11 月 16 日通過，1922 年 3 月 22 日修訂〉，北京市檔案館藏，《中國華洋義賑救災總會》，J84-3-452-1。

可，擁有全權處置由總會撥交，或由當地籌募之一切賑款；若未得總會之許可，分會不在所屬省境外另募賑款。另外，按照總會定章所有分會所募之款，除會友繳交會費之半數，得由分會扣留外，其它部分一律會歸總會管轄受其支配。4.幹部方面，各分會設會長一人、副會長一人、華洋幹事一人、華洋司庫一人，均由常會於董事中互選之，分別依照一般公共團體之規定職員的權限執行職務。[133]（參見附錄七）從上述「分會模範章程」種種的要求觀察，它們基本上反映了華洋義賑會希望在地方上複製一個與總會氣息相通，具有同樣國際管理特質，以及透過財務的再分配與聯繫，將總會與地方分會緊緊地扣在一起，形成嚴謹的從屬關係。

無可諱言，建立於一九二一年的華洋義賑會，由「總會章程」、「總會辦事大綱」與「分會模範章程」所建構的理想領導關係，本身確實存在著模糊地帶：1.華洋義賑會的目的是要救災，利用地方既有組織就地執行總會政策，卻要那些想要成為會員的團體，放棄行之有年的救災領導方式，豈不是失去因地制宜的優勢；2.入會的實質意義，究竟是屬於對等合作的加盟？或者成為總會在各省的派出機構？；3.無論是章程或辦事大綱，對於已經入會的團體，缺乏有效的監督辦法與處理分會的「退場機制」。上述問題，相關章則都沒有明確地釐清。為解決總會與分會之間的定位問題，一九二四年二月華洋義賑會在上海召開的年度大會中決定：1.由總會在各省設置幹事以及農林人員，各分會僅能推薦；2.各分會的辦事人員應被視為總會執行委員會的一部份，薪

---

133 〈會章修正起草提案〉，1931 年 10 月 1 日議定，《民國二十年度賑務報告書》，頁 15。

資亦由總會節制與調整；3.倘若上述人員在處理業務時發生問題，以執行委員會之議決為最後之決定。[134] 但或許是各分會因救災而疲於奔命，他們對於法規的如何規範總會與分會之間的關係，興趣不大，以至於根本沒有人把一九二四年的協議視當真。於是，總會與分會在一九二〇年代初期，患難與共建立的互信並沒有維持太久。

以人事管理而言，分會的幹部任命權還是掌控在各會的手中，譬如與總會關係密切，同時由總會會長梁如浩兼任領導的直隸分會，它在一九二五年修定的「章程草案」（Draft of Amended Constitution and Bye-laws）仍然以選舉的方式推派總幹事，而不是由總會派任。[135] 直隸分會還否認了總會支援工賑人員薪資由地方支應的決議，[136] 同時反對總工程師塔德任意指派工程師進駐直隸，要求正式通知地方分會，獲得人事上的同意權，否則將拒絕承認他們的身分，當然也不會支付這些人任何薪資。[137] 在梁如浩的主持下，直隸分會甚至將原章程中有關該會在災荒原因歸諸於天然因素時，其賑濟方式由總會監督（....under the supervision of the CIFRC），改為受國際監督（under international supervision）。[138] 這樣的調整，等於是淡化總會與地方分會之間

[134] 〈年會概況〉，《救災會刊》一卷三冊（民國 13 年 2 月），頁 13。

[135] Chihli International Famine Relief Committee Executive Committee, Draft of Amended Constitution and Bye-laws, 1925，北京市檔案館藏，《中國華洋義賑救災津會》，J84-3-452。

[136] 〈年會概況〉，《救災會刊》一卷三冊，頁 13。

[137] Item 6 of Agendas of Chihli International Famine Relief Commission Constitution, April 5, 1925，北京市檔案館藏，《中國華洋義賑救災津會》，J84-3-457。

[138] Chihli International Famine Relief Committee Executive Committee, Chihli

的從屬關係，但是總會卻沒有加以干涉。難道總會過去的宣示只是紙上談兵？

從創會章程、「辦事大綱」，以及「分會模範章程」的內容觀察，總會在執行的層面都缺乏對地方分會人事的約束影響力，譬如前述一九二五年直隸分會內部出現會長梁如浩與賑務部（Distribution Board）主管 Turner 的衝突，總會就沒有力量介入人事調停，僅能消極的表明尊重分會體制。[139] 另外，山東分會辦理工賑的人員也是透過鄉紳的工頭（headman）舉薦，[140] 經由分會與地方政府同意才產生，這種情形也超越了總會原先的設定，突顯總會主導幹部人事任命的不切實際，以及地方高度自主的真相。[141] 類似像直隸分會企圖擺脫華洋義賑會控制人事的做法，反應了各地華洋義賑會，它們在名義上從過去的有權威授權的 Commission 降為一般的委員會 Committee，成為鬆散的地方分會（Provincial Committee），但仍然希望與總會維持聯盟或國際聯合委員會（Alliance or United International Commission）的關係，而不是被強加任何人事上的制約。這種期望不只是出現在那些財務穩定的地方分會，而是一種普遍心態，徹底揭露了總會在人事政策上的不切實際。

在經費方面，總會與分會的定位尤其特殊，亦可說是與時調

International Famine Relief Commission Constitution, June 5, 1925，北京市檔案館藏，《中國華洋義賑救災津會》，J84-3-452。

139 M. T. Liang to All Members of Committee, September 28, 1925，北京市檔案館藏，《中國華洋義賑救災津會》，J84-3-457。

140 以工頭作為佈賑的協助者的概念是 1921 年美國紅十字會所建議。American Red Cross, *Report of the China Famine Relief American Red Cross, October 1920-1921*, pp. 24-25.

141 See CIFRC, *Annual Report 1923, Report on Relief Work in 1923*, p.23.

整。以賑災附加稅的提撥為例，當中國政府刻意強化國家主權在慈善事業的表現時，官方賑務機關往往跳過總會，逕行與各省分會聯繫，這個時候總會的角色幾乎是不存在的。如果各分會被中國政府視為華洋義賑會底下的派出機構，他們就僅能仰賴總會出面協調，不再擁有個別申請經費的權力，亦無法以各省名義來訴諸國際的同情，或要求中國政府撥付海關賑災附加稅基金來賑災。反之，當外國對捐款增加，華洋義賑會被視為中國接受外援的窗口，那麼各地分會往往會加強與總會之間的聯繫，表明願意遵守總會各類政策，以便獲得總會青睞，增加賑款的分配額度。除非分會與總會之間產生龐大的利益衝突，否則絕大多數財務狀況不佳的分會是不會主動質疑總會的領導地位，譬如河南分會就對總會制定的中外各半、防災計劃指導方式，有不同的意見，[142] 但雙方卻從未有過對立的現象。較為嚴重的衝突主要出現在總會與上海華洋義賑會，後者一開始就質疑總會與分會之間應該是對立而非上下從屬，加上一九二四年累積的「導淮委員會基金」的處理方式與總會興訟，[143] 其它各會並沒有對總會的地位，公然提出挑戰。

回頭檢視華洋義賑會章程，我們可以發現「它」所要強調的意義似乎不在於人事或財務層面的上下從屬關係，否則以華洋義賑會主張必須實踐中外各半原則、認同賑災理念、遵守章程與大綱的標準，不少分會實際上是不符合所謂入會資格。但為什麼那麼多分會，譬如河南、山西、陝西分會在經營不善，經歷多次起起落落之後，還是會在組織復興之日，立即申請加

---

[142] See CIFRC, *Annual Report 1925, Report on Relief Work in 1925*, p.56.

[143] 〈執行委員會開會情形〉，《救災會刊》一卷五冊，頁 31。

入華洋義賑會，期望獲得總會的認同？主要原因，還是希望具備長期經營實力與資源的總會，能夠藉由指導者的姿態，提供各會營造國際合作的形象、整合資源的平台、標準化的非營利性組織經營方法與賑災技術。另外，總會外籍幹部與英美社會關係密切，透過他們的協助，地方分會可以在受災後立即獲得海外援助，也是原因之一。

二、總會與分會的關係：直屬、依附、獨立競爭

如前所述，總會與各省分會之間的關係，並沒有一個固定的標準或典範。雙方的關係基本上維繫在財務互動、地方分會的發展歷史與區域政治對民間組織的影響力而定。為了研究方便起見，在華洋義賑會發展過程中先後出現的十七個地方組織，可以依照他們長期與總會之間的親疏遠近、是否遵循華洋義賑會章程與組織大綱的原則，接受總會援助的程度，經營管理技術的自主性、與其它分會的聯繫程度，以及總會的分合關係，簡單地區分為直屬、依附、競爭等三種類型：

甲、直屬類型：這類分會主要出現在四種狀況下，第一種是總會為業務與行政效率起見，直接授權所屬機構，以總會的名義在地方推動政策與計劃，譬如前面一章已經介紹過，於一九三一年建置的揚子水災賑務顧問委員會（揚子委員會），就頗有與總會隔江而治的味道。第二種是地方分會因為業務結束、經營不善，無法繼續維持下去，故主動降級為地方事務所，成為總會的派出機關，譬如河北（直隸）、山東、察哈爾、[144] 綏遠等地，[145]

---

[144] 察哈爾分會本來就是接受總會撥款才成立。1924 年 8 月，華洋義賑會與美國領事絲丹敦、中國外交部駐察哈爾交涉員沈君庸在張家口推動成立

都曾被降格。第一個被縮編為事務所的案例，是早於總會之前成立的直隸華洋義賑會，它因為業務逐年減少，為了減少人事與行政開銷，故轉型為事務所型態。一九二六年華洋義賑會乾脆將位於天津的直隸華洋義賑會事務所關閉，並且將文件與後續工程計劃移交總會。[146] 第三種情形是地方分會因無力管轄省境所有區域，因此將部分區域劃給總會直接設置分會，由總會直接派幹部進駐，如一九二九年陝西分會因為考慮到榆林與西安距離遙遠，分會控制不易，遂交由總會設置單位，由事務所派遣高厚儒接手當地業務，[147] 取代了分會角色。第四種情形是經營不善，遭到直屬於總會的分會合併，最後變成總會事務所的分支機構。在華洋義賑會發展的過程中只有江西分會屬於這種類型，它原本仰賴江西省政府、紅卍字會、濟生會、華北慈善聯合會共同合作。在一九三一年江西大水災發生時，由於贛會無法處理龐大的賑務，總會遂指定揚子委員會接收贛會，全體職員亦一併移轉，[148] 成為總會駐贛事務所。上述直屬於總會的地方組織，無論它們的出現是基於何種原因，總會對在這些單位都有絕對的人事權、財務支

本會。然而，本會因為積欠總會太多錢，因此在1931年1月結束所有業務，將卷宗將給張家口總商會報管。〈察哈爾分會報告〉，《民國十八年度賑務報告書》，頁55；《民國十九年度賑務報告書》，頁76。並見〈張家口急賑〉，《救災會刊》一卷六期，頁37。

[145] 本會的成立主要是受到張學良的支持，另外救世軍與華洋義賑會贊助以工代賑計劃。不過，從成立一開始，綏遠分會的所有業務就直接歸總會辦理。至1931年，總會決定比照河北、山東、湖北模式，將所有本會卷宗交由總會事務所保管。〈綏遠分會報告〉，《民國二十年度賑務報告書》，頁15。

[146] 〈天津事務所收束〉，《救災會刊》四卷一冊，頁5。

[147] 〈陝西分會報告〉，《民國十八年度賑務報告書》，頁43。

[148] 〈江西分會報告〉，《民國二十一年度賑務報告書》，頁62。

配權，以及決策的主導權。當然，揚子委員會後來配合總會設置駐滬事務所，使它的地位幾乎與在北方的總會並駕齊驅，但是它仍然必須依賴直屬於總會事務所的滬所來推動政務，而且在領導成員中，來自總會的幹部、職員如王正廷、安獻今、貝克對揚子委員會都有高度的影響力，嚴格來說它仍然直屬於總會。不過，對於那些從分會降為事務所的機構，華洋義賑會仍然有計劃的透過財務的整頓，協助他們東山再起。[149]

乙、**依附類型**：顧名思義，這類地方分會，無論他們出現的時間早晚，在實際經營的過程中，不僅要仰賴總會提供財務與賑災技術上的實質幫助，另外甚至還要政府與其它中外慈善組織的奧援，才得以長期經營下去。他們的組織活動，並不如預期的理想，絕大多數的分會都曾在戰爭、財務與缺乏管理人才等因素的影響下，被迫停止活動。其短者數月，長者甚至可以達到兩三年無法正常運作，華洋義賑會稱這種狀態為「進入休眠」(into the state of dormancy)，[150] 譬如一九二八年以後山東分會停頓七年；[151] 河南分會在一九二八年初曾經因為戰亂自動解散六個月，期間沒有其它組織接手，總會也沒有納入直屬，一直到總會執行委員會與分會協調才宣告「復興」，[152] 但一九三四年會長懷履光退休離開中國以後，豫會形同破產。[153] 山西雖然有省政府支持，

[149] See CIFRC, *Annual Report 1926, Report on Relief Work in 1926*, p.18.

[150] See CIFRC, *Annual Report 1927, Report on Relief Work in 1927*, pp. 9-10.

[151] 山東自 1929 到 1935 年間，會務停頓，並降為事務所。全省僅留下一個農業試驗場。它成立於 1929 年，係由分會與金陵大學、齊魯大學、山東省鄉村建設研究院共同合作，1935 年改組為濟南農事試驗場。〈山東分會報告〉，《民國十九年度賑務報告書》，頁 43；《民國二十四年度賑務報告書》，頁 67-68。

[152] 〈河南分會之復興〉，《救災會刊》五卷五冊，(民國 17 年 6 月)，頁 23。

[153] 河南分會的財務主要仰賴總會與上海華洋義賑會的援助，自 1931 至 1933

但一九三一年以後省屬救濟與水利單位的陸續成立，卻把分會職員與幹部給借走，造成山西分會廟中無神的特殊狀況，[154] 而且山西政府後來推廣的合作運動也與華洋義賑會的概念，大相逕庭。[155] 陝西分會在一九三三年以後就自認為形同虛設，遭到總會拋棄，後來雖曾一度獲得上海義賑會捐助，加上一九三五年華洋義賑會推廣合作運動，但是政府成立陝西農業合作事務局，分會自認喪失最後一項存在的價值，遂結束業務。[156] 事實上，以非營利性組織的身分要獨立在西北發展救災或移墾業務，的確有著重重險阻。然而為什麼華洋義賑會及其分會，還會契而不捨往西北發展呢？金陵大學卜凱暗示，外國人或許是將中國的西北比擬為美國的西部的落磯山土地，因而會產生不顧現實執意響應「到西北去」的口號。真正到西北發展後才發現當地土地面積雖廣，

年因經費缺乏導致會務停頓，僅召開兩次會議。1934 年以後會長與副會長分別由華籍劉炳章、宋作珍擔任。〈河南分會報告〉，《民國三十三年度賑務報告書》，頁 61。

[154] 山西分會務長期停頓，華洋義賑會執行委員會遂指派貝克以賑務主任的身分，代表總會長期進駐指導。1931 年分會職員多轉任水災救濟會，因此僅留一人看守庫房。山西水利工程委員會成立後，本會幹部全部加入這個政府組織。兩者連辦公室、人事都是一樣。於是此後凡有災情及請賑文件都由總會辦理。1932 年至 1934 年期間，山西分會面臨無事可辦，職員也沒有改選，連年度會議都停擺。〈山西分會報告〉，《民國三十一年度賑務報告書》，頁 52；《民國三十二年度賑務報告書》，頁 58。

[155] 巫寶三，〈察綏晉旅行觀感〉，《獨立評論》第 177 冊（民國 24 年 11 月）。

[156] 陝西分會認為總會太過重視工賑計劃，對急賑的需求毫不在意。若不是得到接受華北慈聯會、陝省賑務會、上海華洋義賑會的資助，分會很可能早就結束。這些援助中又以 1933 年，上海華洋義賑會捐助洋元二萬八千元、大米三萬元、兩萬貸款，四萬水利修繕，藥品一萬八千，共計十三萬，規模最大。〈陝西分會報告〉，《民國十九年度賑務報告書》，頁 68；《民國二十四年度賑務報告書》，頁 89。

但雨量太少，除發展灌溉事業，否則無以為功。[157] 因此，一旦華洋義賑會分會無法掌控西北的水利事業，便沒有施展的空間。

至於華洋義賑會創會初期財務狀況較好的分會，如湖北、湖南兩會，儘管它們都擁有強大的商會與教會作為財務後盾，仍然無法獨力維持運作，也必須依附總會。以湖北分會來說，從其會員組成可見看到外國商會、教會影響力量強大，藉由他們的協助，湖北是少數能夠具備獨立工賑能力的分會之一。不過，湖北分會財務紊亂的情形自創會後始終無法改善，甚至連上海華洋義賑會提撥捐款、義賣贊助所得，都毫無幫助。由於華洋義賑會在當地投入大量的工賑經費，為了避免分會經營危機影響到總會的收款，總會特別在一九三一年派出財務專家胡必祥擔任幹事與文牘主任王价人進駐湖北，共同研究各地借款問題，[158] 這才轉危為安。從這一年開始，總會完全介入本會的財務調度，譬如一九三三年國民政府水災善後委員會分撥一萬噸美麥贊助湖北，但是美麥變賣後的農村復興貸款，必須由邀請總會派遣富有經驗者來指導。國民政府對分會運用經費有意見時，總會有權參與討論。[159] 經過總會的整頓至一九三一年，湖北分會竟有餘力援助河南、安徽、江西。[160] 一九三二以後，華洋義賑會在本地派遣專家，推動農村合作運動成效卓著，連一九三四年英國合作專家施德蘭、金陵大學教授張季鸞、上海銀行童星安都指定到湖北分會訪問。[161]

---

[157] 吳文暉，《中國土地問題及其對策》（重慶：商務印書館，民國 33 年）。

[158] 〈湖北分會報告〉，《民國二十年度賑務報告書》，頁 49-52。

[159] 〈湖北分會報告〉，《民國二十二年度賑務報告書》，頁 59。

[160] 〈湖北分會報告〉，《民國二十一年度賑務報告書》，頁 57。

[161] 〈湖北分會報告〉，《民國二十三年度賑務報告書》，頁 68。

另外，就湖南分會而言，它的創立與長期主持中國政府賑務的熊希齡有密切關係。熊氏不僅曾經擔任過中國政府國務院總理，他同時也是許多非營利性組織的領導人，在中國慈善社團中地位崇隆。因此，跟其它強調中外各半的分會不同，華人在湖南分會的力量，具有絕對的優勢。不過，伴隨熊希齡在官場上的逐漸淡出、南北對峙、國共之間的衝突，造成湖南分會的實力由盛轉衰。到一九三〇年前後還必須仰賴北美救災協會、湖南省政府與各公團、上海華洋義賑會、江蘇華洋義賑會共同捐助才得以度過財務難關。[162] 為了挽救湖南分會的財務危機，一九三四年總會派遣王溥、張鳳桐到湖南指導合作運動，辦理山鄉農賑運動。不過，總會與湖南分會的振興計劃，先是受到中央政府將農賑收歸國家管理，後來又逢中共蕭克、[163] 賀龍[164] 在湖南西部的活動的影響，使得合作講習推動。[165]

在附屬類型中還有雲南與貴州分會，它們從籌備之初就預設在財務上無法獨立，本來就期待總會的長期奧援，但是因為與總會相距遙遠，「鞭長莫及」，[166] 所得援助也是杯水車薪，甚至遭到幾近「拋棄」的對待。換句話說，它們想依附卻得不到

---

[162] 〈湖南分會報告〉，《民國十九年度賑務報告書》，頁 58；《民國二十年度賑務報告書》，頁 3。

[163] 蕭克，湖南嘉禾人，他在 1930 至 1935 年期間先後擔任中共紅四軍第一縱隊參謀長和第十二師師長、紅一方面軍獨立第五師師長、紅八軍軍長、紅六軍團軍團長。〈蕭克〉，張克明主編，《中華人民共和國大辭典》（北京：中國國際廣播出版社，1989 年），頁 672。

[164] 賀龍，湖南桑植人，他在 1929 至 1937 年期間，主要擔任中共在湘鄂川黔地區的紅軍總指揮，〈賀龍〉，《中華人民共和國大辭典》，頁 648。

[165] 〈湖南分會報告〉，《民國二十三年度賑務報告書》，頁 71；《民國二十四年度賑務報告書》，頁 81。

[166] 〈雲南分會報告〉，《民國十九年度賑務報告書》，頁 73。

青睞。然而，與前面幾個依附於總會類型的分會，最大不同之處就是他們即便沒有任何慈善組織的相助，仍然堅持總會的中外各半組織精神與工賑原則。以雲南而言，靠著向總會借貸的三十萬現金，所得工賑成績竟成為全省路工模範，引起滇省當局對建設事業的興趣。不過，雲南與外地的匯兌水準相差太大，造成總會經費不敷所需，至一九三一年遭遇嚴重財務危機，[167] 總會仍然不聞不問。就貴州分會而言，它在創會之初，稟承華洋義賑會中外各半領導為原則，一切都遵照華洋義賑會為標準，但是在省洋員過少、賑款少的狀況下，所有的章則成為空談，分會始終無法執行華洋義賑會的政策。按理，這樣一個完全不符合華洋義賑會標準分會發展模式的地方分會，理應被除名在外，惟貴州分會卻堅持留在華洋義賑會，甚至自創所謂「眾擎易舉主義」，即以眾志成城為組織實質發展目的，調解華洋義賑會的形式主義，解除地方分會外籍會員參與不足，無法「中外各半」達到的窘境。[168] 總之，華洋義賑會對西南兩分會態度，受到距離因素的影響，對它們一直沒有明確的指示或協助調整，僅能放任兩會如棄嬰般，在遵循總會精神與政策的狀況下，繼續推動華洋義賑會宣傳的防災理念與賑務。

就長期而言，依附類型分會組織對華洋義賑會的財務沒有任何正面幫助，甚至可以說是累贅。湖北分會就自嘲，若無總會的指導，分會的領導幹部在主持修堤時不過是「無能與不負責任的人」。[169] 然而，它們的存在確實有其必要，章元善在一九三六年提出的「三元計劃」，大幅度地肯定分會的價值，他認為華洋義

---

167 〈雲南分會報告〉，《民國二十年度賑務報告書》，頁 75。

168 〈貴州分會報告〉，《民國二十三年度賑務報告書》，頁 75。

169 See CIFRC, *Annual Report 1927, Report on Relief Work in 1927*, pp. 40-41.

賑會在各省建立常設的國際組織，一旦災害發生的時候，地方分會能夠就近迅速進行賑災，發揮本土化的優勢；平時也可以從事賑災技術的研究、氣象的觀察、工賑防災工程的推動，以及農村合作運動的訓練工作，甚至結合當地學術機構發展適合中國各地不同風土的科學防災試驗。[170] 所以，儘管分會的發展問題紛亂，它們彼此仍然表明總會必須尊重分會的存在價值，而總會也願意以寬鬆的標準檢視分會與總會之間的關係。[171] 即使到一九三七年，在討論到如何使總會與分會關係益臻密切，雙方仍然提出不少方法，譬如由總幹事每年巡視分會、由總會供給分會技術人員等方式。[172] 不過，受到中日戰爭全面擴大的影響，一直到一九三八年華洋義賑會會務全面停頓為止，這些建議都沒有進一步的實踐與研究。

丙、獨立競爭類型：這類型的地方分會，它具備良好的財務管理經驗，累積穩定營運基金，還擁有完整執行防災與賑濟能力，以及援助其它地方分會的實力。最特別的是，地方分會自認為與總會之間的關係，不是上下的從屬，而是對等合作的聯盟，有時甚至是競爭。換言之，總會的宗旨，它不見得必須遵守；總會的決策，也只有在利益一致時，雙方才有合作的必要。在華洋義賑會發展的過程中，只有上海華洋義賑會（Chinese-Foreign Famine Relief Committee, Shanghai，以下簡稱滬會或上海義賑會）屬於這一類型。

---

[170] 章元善，〈今後之中國華洋義賑救災總會〉，《救災會刊》十三卷八冊（民國 25 年 5 月），頁 54。

[171] M. T. Liang to All Members of Committee, September 28, 1925，北京市檔案館藏，《中國華洋義賑救災津會》，J84-3-457。

[172] 〈第八屆常會紀事〉，《救災會刊》十四卷九冊（民國 26 年 6 月），頁 84。

滬會起源甚早，如果沒有它在二十世紀初建立了華洋國際合作的模式，以及規劃各類活動的程序與經驗，後來的北京國際統一救災總會與華洋義賑會在發展國際人道主義這條路上，恐要摸石過河，花更多人力與經費。滬會在一九二一年加入華洋義賑會，但從一開始它就質疑總會的管轄範圍，強調分會的主體性與對等合作。在一九二四年前後，雙方又因為處理政府撥款「導淮委員會基金」問題興訟，步上法院公斷。[173]

為了「導淮委員會基金」的問題，滬會不顧華洋義賑會早期團結的形象，急欲脫離組織以求能夠名正言順保住基金的管理權，但總會鑒於滬會的救災經驗、政經網絡關係，以及在中國南方江、浙、皖的影響力，故遲遲不願正式將它在組織常會中除名。經過內部協調未果，滬會更加深脫離華洋義賑會的意志。因此，在「導淮委員會基金案」訴訟期間，華洋義賑會積極動用北京外交團與江蘇特派交涉員陳世光的協助，要求滬會歸還基金。[174] 滬會也不甘示弱，也利用許沅接替陳世光的機會，企圖以「上海華洋義賑會」對「北京華洋義賑會」的對等方式，矮化總會，同時突顯滬會自一九二〇年以來就是獨立組織，不屬於華洋義賑會的「事實」。[175] 最後，華洋義賑會被判敗訴，導淮委員會基金仍歸滬會所有。

一九二五年以後滬會與華洋義賑會決裂，在中國與世界上形成兩個「華洋義賑會」的競爭。於是在一九二七年，總會終於正

---

173 〈執行委員會開會情形〉，《救災會刊》一卷五冊，頁 31。

174 〈特派江蘇交涉員呈外交部〉，民國 14 年 5 月 14 日，《外交檔案》，03-19-165-02-042。

175 〈江蘇交涉署呈外交部〉，民國 14 年 6 月 30 日，《外交檔案》，03-19-166-01-009。

式宣佈滬會為華洋義賑會分會，已經成為歷史。[176] 脫離華洋義賑會後的滬會，儘管雙方曾經因財務問題興訟，但兩者的關係並不是完全對立，從不少華洋義賑會分會的財務報表與年度報告中可以發現，滬會在他們的經營遭遇困難時經常扮演贊助者角色，超過總會所能給予的任何協助。也就是說，雙方是既競爭又合作。滬會的特立獨行作風，與華洋義賑會相互睥睨，但是最大的受惠者，毫無疑問地，還是災區的廣大群眾，幾乎所有華洋義賑會依附類型分會都曾經接受過滬會財務與賑濟物資的幫助，而總會並沒有任何抵制的措施，還多次傳達支持之意，[177] 從一九二〇年中期華洋義賑會與滬會分道揚鑣以後，儘管雙方「性相近，道相似」，但牽扯到募款與財務問題，孰是中國慈善界領導者的問題便再度興起。因此，華洋義賑會曾在《救災會刊》中，以總會為名發布新聞稿，強調中國只有一個「華洋義賑會」，那就是中國華洋義賑總會，其它以「華洋義賑會」或「華洋義振會」為名的募款都是非法，這無疑是針對滬會的一項警告。[178] 因為，在上海傳播媒體，一般對華洋義賑會或滬會都以華洋義賑會稱之，並沒有刻意區別。華洋義賑會的再次宣示，顯示它有意以法理的宣示證明組織存在的正當性，彰顯自一九三四年以來，它作為國民政府首位承認的「『慈』字第一號」慈善團體、國際團體的領導形象，[179] 間接縮減滬會的生存空間。

---

[176] 〈副總幹事報告〉,《民國十七年度賑務報告書》, 頁 5。

[177] 〈申會募賑粵災〉,《救災會刊》五卷三冊（民國 17 年 2 月）, 頁 13。

[178] 〈中國華洋義賑救災總會聲明〉,《救災會刊》十三卷八冊（民國 25 年 5 月）, 頁 58。

[179] 1934 年 4 月 6 日，國民政府內政部頒給華洋義賑會第一號慈善團體立案證書。不過，華洋義賑會當時領到的證書，上面書寫的正是會名為：中國華洋義振救災總會。會名中長期使用的「賑」改為「振」。〈北平市政

兩會從一九二一年開始，無論是在賑濟方針與組織架構上都不盡相同，這使雙方能夠同時在中國生存。以賑濟策略而言，如前所述華洋義賑會曾經多次調整賑災標準，使其賑災範圍從因天災造成的飢荒，延伸到人為導致的災變，而救災方式也擴展到工賑防災、合作運動，地方急賑自助，即所謂「三元計劃」。[180] 滬會則自創會開始似乎刻意突顯它過去辦理急賑的經驗，一反華洋義賑會強調的工賑防災觀念。滬會認為：「救災無善策，惠濟貴即時」，也就是救災重即時效率，非僅預防。[181] 因此，滬會在災區的工作內容，主要採取金錢、糧食、施粥、衣物、醫療的協助；當災情降低以後，滬會再透過本會幹部與當地代理機構，實行小規模的工賑，譬如一九三三年修復高郵地區碼頭二十里。至於一九二〇年代初期滬會主張的造林防災、疏浚河道的政策並沒有維持太久。[182] 就連滬會在一九二五年透過與華洋義賑會訴訟爭取到「導淮委員會基金」，最後居然淪為宣傳防災，不再研究實際的河港工程計劃。弔詭的是，一九三四年以後，或許是受到年前華洋義賑會調整救災方式與組織南進的影響，滬會擔心華洋義賑會日後發展急賑業務會對取代其在江、浙、皖、贛的地位，所以也開始與國民政府、金陵大學合作研究防災工程，並將防災視為

府的訓令市字第一六〇號〉。民國 23 年 1 月 20 日，北京市檔案館藏，《北平市社會局、北平市政府檔案》，J2-6-37；〈本會正式立案〉，《救災會刊》十一卷四冊（民國 23 年 4 月），頁 25。

[180] 〈今後會務計劃大綱〉，《中國華洋義賑救災總會十五週年紀念冊》（北平：華洋義賑會，民國 26 年），頁 12-15。

[181] See Chinese-Foreign Famine Relief Committee, Shanghai, Annual Report of Chinese-Foreign Famine Relief Committee, 1931 (Shanghai: Chinese Foreign Famine Relief Committee, Shanghai, 1932), p. 1.

[182] 這項政策僅孫仲英支持。上海華洋義賑會，《華洋義賑會常年會務報告書》民國 22 年（上海：華洋義賑會，民國 23 年），頁 1-5。

長期發展目標。惟滬會計劃的工程性質不是以災區居民組成勞動力，而是委託專業工人建造，[183] 迥異於華洋義賑會的做法。

至一九三七年為止，兩會競爭的結果，使滬會的活動範圍從傳統的勢力範圍——江、浙、皖、贛，擴大到河南、陝西、四川、甘肅、貴州等地。但它並沒有像華洋義賑會一樣在各地設置分會，僅在辦賑時邀請地方仕紳、教會、當地慈善團體共同合作，當然也包括華洋義賑會各地分會。可是這些臨時組成的賑會，事畢即散，以至於面臨災荒時往往處於焦頭爛額，連平時募捐賑款也不盡理想。[184]

從上述兩會分立以後的互動過程來看，雙方領導階層沒有直接的交流，不過在政策與賑濟範圍的調整上卻有著強烈的關聯性，形成一種既競爭又合作的關係。按理，這樣兩個同樣具備堅強實力的國際救災團體，應該可以在華洋合作與人道主義與慈善的號招下結合。遺憾的是，一直到一九三七年七七事變，日本出兵上海，兩會仍然心存芥蒂，即使大敵當前，至少表面上還是各自獨立。在日軍登陸上海以後，兩會再度交手，由華洋義賑會主導，前會長顏惠慶主持「中國紅十字上海國際委員會」；[185] 上海華洋義賑會另外號召其它團體，由荷蘭駐滬領事鮑雪文（G W. Boissevain）與上海聞人屈文六組成「上海國際救濟會」。[186] 前

---

183 譬如 1934 年滬會委託農業救濟協會理事長凌道揚主持工賑，並由金陵大學學生擔任工程調查。上海華洋義賑會，《華洋義賑會常年會務報告書》民國 23 年（上海：上海華洋義賑會，民國 23 年），頁 2-5。

184 同上註，頁 11。

185 「中國紅十字上海國際委員會」主要發起者為華洋義賑會、美國紅十字會、華災協濟會、中國紅十字會。貝克，〈本會二十六年度工作報告〉，《救災會刊》十五卷第一期（民國 27 年 3-4 月），頁 131。

186 「上海國際救濟會」則是上海華洋義賑會邀請中國紅十字會總會、上海慈

者仰賴美國與華僑援助，後者挾著上海在地社團的優勢，獲得媒體與金融業的支持。表面上看來兩者交集似乎不大，實際上在人事組成上，還是保留了中外各半，專業分工的特色，幹部的來源也達到一定程度的重疊，譬如顏惠慶、王正廷同樣都是兩會的精神領袖，滬江大學著名學者劉湛恩博士同時兼任上海國際委員會的「難民教育委員會副主席」[187] 與上海國際救濟會「常務委員會兼設計組主任」。[188] 由部分人事的共同性，不難想見兩會在爭面子底下的微妙互動關係。

三、總會援助分會的轉型及其失敗

從前述討論總會與地方分會的互動關係類型的過程中，可以很明顯的發現，絕大多數的組織都是屬於依附類型，其次就是直屬類型。更進一步地說，華洋義賑會在各地的分會，從財務、人事、業務執行，以及研究能力的發展來看，體質普遍欠佳。按理，華洋義賑會的意志、政策與願景決定於會員大會，而會員大會選出的執行委員會又造就了整個組織的核心。既然分會經營不善，那麼總會如何能夠擺脫積重難返的挑戰。到底是因為總會在組織戰略上採取「強幹弱枝」，導致分會力量衰弱？還是有其它整體與個別因素，迫使分會始終無法振作。總會在分會請求援助的聲

善社團聯合救災會、世界紅卍字會、中國濟生會、中華公教進行會、上海基督教青年會、中國佛教會等團體。上海華洋義賑會，《華洋義賑會常年會務報告書》民國 26 年（上海：上海華洋義賑會，民國 27 年），頁 1。

187 〈中國紅十字上海國際委員會鳴謝啟事〉，《救災會刊》十五卷第一期，頁 145。

188 〈編者前言〉，上海國際救濟會，《上海國際救濟會年報》民國 26 年 8 月至 27 年 8 月 15 日（上海：上海國際救濟會，民國 27 年），頁 8。

浪中，它又是怎樣回應？就人事與組織與資源而言，華洋義賑會的發起者與領導人物來自中外各地，他們都有國際交流的經驗，接受過多重文化的洗禮，無論是執行委員會、總會事務所幹部都具有不同的專業能力，同時與中外政界維持良好關係。在中國國內，華洋義賑會代表的是全國華洋義賑組織的集合，擁有北京政府、外交團（diplomatic body）的實質支持；在國際上，只有華洋義賑會與中國紅十字會曾經代表中國參與各類活動，特別是在防災、救災方面，華洋義賑會可以說是二十世紀中國民間唯一有意願，也有能力參與國際組織活動的非營利性組織，這是各地分會不能望其項背的。無論是從人事、組織經營、賑災技術的發展來看都是同樣的結果。

以地方分會的人事而言，發起者多半來自地方領事團（consul body）、商會與洋行、外國教會，以及鄉紳，影響力通常不超過一省，甚至僅止於省會所在地。他們的出身與學識未必比總會遜色，譬如直隸分會的領導者多出自歐美同學會。山東分會在創會之初的主要華籍會員也是出身自清華大學，[189] 諸如湖北、山西、河南、河北都是由出當地具備國際背景的留學生或政府官員擔任領袖。分會人事最大的問題是在專業賑災、經營組織的人才不足，[190] 這直接影響到各分會能否發揮組織功能，在地方層次複製總會政策，執行業務，以及獲得政府信賴。因此，在省境之內，他們必須與其它慈善團體合作、競爭，才能自政府手中獲得資源；在省境以外，各分會很少能夠獨立爭取到中央政府補助，除非是透過華洋義賑會或者是團體內部的外國幹部的聯繫外地教會與跨國公

---

[189] See CIFRC, *Annual Report 1922, Report on Relief Work in 1922*, p.22.
[190] Ibid., p.49 .

司，譬如說河南分會不少經費都是經由會長懷履光自海外募款所得；山西的美孚油公司（Standard oil Company at Shansi）與湖北亞細亞石油公司（Asiatic Petroleum Company）贊助湖北分會修堤。[191] 其實這些團體經常質疑中國政府與慈善團體募款的動機，認為錢應該拿去做更有建設的事，但是因為華洋義賑會主張有效率的工賑，他們才願意支持。[192] 而且教會與外商在華發展息息相關，兩著相互支持。[193] 在一九二〇年代中期，中國爆發南北內戰，類似美孚油公司往往成為暴力與軍事行動騷擾的對象，不知道是否因為恐懼遭遇報復，所以才會主動投資「作功德」，以換取中國們對他們的好感。[194] 但顯然，這樣的投資並不能夠保證他們的公司不會遭遇攻擊。

必須要說明的是，外國政府組織與慈善機構向來以華洋義賑會的總會為交涉對手，而非地方分會。也就是說，分會缺乏類似總會的雄厚財務實力與專業人力，當然無法吸引其它組織與對象跟它們交換資源。不過，為什麼華洋義賑會十七個分會組織會出現在十二個省份，而沒有在那些號稱地方政府勵精圖治、強調農民運動的省份設置機構，譬如一九二〇年代的廣西、廣東，或許只能以當地政府對農村運動的重視，壓抑民間自發性的改革力量作為解釋。過去研究往往一概認為這是因為地方政權窮兵黷武，

---

[191] Ibid., pp. 56-57.

[192] Tientsin General Chamber of Commerce, September 3, 1924, FO228/3032, pp. 343-344..

[193] 孫同勛，〈中國市場與門戶開放政策的宣佈〉，收入《勞貞一先生八秩榮慶論文集》（台北：台灣商務印書館，民國 75 年），頁 672。

[194] 吳翎君，《美孚石油公司在中國（1870-1933）》（台北：稻香出版社，2001 年），頁 104。

所以不會針對民眾的需要來設計建設目標，[195] 但嚴格來說，內戰與治安的敗壞才是使領導人無法以民生經濟為優先投資與建設的目標。[196] 實際上，部分沒有華洋義賑會分會駐在的省份的地方政府，主要是因為當地政府長期積極主導工程事務，或是經費不足，使得以推動民間工賑的分會，其存在顯得多餘，譬如廣西省公路處在一九二七年曾與總工程師塔德洽商協助設計五百哩英里公路，但是財務問題致使當地分會始終無法順利成立，合作遂告破裂。[197] 另外，在一九二〇年代初期，華洋義賑會原在廣東汕頭設有分會，但因廣州革命勢力強大，以至於成立未久就停止運作。由此可見地方分會需要面對政治糾紛與財務問題的複雜性，不見的比總會要來的少。

就會務經營與辦賑的成效而言，幾乎所有的分會都會面臨財務困窘、效率未達預期的困擾，以至於需要總會及其它公私團體的協助才得以生存下去。長期發展下來，對總會形成高度的依賴性，致使業務執行的獨立性喪失，無法發揮各會「因地制宜」的特長。這種情形尤其初出現在西北與西南地區。曾任陝北賑務總幹事的高厚儒分析認為，災情發生的地點通常發生在偏遠地方，無論如何解決，總無法避免：1.賑災糧食的運送過程太遠，而且

[195] Diana Lary, *Warlord Soldiers: Chinese Common Soldiers, 1911-1937*（New York: Cambridge University Press, 1985）.

[196] 朱浤源，〈一九三〇年代廣西的動員與重建〉，收入《史政學術講演專輯》四（台北：國防部史政編譯局，2001 年），頁 87-106。並見朱浤源，〈評 Eugene William Levich 著《國民黨統治下的廣西模式，1931-1939》〉，收入國史館編，《中國現代史書評選輯》第二十一輯（新店：國史館，1998 年），頁 230。

[197] See O. J. Todd, “ Annual Report of ht Engineering Department”, in O. J. Todd, *Two Decades in China*, pp. 477-478.

大部分省份禁止糧食出境；2.運糧困難，沿途治安惡劣，不容易在短時間完全放賑；3.賑糧的運費過高，有時甚至高過賑糧的價值；4.華洋義賑會為災區募款時，為求宣傳成效，往往過度誇張募款金額，造成實質所得偏低。[198] 高厚儒清楚的點明分會在後天環境，不利經營的地理與人文因素。但無可奈何的是，他所敘述情形本來就是地方分會的宿命。因為會出現飢荒的地區主要分佈於糧食市場的邊陲、經濟弱勢、治安紊亂、政府力量衰微，即使有總會的介入，也不能在一二十年之間立即改善大環境的問題。

就賑災政策的轉型而言，總會長期重視的是工賑與農村合作防災；地方分會受到週遭環境立即的壓力，重視的是可以在短期內出現效果的急賑，特別是糧食與現金發放的賑災策略。雙方在執行的過程，雖然不至於對立，但是地方經常反映總會，質疑決策核心過度注重工賑，無法解決當地人民的燃眉之急。為此，總會曾數度就賑災方向進行辯論，擴大對賑災範圍的解釋。總會一方面強化本身的財務能力，另一方面則嘗試藉著調整工賑規模、推展農村合作運動，希望能夠解決分會的經營問題。當中國或世界整體經濟活絡，地方分會尚可藉由華洋義賑會的集體力量，自中國政府與海外獲得捐款，以及總會有限的投資回饋。然而，一九三三年以後，全球性的經濟蕭條逐漸蔓延到中國，一個與市場毫無關係災區村落也會面臨空前的危機，同時衝擊到各地分會的經營。

一九三三年初，總會鑒於分會自身難保的情況，終於大規模地調整策略，利用小型工賑、農村合作運動，以及鼓勵地方發展

---

[198] 〈陝北賑務總幹事報告〉，《民國十八年度賑務報告書》，頁43。

本土研究，用來協助分會持續經營轉向「建設防災」。這些策略中，「農村合作」最受總會與地方分會的青睞，當時進行的農村合作包括：信用合作、合作購買、販賣合作、利用合作等四項。[199] 之所以要積極推廣合作運動的原因，就是基於「農民所受的經濟壓迫，一天比一天厲害。如果不趕緊自救，將來總有山窮水盡之一日。而農民自救之道，只有集合同樣困著的農民為經濟的合作，以自助而互助」。[200] 由此可見合作運動對華洋義賑會對解決農村問題的重要性。

在總會與分會發展合作用運動的過程中，前者扮演的角色是知識與資金的提供者，也就是在技術上謀求創新、在研究的推廣上普及全國；而後者則是被教育者與受援助者，嚴格來說兩者的合作關係是不對稱的形式。因此，地方分會創立合作社的價值，並不在於數量，而是著重於質的增進。總會希望藉著合作社制度在丹麥實行的經驗，創造小農家庭的農業革命，同時利用類似「朗格非農村學校」（Folk high schools of Bishop Grundtvig）的教育機構，[201] 對年輕農民施予短期學習，使他們能夠具備組織小型農

---

[199] 華洋義賑會，《農村合作是什麼》（北平：華洋義賑會，1932），頁 1-2。北京市檔案館藏，《中國農工銀行、中國華洋義賑救災總會》，J54-1-36。

[200] 華洋義賑會，《組織合作社的步驟：河北省適用》（北平：華洋義賑會，1935），頁 1-2。北京市檔案館藏，《中國農工銀行、中國華洋義賑救災總會》，J54-1-36。

[201] 朗格非農村學校源起於 1844 年，由丹麥 Nikolai Grundtvig 神父發起，主要教育對象是 18 歲至 25 歲的農村青年，透過愛國教育，強化宗教意識，並提供職業與農村訓練。這種教育模式對後來丹麥農村的公民生活具有極大的影響力。美國則是在 1925 年首度引進，不過成效不大。See David C. L. Davis, *Model for a Humanistic Education: The Danish Folk High School*（Columbus, Ohio: Merrill, 1971）.

業加工生產的能力。[202] 華洋義賑會認為如果地方政府支持改革，提供充裕的經費，將合作運動視之為社會建設事業的一環，那麼非營利性組織可以組織可靠的合作社，享受政府的權益。總會也就願意將地方合作或移交政府、或委託其它社會團體，繼續辦理。於是，在一九三五年以後，總會逐漸轉型為技術的實驗與研究。[203] 章元善在國民政府主持合作事業後，曾經談到華洋義賑會的角色變化：

> 數十年來，華洋義賑會的事業範圍越作越小，事情也越作越少，而力量卻一天比一天的進展。所以辦合作的人首先要認清楚合作的主體是老百姓，並非是合作的人們。[204]

從總會的角度來看，無論是它本身或者地方分會，兩者在合作運動中都只是教育者與協助者。在民眾尚未完全了解合作重要性之前，分會的主要工作就是接受總會的知識援助，使分會獲得經營的資源。換言之，提倡合作運動的最終目的，絕非單純為了組織的發展，還包括根本解決農村的經濟問題。但合作運動的經濟效果到底有多少，它對農村的貢獻有多大，連華洋義賑會都承認難以評估。因為，華洋義賑會認為造成中國農村經濟的振興的原因有很多，但是否與合作運動有關？哪一點又是提倡合作的效果？華洋義賑會便無法判斷。唯一能確定的是，它造就中國合作運動的基礎、訓練合作人才、實驗合作技術、養成合作社的自發性、將來能透過合作之實效，引起各地方公益活動興起，以其達

---

[202] 戴樂仁，〈合作運動〉，《中華基督教會年鑑》第十一期，頁 127-128。

[203] 〈農利股報告〉，《民國二十四年度賑務報告書》，頁 31。

[204] 章元善，《合作事業與經濟建設》（長沙：藝文研究會出版，民國 27 年），頁 42。

到農村復興的目的。如此，由總會提供技術方法，分會貢獻業務經驗，兩者相互協助改造農村經濟與社會，提振分會的經營穩定性。[205]

來自海外的合作運動概念，從一九二〇年代初期實行到一九三〇年代末期，其結果未如預期，產生強大的「農村復興」效應。章元善認為主要原因有七點：1.中國政府太晚發展合作事業，沒有具體政策配合，而且新成立的實業部合作司也未能迅速建立相關制度；2.中國金融界支持合作事業的經濟力量淡薄，缺乏長期投資的概念；3.公私立機構在推動合作運動的過程中，整合力量不足，造成相互牽制；4.辦理合作事業的單位，不肯投資人力與物力，以華洋義賑會為例，歷年辦理合作方面的經費至多僅佔支出的百分之五；5.各地機關本位主義濃厚，不願利用合作社創造活動，以免利益為合作社人員所奪；6.至一九三七年為止，中國雖已有四萬多個合作社，但是其中有三萬五千以上都只有五年的短暫歷史，合作基礎脆弱；7.主持合作社的幹部人謀不臧，造成農民對合作運動的厭惡與不信任。[206] 換言之，華洋義賑會利用合作運動，擴大分會力量與職能、強化農村經濟能力，希望能夠解決中國災荒連年發生的問題，並不成功。

除了合作運動，總會也鼓勵各分會，利用本身的特質，透過外國教會、社團、政府組織的協助，發展其它專長。此一政策，實際上早在一九二〇年代就持續進行，譬如河北的示範農田、高孵蛋率養雞事業、耐旱種子、河南分會的森林育種、海外留學；江西由南昌師範學校（Model School Nanchang Academy）協助，

---

[205] 李在耘，〈本會之合作事業〉，《救災會刊》十四卷九冊，頁 93-94。
[206] 章元善，《合作事業與經濟建設》，頁 115-117。

研究財務管理，[207] 以及公路設計，創造出「好路運動」(Good-Roads Movement)；[208] 直屬總會的山東農業實驗場，該場係由總會、省分會、齊魯大學、金陵大學、山東鄉村建設研究院共同出資合作；[209] 山東分會在一九三五年於濟南成立兩間大型醫院，可同時收容兩千餘名病患，[210] 同時邀請外籍醫師進行區域衛生計劃與防疫實驗；[211] 河北分會組織聯會，在天津與濟南兩地，協助農民運輸本國棉花；[212] 陝西分會在楊虎城與邵力子兩位名譽會長的協助下，成立「因利局」，提供農民小額循環貸款；[213] 四川分會、成都協和大學鑒於川省每年牛、豬、羊瘟疫嚴重，造成數萬損失，因此乃與駐滬事務所合作，透過美國政府、印度獸醫研究所提供血清，配合南京政府實業部中央農業實驗所及上海獸病防治所製造血清；[214] 綏遠分會虞振鏞、華北實驗公司、中國銀行合作與總會合作，在薩拉齊市設置合作農倉，提供農民已糧抵押貸款。[215] 然而，囿於經費與人力資源，地方人民不願意合作，[216] 加上所經營的機構被認為是作善事，以至於這些事業多半像濟南的齊魯醫院一樣，長期處於經費虧損的狀態。

---

[207] See CIFRC, *Annual Report 1926, Report on Relief Work in 1926*, pp. 44-45、53-54、73-74.

[208] See CIFRC, *Annual Report 1927, Report on Relief Work in 1927*, p. 57.

[209] 〈濟南農事實驗場報告〉，《民國二十四年度賑務報告書》，頁 68。

[210] 〈山東省分會報告〉，《民國二十四年度賑務報告書》，頁 67。

[211] 〈濟南災民醫院〉，《救災會刊》十三卷一冊（民國 24 年 11 月），頁 10。

[212] 〈協助冀省棉運計劃〉，《救災會刊》十二卷十二冊（民國 24 年 9 月），頁 61。

[213] 〈陝西分會報告〉，《民國二十三年度賑務報告書》，頁 74。

[214] 〈預防獸疫〉，《救災會刊》十一卷五冊（民國 23 年 6 月），頁 31。

[215] 〈綏遠合作農倉〉，《救災會刊》十二卷二冊（民國 23 年 11 月），頁 9。

[216] See CIFRC, *Annual Report 1926, Report on Relief Work in 1926*, pp. 55-56.

面對分會經營不善，即便總會有心整頓，也因於心不忍，鞭長莫及與管理不易而放棄改革。除了山東地區的農業研究與災民醫院，因為獲得外國教會的相助而免於破產，得以慘澹經營，其它分會在發展地方特殊業務方面，並沒有完全開展。最後，這一切改革與調整都因中國對日戰爭的延長，戰局對社會經濟造成嚴重的破壞遠超過各地分會所能承受的程度。於是，在一九三八年前後，大部分的地方分會都隨總會的沒落而自行結束會務，或者是接受國民政府的訓令，將組織規併，納入各省賑濟委員會之下，以集中抗日社會資源。[217] 然而，從戰時中國政府在華北實施的急賑；安徽、湖北、山西地區的修提工賑工程，以及在江蘇、安徽、河南、甘肅等地舉辦的農賑內容，[218] 總會與分會的精神彷彿重生。不過，還是有分會在經濟與管理效的考量下，遭到總會裁撤與回收的命運，譬如河北與北平分會，同時在一九三三年遭到取消。[219] 這說明了華洋義賑會的組織架構中仍然保留了分會的退場機制。

過去研究之著作，如談到華洋義賑會所屬分會時，多半將它們視之為同質性團體，完全受總會指導與規範，而沒有注意到這些組織因時因地發展出不同的特質。儘管華洋義賑會高層曾經試圖透過總會章程、總會辦事大綱、模範分會章程等章則，建立一群立足於地方，具體而微，完全複製總會運作模式的細胞，以建

---

[217] 〈行政院關於振濟工作之報告〉，《革命文獻》第九十七輯（台北：中國國民黨黨史委員會，民國 72 年），頁 383-385。

[218] 〈抗戰歷年來之社會工作概述〉，《革命文獻》第九十六輯（台北：中國國民黨黨史委員會，民國 72 年），頁 54-56。

[219] 〈取消河北北平兩分會〉，《救災會刊》十卷五冊（民國 22 年 6 月），頁 23。

構從北到南的民間防災、救災組織，但是這個理想並沒有徹底實踐。因此，從一九二一至一九三八年期間，總會與分會的關係形成三種模式，即直屬、依附與獨立競爭類型。它們絕大多數都仰賴總會提供財務援助、工賑技術移轉，以農村運動知識的訓練，以至於長期處於被動的經營模式。為了解決分會的困境，華洋義賑會試圖藉由三元運動的推動，協助分會根據自身條件與當地問題，孕育不同的發展路線。可惜各地分會處於人力短缺、財務困窘，無法實施總會設計之改良計劃，積重難返，最後仍無法獨立運作。

在總會與分會互動的過程中，研究也發現兩者其實是相互依賴，因為華洋義賑會若是僅有總會，沒有地方分會的存在，它所要塑造的國際合作氣氛將在地方層次，失去活動的舞台，而且也不能根據災區第一線人員的經驗，修正賑災技術與路線。最重要的是少了龐大的分會分支機構，華洋義賑會在國內外可能面臨代表性的危機，無法作為引進外國慈善基金、協調中國政府分撥賑款的窗口。這也是為什麼華洋義賑會能夠應付滬會在一九二〇年代中期脫離的危機，因為它在十五年之內至少集合了十餘省華洋義賑的力量，在人道主義與防災優先的觀念下，達到相互聯繫、技術移轉的效果。

小結

一九一九年歐戰結束，國際社會受到「功能主義」(functionalism)思潮的影響，在日內瓦出現了國際聯盟，它的存在代表了人類試圖透過一個世界政府、世界組織，創造新秩序，並且有效促進國際社會合作，避免衝突與戰爭。稍晚於國聯的成立，在中國政界，基於歐戰協約國合作的精神的延伸，「新國際銀行團」也開始活動。而中國民間，華洋義賑會從一九二一年開始，依循著來自海外的精神，藉由利他主義的倫理精神與專業的知識分工，成功地建立一個具備濃厚國際色彩的華洋合作科層組織。[220] 秉持「慈善機關之基金，應視同建築物之基礎」，為了維持組織的正常運作，同時厚植總會與各分會防災與賑災的基石，華洋義賑會運用創會基金、投資債券、海內外募款、接受政府捐助與替代賑災機構處理賑款等方式，靈活運用資金來保護自己的獨立性與專業性。在這過程中，它不僅展現了一個立足於中國的救災團體如何理性地認同這個多災多難的國家，以及如何在「對等合作」的姿態下，透過海外的經驗移植，使總會與分會長期獲得國際的財務協助。

過去研究多認為華洋義賑會獲取中國政府補助各地慈善組織的海關賑災附加稅，實際上這種說法過度誇大它對賑款影響力，也無法傳遞華洋義賑會在協調中國政府、北京外交團交涉的艱辛過程。從英國檔案可以看出華洋義賑會如何運用中國與外籍執行委員的政治影響力，在不妨礙、出賣中國主權的狀況下，有效地針對基金的使用提出非營利性組織的觀點與立場，最後功成身退，隱身於各分會之後，以低姿態繼續完成救災、防災的使命。

財務的流通與交換確實直接影響華洋義賑會能否在地方層級推動防災理念的順暢，但是如果把總會與分會之間的連結界定在財務的互動，那就太簡化這段豐富且多元化的發展歷程。本文認為，總會與分會的權力關係，不一定是建立在上下的絕對領導。在一九二〇年代初期，總會確實曾經想要利用各類章則，呼

[220] 王綱領，〈美國發起新國際銀行團〉，收入氏著《歐戰時期的美國對華政策》（台北：學生書局，民國 77 年），頁 161。

籲分會接受總會規劃的制度與模式，讓各省出現一個功能性類似總會的機構，然而這樣的理想先是受制於地方分會成立背景的差異性、經營的效能、人事的多變，後來又面臨總會經費捉襟見肘的刺激，終於使雙方形成三種互動模式，即直屬、依附、獨立競爭。無論是哪一種類型的分會，它們都表現出國際合作在地方層次的活動確實有助於華洋義賑會擴大勢力，以及各省主動提供總會移植海外防災經驗，建立政策的試驗場。從一九二一至一九三七年期間，總會曾經嘗以外國非營利性組織發展成熟的各類概念，譬如資金援助、工賑投資、合作運動、工賑防災與建構具有地方特色的業務，作為培育各會穩定財務拓展生存空間的利器。無奈這些事業大部分都在一九三八年以前隨總會解體、政府介入戰時中國社會救助，以及軍事行動的破壞而自動停擺。多年不完全發展的結果，仍使它們可以透過不同型式，將力量注入戰時社會的救援行動。儘管研究不能完全斷定中國各省政府在一九三〇年代後期的振濟概念與政策是否源自於華洋義賑會分會，這個組織確實對戰時政府的施政有一定程度的影響。

第伍章　華洋義賑會與中外政府/非政府組織的關係

在近代世界歷史，很少有像華洋義賑會那樣充滿國際色彩，而且曾經對國際聯盟、中外政府及其它民間慈善組織，擁有過龐大的影響力與救災、防災知識上的貢獻。它的存在不僅僅是國際合作的理想主義在中國的實踐，同時也傳達出中國知識份子希望在民族主義的世界觀與現實主義國際環境的妥協下，[1] 喚起列強與本土社會對中國不幸際遇的重視。當一九二〇年代中國南北政府分別推動修約外交與革命外交，藉著國際主義與民族主義，企圖廢除不平等條約，改善中國國際地位的同時，華洋義賑會的經營活動恰好成為這股思潮在非政府層次交流的民間版本。

華洋義賑會作為一個立足於中國、倡導國際防災、以不以營利為目的的組織，它在運作過程中，很早就宣示要將組織定位為對內屬於全國性、超越各省的妒忌；對外作為「促進國際合作」的一個嘗試。[2] 從一九二一年創會後，華洋義賑會無論是在經費、

---

1 李朝津，〈抗戰時期中國對聯合國成立的態度〉，中國近代史學會編，《慶祝抗戰勝利五十週年兩岸學術研討會論文集》上冊（台北：聯經出版社，1996），頁 345-346。

2 See CIFRC, *Annual Report 1922, Report on Relief Work in 1922*, foreword page.

宣傳、聯繫業務，果然與中國、海外各類政府機構保持緊密的互動。從一九二〇年代初期跨越到一九三〇年代末期，在中國，它經歷了中國南北分裂時期與國民政府統治時代；在世界組織，它見證了國際聯盟的草創與國際合作概念的落實，以及國際兩大紅十字組織的競爭；在個別國家，它與美國紅十字會、華災協濟會，維持長期的募款計劃。然而，華洋義賑會在上述三個舞台的表現，只能用「海外風光，本國低調」來形容。因此，在國際關係層次，本文關切的是華洋義賑會如何運用各類資源吸引各國援助中國，特別是美國社會？當美國挾龐大的賑災基金援助中國的過程中，華洋義賑會獲得什麼？除了金錢，還有哪些事物？當外籍幹部的本國利益與中國發生衝突時，華洋義賑會要如何調處國際之間的心結。與政界關係深厚，也是中國外交界少數跨越北洋到國民政府的政治家王寵惠認為，中國在對外接觸的歷程中，如果僅能接受外國的救濟，那便不是真正的合作或對等的合作。[3] 這種不對等的合作形式是否也會出現在華洋義賑會與國際間政府/非政府組織之間？同樣地，華洋義賑會以一個華洋共處的國際慈善團體，即使經歷十餘年的發展，它的救災策略與行事風格，能否獲得本土的政府／非政府組織的認同，不無疑問。經歷中國內部數度政權交替後，華洋義賑會如何調處自我在社會中的定位。

本文認為，華洋義賑會一直是以國際的關懷、人道的立場、中國群眾的利益為交際的原則；而且，透過海外資源的分配與利用，華洋義賑會有效地將部分大學、慈善社團、教會組織，以及政府研究機構，構成防災的網絡關係。即使它是在地位不對等的

---

[3] 〈中國歷來對外態度〉，民國 17 年 4 月 5 日，《王寵惠先生文集》，頁 462-463。

狀況下接受英美等國的援助，最後結局也是利大於弊，有助於中國。最後，華洋義賑會在中國深耕的經驗與策略，由下而上終為國民政府所承認。過去研究往往認為外交是內政的延伸，意味的弱國無外交，惟華洋義賑會的表現恰好可以作為反證：一個貧窮積弱的國家，只要有適當的民間力量推動，弱國可以培養出慈善事業的巨人；正因為是弱國，所以更需要外交，建立非政府層次的國際合作。同樣地，在中國社會，華洋義賑會在長期經營之後也能透過華洋幹部的人際網絡，與政府/非政府組織連成賑災的合作關係。

第一節　總會與英、美及國際政府/非政府組織的互動

華洋義賑會與外國政府機構組織的聯繫，可以追溯到一九一一年前後的華洋義賑活動，當時的「江皖華洋義賑會」透過美國駐華使領、公理會、美國紅十字會與《紐約客教報》，有效地募集數百萬捐款，進行急賑與工賑。一九一二年北京政府成立以後，國家所屬由張謇領導的導淮水利機構成了外援交涉的主要對象，[4] 華洋義賑組織與國際政府機構之間遂由濃轉淡，幾近停滯。從時代環境條件來看，民初中國社會依然處於積弱不振，國家長期陷入黨派與政治的鬥爭，民生凋弊的窘境持續惡化。所幸，過去促成華洋合作的條件並沒有因為政府組織的變動而消失，諸如：1.海外留學生參與中國社會公共事務的風氣大開，海外留學生在北京組成「歐美同學會」，他們不僅提倡中國改革，還透過

4 George Burleigh Baird, *Famine Relief and Prevention in China*, pp. 52-53.

各舉辦演講、慈善事業合社會福利業，使公眾受益。[5] 這些海外留學生不少人在回到中國後都加入北京政府外交部或美國在華基督教會，成為華洋義賑會領導幹部，如周詒春、章元善、顏惠慶、王正廷。2.外國教會維持本國之間聯繫，儘管組織化整為零，但他們對中國地方災害的關懷，未嘗有一日退縮。3.美國紅十字會與中國政府之間的賑災合作猶存，[6] 而且駐華單位還保留部分基金備用。因此，當歐戰結束前後，國際人道主義氣氛高漲，鑒於一九二〇年代初期中國華北旱災嚴重，北京政府無法解除飢荒，北京國際統一救災總會於是順勢將這三股猶存於中國社會的力量結合起來，重啟海外聯繫的管道，透過美國公使克蘭（Charles R. Crane）相助，後來成立的華洋義賑會循著過去華洋義賑的軌道，[7] 延攬舊雨新知，重新再造二十世紀初的國際慈善合作風潮。

這張編織於一九二〇年代初的國際救災防災網絡，以中國華洋義賑會為原點，配合在華的北京外交團、海外的英、美及國際聯盟等政府組織，以及美國紅十字會、華災協濟會、紐約工程師協會，萬國紅十字會聯合會（League of Red Cross Societies in Paris）等非政府組織，構成華洋義賑會發展超過十五年的國際活動場域。他們的組成包括政府組織與非政府組織，影響範圍從單一國家到國際社會不等。在交流的過程中，有別於中國政府對國際組織表現志在爭取主權平等，不在於實質業務參與的弊病，[8] 華

[5] 關於華洋義賑會與「歐美同學會」的進一步關係，請參見本章第三節。顧維鈞口述，中國社會科學院近代史研究所譯，《顧維鈞回憶錄》第一分冊，頁 136-138。

[6] America National Red Cross to Dept. of U. S., May 5, 1918, N.A. 329/893.48/83.

[7] 顏惠慶，姚崧齡譯，《顏惠慶自傳》，頁 106。

[8] 張力，《國際合作在中國——國際聯盟角色的考察(1919-1946)》，頁 307。

洋義賑會採取的是對等交際與具體政策的策略。而這些組織與機構，他們透過華洋義賑會移植到中國的產物，不僅是金錢的贊助，還包括無形的賑災知識，國際合作機制，以及長期的人員互訪計劃，充分反映出華洋義賑會以非政府組織身分刺激國際視聽所形成的劇烈影響。

一、總會與美國的特殊與不特殊關係

美國，她不像英國作為第一個倡導華洋慈善合作概念的國家，不過後來她卻是列強中對華洋義賑會影響最大的。研究顯示，美國對中國的態度存在著「不特殊」的一面，如同其它列強在中國尋求利益，但也有「特殊」的一面，即在追求利益的過程中，兼顧道德與理想的一面，表現出「美國式的門戶開放」。[9] 特別是在社會層面，美國社會對中國的慈善關懷，也是其它國家所望其項背。然而，共和建立之後，中國內政的渾沌不清、軍閥混戰，加上官員與仕紳的貪污，又使美國政府在援華的過程中數度退縮，甚至質疑中國接受外援的正當性與合理性。這樣一個矛盾的情結，不斷在美國與華洋義賑會互動的過程中流露。

從一九二一年到一九三七年，美國政府先後以美國紅十字會（American National Red Cross, 以下簡稱美紅十字）、華災協濟會作為主導協助華洋義賑會援華慈善運動的單位。在一九二八年華災協濟會成立以前，美紅十字是華洋義賑會對外主要的交涉對

---

9 王綱領，〈辛亥革命時期美國對華政策的「特殊」與「不特殊」〉，發表於「辛亥革命九十週年國際學術討論會」，台北，圓山大飯店，民國 90 年 10 月 6 日。

象。但是在它背後，美國政府才是真正的上司。本文第貳章第二節曾經討論過在一九二〇年代，美國本土教會鑑於駐華傳教人員的熱切期望，因而發動對總統威爾遜請願，獲得華府同意以白宮名義號召社會參與，同時派遣國務院助理國務卿戴維斯擔任司庫，[10] 成立中國基金（China Funds），並以開始援助中國的美紅十字負責實際的撥款與監督的工作。[11] 至於初期中國基金經費則自擁有四百五十萬美元的「舊聯合戰爭工作活動基金」(old United War Work Campaign Funds）中支出，[12] 中國所享受的待遇甚至高過歐洲賑災基金。此外，基金會長拉門德還透過政界人脈，積極尋求美國聯邦農業局（Farm Bureau Federation）合作，購置產量過剩的糧食運往中國，交涉期間一度因為經費不足而作罷。[13] 後來在美國政府航運單位的支持下，動用公家在太平洋地區的十艘百噸船舶，才完成運糧一千萬單位浦式耳（bushel）穀類的艱鉅工作。這項史無前例的行動在事後遭到美國國會的調查，懷疑美紅十字動用海軍軍艦作善事。經過海軍部的解釋，國會才得知一切運作都是徵募自願者執行任務。[14]

---

[10] White House, A Statement on Chinese Famine Relief, December 9, 1920. *The Papers of Woodrow Wilson*, vol. 66, pp. 495-496.

[11] D. F. Houston to President, December 17, 1920. *The Papers of Woodrow Wilson*, vol. 66, p. 530.

[12] Thomas W. Lamont to President, January 17, 1921. *The Papers of Woodrow Wilson*, vol. 67, pp. 74-75.

[13] Carl Schurz Vrooman to President, February 15, 1921. *The Papers of Woodrow Wilson*, vol. 67, pp. 139-140.

[14] 浦式耳是計算穀物及水果的單位，約等於 8 加侖或 36.4 公升。Statement of Bring Gen. W. D. Connor, Chief Transportation Service, office of Quartermaster General, "Famine Relief in China", February 28, 1921, in *Hearing before Sub-Committee of House Committee on Appropriations*

美紅十字統籌業務的初期，由於適逢中國直皖戰爭結束未久，北京政局還不是很穩定，在不熟悉中國社會的狀況下，美紅十字一方面採取中國傳統的施粥等急賑措施；另外則委託北京國際統一救災總會集各地華洋義賑組織代為調查災情與處理地方工賑業務，華洋義賑會成立後改由新組織接掌。為何紅十字會會選擇華洋義賑會合作呢？除了華洋義賑會總部位於中國政治的中心—北京，最重要的是華洋義賑會能夠透過國際合作的網絡，聯絡各省，協調有限的資源運用在廣大的災區，這才是促成美紅十字願意接受使領館建議美紅十字與華洋義賑會合作的原因。至於在上海，由於美紅十字深感政治上的繁文縟節（red taped）會使單純的賑濟牽涉到勢力範圍特權的現實利益，一般租界地當局並不鼓勵這樣的行為，[15] 導致美紅十字排除發展歷史更久的上海華洋義賑會參與。

從一九二〇年至一九二一年，也就是北京國際統一救災總會過渡到華洋義賑會時期，根據美紅十字代表貝克的統計，這兩年間美紅十字援助中國的金錢約一百萬餘美金，物資價值兩百四十萬美金、佈賑五萬多噸糧食，拯救山東與山西地區九十萬名中國人，[16] 其中參與工賑的人有十六萬。而且與華洋義賑會合作實施工賑的結果是修築了山東、直隸地區八百五十哩的道路、開鑿三千六百五十口井、種植四千棵樹。美紅十字與華洋義賑會派遣三

（Washington D. C. Government Printing office, 1921）, pp. 3-4

[15] J. E. Baker to Director, Foreign operation, American Red Cross, *Report of the China Famine Relief American Red Cross, October 1920-1921*, pp. 6-7. 藏於上海市圖書館徐家匯藏書樓。

[16] Walter H. Mallory, *China: Land of Famine*, p. 32.

百人負責相關賑務與工賑的設計。[17] 雙方合作期間，美紅十字堅持「以受災居民中具備工作能力者充當工賑勞動力，期望藉由訓練災民，使他們建立道德感，培養自我重視，避免墮落」的策略，梅樂瑞認為這對華洋義賑會將工賑作為防災路線，具有高度指引意義；[18] 舉凡築路、掘井、築堤、浚河、開渠、公路建設、提倡兵工築路等華洋義賑會賑災措施，[19] 都可以見到美紅十字的影子。另外，在農村社會工作方面，美紅十字還導入了標準的佈賑程序，設計一系列的表格如「村長調查表」(Form Issued to Village Elder)，清楚掌握農村的權力網絡關係。在華洋義賑會與各地教會人員的協助下，依照程序實行賑濟，美紅十字甚至樂觀地認為中國農村可能是地球上最民主與最富於自治的政治單位。[20] 這些觀念與程序後來都被華洋義賑會所沿襲，成為比金錢更為重要的資產。相對地，美紅十字在華也接受度不少來自於華洋義賑會的觀念，譬如成災的標準，飢荒發生的研究與選擇「以天災造成的飢荒作為救濟對象」。[21] 甚至在人員的交流上，美紅十字還利用中國賑災基金的剩餘款項在北京設置顧問團（American Advisory Committee for China Famine Relief），由美國駐華公使館、公理會、美以美會、基督教青年會、羅馬天主教會、花旗銀行、友華銀行、

---

[17] J. E. Baker to Director, Foreign operation, American Red Cross, *Report of the China Famine Relief American Red Cross, October 1920-1921*, p. 1.

[18] Walter H. Mallory, *China: Land of Famine*, p. 172.

[19] CIFRC，*What the CIFRC has Done*（ Shanghai: CIFRC, 1935），上海市檔案館，U38-2-360。

[20] American Red Cross, *Report of the China Famine Relief American Red Cross, October 1920- 1921*, pp. 24-25.

[21] American National Red Cross, " Text of Red Cross Report", *The Week in China, October.* Vol. XII, 1929, p. 877.

協和醫院、燕京大學、金陵大學、長老會，以及京津滬三地美國商會，共同組成，[22] 並由美紅十字派駐工程專家，隨時提供華洋義賑會諮詢。初期的顧問貝克，後來擔任華洋義賑會司庫、合作委辦會委員、總幹事等職務，兩者關係之密切可見一斑。

從一九二一至一九二五年期間，華洋義賑會自美國公司團體捐籌得將近七百六十萬，其中大部分是透過美紅十字經手。不過，美紅十字與華洋義賑會的緊密互動並沒有維持太久，雙方在一九二六年隨著中國北伐戰爭的進行，關係逐漸破裂。至一九二七年，美紅十字基於當時中國之飢荒發生源於戰爭所在，加上中國無法保證賑災人員的人身安全，美紅十字選擇了「靜觀待變」政策，也就是停止對華援助。這種態度的轉變，就美紅十字而言，除了基於自身判斷，也是配合美國駐華公使馬慕瑞（J. V. A. MacMurray）的外交政策。[23] 馬慕瑞曾經多次對美國國務院反映美紅十字的苦衷在於中國大規模內戰、盜匪、額外徵稅的情形並沒有舒緩，而且大多數的災區都存在著強盜肆虐、共黨活動，以及軍人長官執政，在安全的顧慮下，根本沒有辦法保證華洋義賑會的外國幹部下鄉監督時的安全，除非僅補助小額的工程。[24] 為了獲得華洋義賑會的諒解，美紅十字首度公開致書華洋義賑會執行委員會，強調它認為不應該讓美國的資源消耗在中國的內戰，不單造成中國誤解外國干預內政的印象，而且賑款「用非其圖」，將使美紅十字信用破產。當一九二八年初，中國華北災情嚴重，

[22] 〈美國顧問委員會給中國賑災基金會主席拉門德〉，1922 年 4 月 27 日，《美國花旗銀行在華史料》，頁 575。

[23] Ernest P. Bicknell to Robert E. olds, December 17, 1927, N.A. 329/893.48L/1.

[24] J. V. A. MacMurray, December 29 1927, N.A. 329/893.48L/1.

美紅十字採取束手旁觀政策，即使當年美國紐約地區政商名流發起「中國聯合賑募基金」，以籌募千萬美元為目標，創立美國華災協濟會（China Famine Relief, U.S.A. Inc. or China Famine Relief Committee，以下簡稱華災協濟會） 希望填補美紅十字在中國的賑災活動中的缺席。然而，美紅十字依然不願意支持華災協濟會援華基金。[25] 這種既不願將資源投入中國，卻又強調人道持續關懷的作風，正是美國對華政策特殊與不特殊理念的展現。

次年，中國在政治上南北統一，在農業上也是近代史上少見豐收的一年，但在華北各地卻發生飢荒。已經在中國賑災中缺席兩年的美紅十字為了是否恢復援助華洋義賑會，乃在四月先由總會主席 John Parton Payne 前往中國考察，返回美國召集幹部四人討論，並隨即發表〈紅十字會考察報告〉（Text of Red Cross Report）。在報告文中，他們質疑一九二九年的中國農業收成既然超越有史以來水準，何以仍然爆發飢荒。美紅十字歸納出七項原因：1.戰爭造成災情擴大，無法有效控制；2.地方與中央軍閥的掠奪，使糧食價格上漲；3.軍隊人數的增加，排擠平民獲得糧食；4.政府歷年來攤派的苛捐雜稅；5.公路建設殘破與分佈有限，使災區與其它農業區不能互通有無；6.中國人口持續增長，超越糧食增加速度；7.最後，天然因素才是造成飢荒發生的原因。美紅十字同意國民政府在統一中國初期，年輕的領導人確實真正掌握權位，但是這些人是否有決心與意志來改變上述七項障礙，只有等待時間來證明，[26] 特別是軍閥的強索無度，政治的紊亂，兩項

---

[25] 〈美國紅十字會來函〉,《救災會刊》五卷五冊(民國 17 年 6 月),頁 21-22。

[26] American National Red Cross, " Text of Red Cross Report", *The Leader,* october 23*,* 1929.,Vol. 1020, 1929.

導致長期飢荒因素在北伐戰爭結束後仍然沒有結束。[27] 換言之，美紅十字自認不能，也不願意繼續將美國人的善心耗費在看起來就像是無底洞的中國飢荒。[28]

在紅十字會的報告，除了揭示美國慈善界部分領袖對中國社會處理自身飢荒狀況的不滿，另外也肯定了華洋義賑會在設置管理機構與救災的效率。[29] 然而，上述報告中的七項問題，無疑是間接質疑華洋義賑會各類策略是否能夠改變中國多災多難的大環境，意外地破壞雙方長期以來的合作關係。鑑於美國社會向來視紅十字動向為外援的指標，於是華洋義賑會一方面在中美兩地英文報刊媒體，二度反駁美紅十字的七項指控，強調：1.一九二九年的飢荒確實是來自嚴重的天災所致；2.為了在危機中有效控制賑務，華洋義賑會已經盡力協助政府；3.華洋義賑會承認目前中國確實有許多難題存在，也正因為這樣，他們才會積極推動防災計劃，目的就是為了控制災情。最後，華洋義賑會反問美紅十字代表考察中國的範圍，僅限於中國華北與東北，至於災情嚴重的華南與華中地區，他們卻不聞不問，這樣的報告其正確性能夠相信嗎？[30] 氣憤的華洋義賑會最後來將雙方往來文件公諸於世。[31] 沒有美紅十字的支持，這一年開始華洋義賑會逐漸擺脫對美紅十字財務援助的依賴。另一方面，華洋義賑會加強與紐約華災協濟會的合作

---

27 " The Lesson of the Red Cross Report", *China Tomorrow,* october 20, 1929.

28 Andrew James Nathan, *A History of the China International Famine Relief Commission*, p. 17.

29 〈天災乎人禍乎（續）〉，1929 年 10 月 30 日，《中華民國史料外編-前日本末次研究所情報資料》第九十四冊，中國飢荒（二），頁 518。

30 CIFRC, China International Relief Commission Answers American Red Cross Report", *The North China Standard*, Peping, November 7, 1929.

31 〈總幹事報告〉，華洋義賑會，《民國十九年度賑務報告書》，頁 8。

關係。自一九二八年以後，華洋義賑會對美國的合作對象，漸從美紅十字轉變為華災協濟會。美紅十字華洋義賑會態度的轉變在美國國會遭到部分國會議員如 William Henry McMaster 的激烈譴責，然而美紅十字主席 Payne 在一九三〇年三月五日至六日於國會召開的聽證會中，始終堅持：1.美紅十字對中國已經仁至義盡；2.中國的飢荒屬於人為因素，只有政府改革奏效，中國才有力量去解決社會問題。換言之，中國政府都不顧自己人民，那麼美國何必在意。[32]

如果美紅十字代表美國政府暗中援助華洋義賑會從事慈善救濟，那麼華災協濟會的出現，就象徵美國民間對中國關懷不因政治的變遷的中輟，再次傳達初美國對華關係中的「特殊」與「不特殊」現象。儘管美國政府曾經一度質疑美紅十字協助的華洋義賑會的實質效益，但她對這樣一個國際慈善組織，能夠在中國內部排外、反帝國主義氣氛高漲的時局中，獲得民眾與地方當局的認同，頗感佩服。[33] 因此，表面上美國政府暫緩援助華洋義賑會，其實雙方一直維持著合作的關係，只是在華災協濟會成立之後，以這個民間組織作為對等交涉機構。過去華洋義賑會係接受美紅十字委託執行指定項目的任務；華災協濟成立後華洋義賑會則轉變為提案申請經費，在運用人事與流程方面，大幅提高組織的自主性。為何華洋義賑會與華災協濟會之間能夠建立較美紅十字更為對等的關係呢？就成立背景而言，華災協濟會毫不諱言，它存在的目的就是要以實際行動，贊助華洋義賑會以興辦道路、水利

---

[32] Hearing Before the Committee on Agriculture and Forestry, Chinese Famine Relief, in United States Senate, March 6, 1930.

[33] J. V. A. MacMurray to Secretary of States, February 10, 1928, N.A. 329/893.48L/6.

及農業，[34] 作為防災用途，讓華洋義賑會發展多年的賑災主旨繼續。[35] 就人事關係而言，華災協濟會創會時的司庫就是華洋義賑會前總幹事梅樂瑞，他當時仍然擔任總會駐美名譽代表之職，[36] 加上前美紅十字幹部貝克的入會。因此，華災協濟會成為華洋義賑會的海外分身，並不令人意外。為了擴大美國社會對華災協濟會的之支持，一如往常，華災協濟會喊出了「我們的選擇？一千萬美元或一千萬的生命」（ours to decide. 10,000,000 dollars or 10,000,000 lives ?）、「現在就奉獻捐款，拯救生命！要給要快。」。華災協濟會在首次援華行動中，選擇華洋義賑會山東分會為救援單位，傳單中以簡單的數字說：捐五百美金可以救活一個大村莊、捐一百可以救小村莊、捐五元可以拯救一個小家庭，捐一元就可以讓一個中國人生活一個月。[37] 從當年六月初到十月下旬就收到十萬五百美元。[38]

在貝克的協助下，華洋義賑會獲得華災協濟會的相助，得以利用十萬美元的無償撥款用來從事掘井防災的工作。這項計劃規模與金額或許比不上美紅十字那些大型工程，但其意義在於華洋義賑會能夠以對等合作的方式，將華災協濟會基金轉貸給農村，日後回收作為基金，再提供作其它種類工賑計劃。[39] 而且華洋義

---

34 Walter H. Mallory," Famine Relief Administration in China", May 4, 1929, N.A. 329/893.48L/36..

35 〈美國為直魯募款〉，《救災會刊》五卷四冊（民國 17 年 4 月），頁 18-19。

36 〈同仁消息〉，《救災會刊》六卷一冊，頁 7。

37 National, Campaign Committee, China Famine Relief, " And there was sore Famine in the Land, Letter, Cables and Radio tell of China's Growing Calamity", N.A. 329/893.48L/36.

38 〈友邦義舉〉，《救災會刊》六卷一冊（民國 17 年 10 月），頁 2。

39 〈用十萬金來掘井〉，同上註。

賑會也在合作的過程中，應華災協濟會要求暫時改變以天災造成的飢荒為賑災的標準，同時恢復業務停擺已久的山東分會。一九二八年十一月二十三日，雙方同意在隔年一月十四日在北平設置「華災協濟會駐平委辦會」，由與華洋義賑會關係密切的貝克擔任幹事。[40] 不過駐平委辦因為人事問題無法解決，因此在十月十九日關閉。一九三〇年一月，經由中華基督教協進會之協助，華災協濟會重新在上海設置駐滬委辦會，[41] 所有撥給華洋義賑會的賑款都透過委辦會轉付，而這個單位也成為華洋義賑會駐滬辦事務所與揚子委員會的對口聯絡機構。原來華災協濟會駐平幹事貝克則轉任賑務主任，專門負責處理賑務申請計劃。[42] 從一九二九年到一九三四年為止，華洋義賑會接受華災協濟會的直接資助共計約三百二十一萬四千五百元，[43] 其中規模最大的要屬西蘭公路興建的總經費五十八萬五千元，華災協濟會就出資三十五萬元。[44] 一九三五年以後華災協濟會對華洋義賑會的援助緊縮，僅在一九三六年江蘇水災時曾撥款四萬國幣指定工賑。[45] 研究指出當時美國政府支持海外援助的各類基金中，除了本國的洛克斐勒基金會（Rockefeller Foundation），就屬對華洋義賑會的援助最多，甚至超越對歐洲所有國家援助的額度。[46]

---

40 〈美協設駐平委辦〉，《救災會刊》六卷三冊，頁 18。

41 〈美國華災協濟會駐滬委辦會第二次撥款〉，《救災會刊》十卷五冊，頁 21。

42 〈總幹事報告〉，華洋義賑會，《民國十九年度賑務報告書》，頁 8。

43 關於華災協濟會與美國對華捐贈的情形請參見本文第肆章第一節。

44 〈本會西蘭路工移交經委會〉，《救災會刊》十一卷四冊（民國 23 年 4 月），頁 24。

45 〈舉辦蘇北工賑〉，《救災會刊》十三卷五冊（民國 25 年 2 月），頁 33。

46 See David Ekbladh, “"Mr. TVA": Grass-Roots Development, David Lilienthal, and the Rise and Fall of the Tennessee Valley Authority as a

表面上華災協濟會與華洋義賑會兩會關係似乎因為經濟的衝擊，導致合作生變，實際上兩會不曾因財務依賴度降低而轉趨冷淡，諸如總工程師塔德最後一年的薪資與貝克受命擔任總幹事職務的每年五千美元薪金，都是由華災協濟會主動贊助，這樣的合作關係一直維持到一九三六年年底為止。問題關鍵在於，華災協濟會在一九三四年改組後華災協濟會內部認為經歷多年的援助，中國政府與人民已經能夠體會防災的重要性，也該是它功成身退之時。[47] 另外，華洋義賑會在一九三三年以後調整賑災策略，大型工程減少，加上總會尋求財務自主性，提高組織募款來源的分散，當然會影響到華災協濟會捐款佔總收入的比例。況且，華災協濟會捐助塔德與貝克的薪資並不算少，華災協濟會與華洋義賑會都同意這種人事經費的贊助方式，其實也是對於中國防災工作的直接協助。[48]

美國對中國社會有組織、大規模地援助源起於二十世紀初的華洋義賑行動，然而美國政府對中國人民存在「特殊」與「不特殊」的政策，致使美國紅十字會在華行動受到極大的限制，即便是在一九二〇年代初期有美國官方作為後盾，矛盾的情節依然縈繞在華府。不過，有了美紅十字提供相關的賑災程序以及科學賑災觀念，華洋義賑會很快就摸索出適合本土的模式，雖然美紅十字不見得認同以工賑或農村合作當成解決飢荒問題的法寶。後繼

Symbol for U.S. overseas Development, 1933-1973," *Diplomatic History*, Vol. 26 Issue 3, Summer, 2002, pp. 335-374.

47 〈華災協濟會改選職員〉，《救災會刊》十一卷五冊（民國 23 年 6 月），頁 31-32。

48 〈本會聘請貝克捐與美國華災協濟會之資助〉，《救災會刊》十三卷十冊、十一冊（民國 25 年 7-8 月），頁 33。

的華災協濟會，拜華洋義賑會駐美幹部的協助，以及美國社會對中國的同情未減，創造出一個真正能夠與華洋義賑會對等合作的機構。相對於一九三〇年代初期美國胡佛政府二度以賑災為名發起的「棉麥借款」，[49] 遭到中國各界批評為干預中國棉麥價格，打壓本土商人，[50] 排擠土產與地方經濟，招致負面評價居多。華災協濟會與華洋義賑會之間至少創造出一個既能監督，又不妨礙慈善團體的空間，雙方忠誠地扮演夥伴的角色，顯示民間團體在國際合作過程中的靈活與適應能力，有時確實可以超脫政治上的糾葛。

二、總會與英國及北京外交團

英國原本是最早發起華洋合作概念的國家，早在一八七〇年代末期倫敦就已經成立賑災基金，充作對華賑災之用。英僑在中國歷次國際賑災行動中也從未缺席，但相較於美國駐華使領熱心推動華洋合作機制的建立，英國的態度顯得冷漠而且低調。如前面兩章所提過的兩位英國駐華公使—朱爾典與藍浦生都曾經對華洋義賑的效率與中國政府應負起的責任問題，提出強烈的質

---

[49] 1931 年 9 月初，美國胡佛總統（President Herbert Hoover）在幕僚的建議下，提出由中國政府以市價購買 150 萬蒲式耳棉麥，或 450 噸小麥，作為賑災之用；日後以年利息 4%，分期在 1934 至 1936 年償還。這項計劃在 4 日獲得中國政府負責運輸，同意由懸掛美國旗幟的商船運送。The President's News Conference of September 4, 1931, in United States Government Printing office ed., *Public Papers of the Presidents, Herbert Hoover,* 1931（Washington: GPO, 1976）, p. 202, 305.

[50] 〈上海中華棉業聯合作陳述反對借用美棉理由代電〉，1932 年 6 月 25 日，中國第二歷史檔案館編，《中華民國史檔案資料匯編》第五輯第一編（江蘇：江蘇古籍出版社，1993 年），頁 233。

疑，他們在華任職相隔十餘年，卻有著共同的焦慮：中國之所以會發生飢荒，純粹是內政不修導致。實際上，在華洋義賑會成立之後，英國政府與民間對中國的協助不見得比美國政府來的少，只不過她的幫助往往是建立在三個範圍：1.外交的奧援；2.排除北京外交團中其它國家對賑災請求的干預，3.提供倫敦政商名單作為華洋義賑會募款推銷對象。

北京外交團原本是由各國駐京使館館長所組成的聯誼團體，依照國際法的慣例，它的活動性質僅限於國際禮儀活動，而且領導使團的領銜（Dean of Diplomatic Body, Peking）也是由最資深的使館館長擔任。然而，自一九〇一年使團會議決定了辛丑和約的談判，加上辛亥革命後受中國政府委託代管海關關稅抵押外債的償還撥付權力，使它幾乎成了北京政府背後的太上皇。[51] 團體性質的轉變，引起列強之間的競爭，其中又以英國挾其在華龐大的政經勢力，加上外交實務操作成熟，對使團的影響力最大。雖然英國駐華代表不一定可以依照年資最資深被推舉為外交團團長，在談判桌上還是能夠藉著結盟與條約利益進行合縱連橫的技巧，影響使團議事運作。[52] 不過，像英國這樣的老牌帝國主義國家，即使外交手段再成熟，一但遇上牽涉到單一國家利益

51 唐啟華，〈北洋政府時期海關總稅務司安格聯之初步研究〉，《中央研究院近代史研究所集刊》第二十四期下冊（臺北，1995），頁 573。並見袁道豐，《外交叢談》上冊（臺北：臺灣商務印書館，民國 74 年，二版），頁 67。

52 北京外交團主要以辛丑條約列強為核心成員，不斷涉入中國內政與外交，從商務貿易到政治議題，處處扮演重要角色。直到 1930 年國民政府外交部宣佈政府不承認外交團之法理地位，才終結使團對中國政治之影響力。參見黃文德，《北京外交團與近代中國關係之研究——以關餘交涉案為中心》（台中：中興大學歷史系碩士論文，民國 88 年），頁 2-3。

時，英國公使有時很難影響其它國家的同僚的動向。一九一七年以後，中國海關稅收在償付外債後還有剩餘，外交團基於辛亥年與中國政府的協議，得以掌控這筆錢的撥還與分配；各國為了維持本國對華債務能夠按時償付，因此只要涉及海關關稅管理、加稅、外債抵押問題，使團多會集體表達強烈的關切，這讓帝國主義色彩濃厚的使團開始透過稅收用途的監督，積極介入中國社會事務。

初期外交團內部在討論是否給予中國政府開徵賑災附加稅作為貸款抵押品時，美國的態度其實是曖昧不明，她只要求在參與借款銀行團成立後，這筆四百萬的借款能夠有利於中國人民，用於建設性的目的，還有在安全的基礎上善用這些錢。[53] 至於英與法國，他們不像日本那樣因為商業利益而全然反對增加關稅的賑災附加稅，[54] 兩國僅要求中國必須規定徵稅實施斷限。[55] 因此，當中國政府提議成立一個華洋各半總計十二人的委員會附屬於賑務處之下，專門負責擬定、監督與分配賑款，[56] 外交團便在很短的時間內同意。但這個由十二個華洋各半人事所組成的財務委員會，其運作經常受到個別國家的阻擾，以至於影響華洋義賑會與她的合作穩定性，譬如前章所述華洋義賑會在一九二四年前

---

[53] The Acting Secretary of State to the Minister in China, November, 1920, *Papers Relating to the Foreign Relation of the United States, 1920*（以下簡稱 *FRUS*）（Washington D. C.: Government）, Vol. 1, pp. 665-666.

[54] 〈外交部收國務院公函〉，民國 9 年 9 月 23 日，近史所，《外交檔案》，03-19-160-01。

[55] The Acting Secretary of State to the Minister in China, December 29, 1920, *FRUS, 1920*, Vol. 1, p. 730.

[56] 〈收領銜日白使照會〉，民國 9 年 12 月 23 日，近史所，《外交檔案》，03-19-160-02。

後因為總工程師塔德與技術部之間的爭執，竟然導致荷蘭籍的委員方唯因透過使團領銜公使歐登科出面干預。另外約略同一時間發生的中法「金佛郎事件」，在交涉過程中法使不斷藉著開徵賑災附加稅的同意權，同樣阻止華洋義賑會對於徵稅的請願。荷、法以小國姿態，運用使團必須一致同意才能實行提案的慣例，企圖癱瘓相關議案，藉以保全本國利益。如此做法，使團內部沒有國家出面聲援；大部分的國家，如美、日、英都曾經在使團會議中表達反對和、法自利的短視作風，然而基於各國之間情誼，幾乎沒有國家願意出面調停兩國與中國的糾紛。換言之，面對類似荷、法兩國公使置中國人民與社會期望於不顧的行徑，外交團的態度是充滿冷漠。英國外交官在交涉的過程中僅能消極的勸告同僚，似乎沒有積極的幫助中國。

實際上，身為外交團中的影響者，英國從未漠視中國，她往往是在最後關頭才傾向支持中國政府與華洋義賑會。為何英國願意放棄利益，支持華洋義賑會呢？箇中關鍵有三：1.華洋義賑會創會初期的英國幹部，他們在海內外擁有高度的政商實力，足以影響政府決策，譬如在公使館任職，同時兼任英國對華賑災基金管理者的德來格博士，加上來自加拿大教會的河南地區懷履光神父，以及曾經擔任過威海衛長官、亞細亞石油公司經理的周永治，他們在中外政府擁有龐大的政商人脈，必要時還能夠跳過與駐華使館的層級，直接與英國外交部聯繫，獲得政府的奧援。2.英國駐華使領與各地商會原本反對中國開徵任何不利於外商的附加稅，[57] 但經過長期的觀察與英商反映後，他們轉而同意中國

[57] Tientsin British Chamber of Commerce to Consul General J. W. Jamieson, January 17, 1928, FO228/3920, p. 55.

的觀點認為開徵附加稅無損英國利益。3.美國在歐戰結束以後與中國政府的互動日趨密切，尤其是在慈善合作方面，甚至完全主導華洋義賑會的對外交際路線，這使得英國感到有必要轉變政策。

在一九三〇年代中期開始，英國政府以退還庚款組成的「中華教育文化基金董事會」，[58] 補助華洋義賑會農利股九千五百元，並且以基金邀請專家學者為華洋義賑會職員擔任演講。[59] 惟受制於實施時間有限，庚款基金無論是在金額或者影響層面，都很難與美國社會的捐助相提並論，甚至當七七事變後美國分別與華洋義賑會、上海義賑會結合辦理賑務，英國仍然持保留的態度，僅將援助範圍定位在文化與知識的傳授。英國商會認為當賑災主權移轉到政府後，就算具備有效的管理，但因日本出兵上海、共黨在鄉間活動，除非災情到了不可收拾的地步，否則任何捐助與經費都將被移轉成軍事用途。[60] 因此，在七七事變初期，英國政府選擇獨立興辦基金，再成立「英國救濟中國災難基金」（British Fund for the Relief of Distress ion in Chin），募集十八萬英鎊捐助各慈善團體提供作上海難民生活之用。[61]

---

58 以庚款作為防災用途起於1924年英國的構想，美國社會對這個建議的支持甚至勝於充作教育經費。〈庚款用途〉，《救災會刊》一卷五冊（民國13年6月），頁29。

59 〈特請專家講演科學概論〉，《救災會刊》十二卷五冊（民國24年2月），頁24-25。

60 See China Association, *China Association 1937-38, Annual Report* (Shanghai: China Association, 1938), p. 23.

61 See China Association, *China Association 1938-39, Annual Report* (Shanghai: China Association, 1939), p. VII.

三、總會對國聯及世界紅十字組織的交流

一九一九年國際聯盟（League of Nations, 以下簡稱國聯）的成立對於中國政府拓展外交實力，鞏固主權，逐步修改不平等條約，以及解決各國在華的特權等議題，具有正面的意義。雖然她的組織缺點甚多，很難令各國相信她能夠保障國際集體安全的功能，但作為世界組織的具體實現，年輕的國聯對國際秩序依然有重要的有影響。[62] 除了處理國際外交與政治事務，國聯還被期待提供法律、衛生、工業、財務金融、交通、資源維護、貿易條件、以及熱帶地區的特殊問題，也就是讓各國把國聯當作是探討與它們有關的社會與經濟問題之研究中心。[63] 對中國政府而言，藉由國聯組織的活動，確實獲得不少資源與協助，即使這種合作屬於王寵惠批評的不對等的合作關係，研究顯示中國政府並沒有放棄國家主權，而且還能藉力使力，改善國內經濟與社會環境。

類似國聯這樣一個積極發展各國合作的國際政府組織，它的出現時間與存在意義，其實與華洋義賑會類似；一個是國際政府組織，一個是立足於中國的國際慈善組織，兩者卻要等到一九二六年總幹事梅樂瑞訪問歐洲，才有進一步的接觸。當時梅樂瑞在前海關總稅務司外籍官員濮蘭可的協助下，接觸國聯合作股股長傅圭博士、新聞部主任加斯提蓮，設於日內瓦經常與梅樂瑞通信討論華洋義賑會發展的國際紅十字會會長阿多，以及設於巴黎的萬國紅十字會聯合會幹部。這次訪問過程中最重要是讓華洋義賑會成為亞洲地區唯一獲邀參與國聯「賽老羅計劃」防災計劃的團

62 盧瀛洲，《國際聯盟研究》（上海：商務印書館，民國 23 年），頁 2-3。
63 張力，《國際合作在中國——國際聯盟角色的考察（1919-1946）》，頁 16-17。

體，企圖推動「國際救災協會」的成立。儘管中國政府礙於新組織的開辦需要銀元一萬餘的經費過高，所以並沒有表態贊成，加上各國無力承擔經營，遂使協會成立一開始就遭遇挫折。但最後梅樂瑞仍以華洋義賑會領袖的身分對應邀對國聯秘書廳全體職員演講，陳述歷年工作及賑災策略，並且撰文敘述華洋義賑會各類防災作業程序，作為日後「國際救災協會」擬定創會章程之參考。[64] 過去研究指出中國在國際合作的過程中屬於被動的被援助對象，華洋義賑會卻一反常態，在國聯創會初期就輸出自己的經營概念與技術，將生根於中國的知識，移轉到國際社會。這股風潮後來還延伸到同年十一月在東京舉行的遠東紅十字會議。一九二六年底以後，華洋義賑會在沒有中國政府的協助下，直接與國聯在合作業務與工賑的技術交流兩方面，建立緊密的關係。

在合作事務方面，華洋義賑會合作委辦會透過國際勞工局的聯絡，數度派員赴印度、日本、丹麥、加拿大、英國等國考察，掌握了其它國家合作聯合會的組織經驗與發展動態，[65] 他們不僅將所得知識化為實際行動，譬如身兼燕京大學教授的合作委辦會委員戴樂仁，返回中國後還利用學校作為學習海外新合作觀念的場域。[66] 雙方交流程度對華洋義賑會活動透明度、國際知名度的提昇，有正面的作用。一九二八年五月，國聯勞工局長甚至在會議中公開讚揚中國農業合作經華洋義賑會「饒有意識、綱舉目張之指導」，已有顯著之進步。[67] 儘管國聯並沒有直接派遣專家來華指導，但是華洋義賑會在國聯勞工局的介紹下，仍吸引各國專

64 〈梅樂瑞君遊歐接洽記〉，《救災會刊》四卷一冊，頁 3-4。
65 〈調查丹麥合作〉，《救災會刊》四卷四冊，頁 16。
66 〈同仁消息〉，《救災會刊》五卷一冊，頁 3。
67 〈調查丹麥合作〉，《救災會刊》五卷五冊（民國 17 年 6 月），頁 16。

家在一九三〇年代紛紛訪華，觀察它對合作制度的改進研究，如一九三四年的英國專家司德蘭訪華十個月、[68] 丹麥皇家農業學會派遣兩位教授參觀總會事務所、[69] 美國運銷專家史蒂芬前往金陵大學講學並到華洋義賑會合作區實地考察、[70] 一九三五年國聯專家顧德、經濟委員會英籍顧問甘布爾（W. K. H. Compbell）訪問華洋義賑會，並與章元善討論合作業務得失。[71] 國聯勞工局駐在上海的中國分局在成立以後，也經常提供出版品予總會圖書室。

在工賑方面，國聯在一九三五年派出當時派駐中國的水利專家奧模第阿（Angelo Omodeo）、浦德利（F. J. M. Bourdrez），在中國政府經濟委員會的支援下，協助總工程師塔德改進綏遠民生渠工程。[72] 同年，國聯交通運輸組組長兼駐華國聯代表哈斯在三月也到會訪問工程股，與華洋義賑會討論山西河流測量報告。[73] 雖然華洋義賑會並沒有幹部常駐國聯，經理跨國合作，卻有更多來自中外政府組織的官員主動擔任它與國聯的交際工作，譬如美國經濟調查團在一九三五年隨華災協濟會訪華。中國政府駐外代表方面，與蔣中正關係親密的國民政府派駐國聯要員——鄭彥

---

68 〈合作專家司德蘭氏抵平〉，《救災會刊》十二卷一冊（民國 23 年 10 月），頁 4。

69 〈丹麥安包兩教授來會參觀〉，《救災會刊》十二卷二冊（民國 23 年 11 月），頁 8。

70 〈美國運銷專家史蒂芬抵平〉，《救災會刊》十二卷三冊（民國 23 年 12 月），頁 16。

71 〈經濟委員會顧問甘布爾視察華北合作事業〉，《救災會刊》十三卷二冊（民國 24 年 11 月），頁 44。

72 另外譯作沃摩度。〈國聯水利專家抵平〉，《救災會刊》十二卷四冊（民國 24 年 1 月），頁 20。另外，關於國聯水利專家在中國的活動，請參見張力，《國際合作在中國-國際聯盟角色的考察（1919-1946）》，頁 154-165。

73 〈總幹事報告〉，《民國二十四年度賑務報告書》，頁 16。

棻，他曾以私人名義大量購買華洋義賑會出版品，利用公部門資源向國聯宣傳中國農村工作的成果；[74] 一九三三年初，參酌華洋義賑會宗旨的國際救災協會成立後，中國駐瑞士公使胡世澤多次代表華洋義賑會參與大會，協助處理國際事務。[75] 不過，政府替代華洋義賑會出席國際專門組織，似乎只是消極應付，缺乏實質的討論與交流。為了落實對國聯的承諾，華洋義賑會在一九三五年會員大會選舉執行委員金叔初、傅納克為國際救災協會第二次大會代表。三〇年代後期，總會困於財務、加上具備國際經驗的幹部老成凋零，適合人才不易尋覓，便中止派員出席國聯各類專門機構。

至於華洋義賑會與其它重要國際組織的互動，當屬國際紅十字會與萬國紅十字會聯合會兩大機構，兩者均係透過梅樂瑞舊識的介紹。除了慈善消息的互通有無，華洋義賑會還在一九二六年十月，應萬國紅十字聯合會在日本東京舉行慶祝創會五十週年會議的邀請，派出梁如浩等三人以賑災顧問的身分發表演說。[76] 這一年可以說是華洋義賑會在國際上最為活躍日子，當時總會甚至還有能力，透過萬國紅十字會聯合會、荷蘭政府與位處東歐的南斯拉夫紅十字會（Jugo-Slav Red Cross Societies or Yugoslav Red Cross Societies）四方共同合作，由華洋義賑會捐贈基金與物資幫助歐洲東部飽受水患之苦的災民。[77] 在此之前，華洋義賑會還多次援助日本關東大地震受創災民。華洋義賑會與紅十字會的合

---

[74] 〈鄭彥棻關懷祖國〉，《救災會刊》十二卷九冊（民國 24 年 6 月），頁 44。

[75] 〈參加國際大會〉，《救災會刊》十三卷二冊（民國 24 年 11 月），頁 44。

[76] 〈紅十字會與東京會議〉，《救災會刊》四卷一冊（民國 15 年 10 月），頁 1。

[77] See CIFRC, *Annual Report 1926, Report on Relief Work in 1926*, pp. 6-7.

作，完全打破過去國際以為中國只能接受救濟，不能回饋國際社會的印象。湊巧的是，在一九二六年國聯的外交舞台，中國政府也正如火如荼地進行一系列交涉，順利從一九二三至一九二五年的國聯行政院常任院席選舉失敗中站起來，再次爭取常任院席，提昇中國的國際地位。[78] 政府與非政府組織在國際舞台的表現，有某種程度的默契與關聯性。儘管帶領中國加入國聯的北京政府在一九二八年結束，但國民政府在繼承北洋外交的基礎上，華洋義賑會依舊自這套崇尚國際主義與理想主義的體制中獲得它所需要的掌聲與支持。

從國際關係的角度觀察華洋義賑會與各國政府/非政府，以及國際機構的互動，可以看出一個民間組織在世界舞台的豐富活動。自一八七〇年代以後，中國政府也開始試探性的參與一些在國際上重要的跨國性經濟組織、機構。儘管中國在當時並未有積極參與的作為，惟長期而持續的活動參與，卻帶給政府、外交官僚與報紙媒體豐富的經驗與知識。在歐戰的動盪結束後，以北京為主的中華民國政府成為國聯的創始會員國，更確立了中國在第一次世界大戰後的全球新秩序裡的正當地位，[79] 帶動中國對外政府與非政府組織交流的蓬勃。華洋義賑會有幸恭逢盛會，但是它與國際之間的合作關係，完全不是依附在中國官方底下。在沒有中國政府的協助下，華洋義賑會從一九二〇到三〇年代，先後與美紅十字、華災協濟會建立的緊密的財務與賑災技術的移轉。即使向來主張外國人不應為中國政府承擔社會責任的英國政府，受到華洋義賑會強大的人脈與組織實力影響，也放

[78] 唐啟華，《北京政府與國際聯盟（1919-1928）》，頁 168。

[79] See Yongjin Zhang, *China in the International System, 1918~1920* (London: Macmillan, 1991), p. 196.

棄過去的堅持，透過這種不同的知識教育，提供華洋義賑會另一種無形的支援。在國際政府組織的層次，華洋義賑會以非營利性組織的身分，利用人際關係與組織宣傳，促成國聯對它的重視，多次派遣專家與學者訪問中國，協助華洋義賑會改進農村合作與工賑技術。當然中國政府在一九三〇年代藉著國聯主動提出的各類技術合作，廣納專家與學者進駐，有利於華洋義賑會及其它團體間接獲得技術移轉的機會。惟過程中華洋義賑會表現的不只是作為知識的接受者，在防災與農村合作運動的領域，它還能夠將成熟的經驗輸出，回饋國際社會。

第二節　總會與中國政府組織的關係

在中國古代，賑濟事務通常是屬於國家民政機構管理的範圍，而歷代政府往往依循儒家經世濟民的理想主義，實施各類防災、救災策略，譬如重農、立義倉、管制糧食、控制社會游民、制穀贖罪、設置平糴、以公款設置平準基金、捐奉勸賑、現金放賑、清查戶口、慎選放賑之人、購置處所安置流民、公共醫療，以及工賑等措施，[80] 已有近代賑災之雛形。在十九世紀中葉西方政府出現專門管理組織之前，中國這一套來自於國家主導與儒家士大夫觀念下的產物，確實能夠發揮其效率。[81] 以致於國家無力扶助專業性的政府機構與民間慈善組織朝向長期發展。但是鴉片戰爭以後，中國政府財政維艱，中央難以自保，使得地方災情擴

---

[80] 勞潼，〈救荒備覽〉卷四，收錄《救荒輯要初編》（上海：尚古山房，民國 11 年），頁 1-11。

[81] 陳緒先，《社會救濟行政》，頁 1。

大，人民飽受洪水與飢荒之苦，視為常態。[82] 同樣的情形，西方國家在一八四〇年代以後有了不同的做法，它們將救濟的責任分為政府事務與非政府事務，前者由國家以法律規定，使政府承擔公共義務；後者由教會與民間慈善組織，其任務依災情的性質區分。[83]

當清季西方的傳教士、商人、外交官遇到中國大規模的災荒出現時，他們便開始介入傳統屬於國家與地方仕紳合作的救災領域。由於中國政府沒有意識到救災與近代國家主權有關。以致於傳教士發動的各類慈善活動遍佈中國，隨著列強在華勢力範圍發展。這種基於人道主義普世價值出發的行為，在一九一一年前，後終於形成中外慈善合作，進而在一九二一年整合各地華洋義賑組織，擴大為華洋義賑會。於是，當華洋義賑會成立後時，它的性質不只是非政府組織，還包括國際救災團體。濃厚的國際色彩使它與南北政府之間，在處理主權與慈善問題，變得複雜。在一九二〇年代以後，無論是北京政府或後繼的國民政府，都曾試圖運用民族主義與國際主義去收回國權，連過去長期被外國影響的慈善救濟事業，也成為政府想要改變的範疇。至於地方層次方面，華洋義賑會分會，除了日常防災賑災，它們尚需直接應付南北分裂時期盤據各省的地方軍閥、中共與盜匪製造不同程度的關懷與妨礙。因此，如何在國際外交-中國內政－人道主義之間，透過依附、競爭、合作等多元的方式取得組織利益，便成為華洋義賑會與北京政府、國民政府維繫穩定互動的關鍵。

---

82 Robert J. Davidson & Isaac Mason, *Life in West China* (London: Headley Brother, 1905), p. 73.

83 馬君武，《失業人及貧民救濟政策》，頁 84。

一、總會對北京政府的交際與交涉

從大清王朝過渡到中華民國政府，北京政府曾經與華洋義賑運動有過一段緊密的合作關係。但是隨著國家力量的逐漸穩定，政府逐漸介入社會事務，華洋義賑便不再受到政府青睞。在一九一一年辛亥革命爆發前後，中央無力以國家力量解決蘇、皖、浙地區的洪患所造成的飢荒與生態環境破壞，這個時候華洋義賑運動結合海內外的力量適時的彌補了政府失能的狀況。飢荒期間中國政府對於這種以外國援助為主體的國際慈善活動，基於人道、列強的力挺，以及本身力量的有限，所以並沒有採取干涉；政府中的外籍官員甚至在未獲授權的狀況下，逕行提供海關關稅、鐵路、電報服務，協助華洋團體辦賑之用。然而，新的共和政府對於如何運用華洋義賑組織改善中國內政，僅在水利與社會調查方面曾與他們合作。[84] 在這個長期面對飢荒與天災的政府體制之內，僅一九一二年成立的內務部與賑恤有關，基本上沒有任何常設性的單位專責賑既事務，實在是不可思議。至於法令與賑濟章則的制定，完全付之闕如。當然，中國官方似乎也從華洋義賑的歷史中學到不少有關賑濟的流程與心得，譬如一九一五年北京警視廳衛生處官員王敬銘所撰寫「辦賑芻言」，文中列出的籌款、擇人、勘災、查戶、放錢、留養、平糴，工賑等步驟，[85] 幾乎是將皖華洋義賑會辦賑作業的翻版。然而，上述策略只是停留在官員的紙上建議，整個政府組織的設計並沒有專責機構的編制。所謂的賑災僅僅是在災情跨大到數省之後才由中央政府設置賑務督辦職位，選擇社會上宿有名望能夠獲得各界信任的官紳作為主

---

[84] Walter H. Mallory, *China: Land of Famine*, p. 49.

[85] 王敬銘，〈辦賑芻言〉，收錄《救荒輯要初編》，頁 1-7。

管，如任期最久的熊希齡。政府如此輕率的態度，讓參與民初華洋義賑行動的外國人感到不解與迷惑，他們希望中國政府能夠出面主持賑務而不是放任地方或國際團體辦賑。[86]

一九二〇年代復興的華洋義賑，在形式上與二十世紀初的那一場賑濟行動，形式上沒有差別，不過北京政府與華洋義賑會之間卻有較過去更複雜的糾葛，主要原因是：1.在政治上，華洋義賑會領導階層中的華籍幹部全部來自於中央政府體系，與北京政界關係密切；2.在經濟上，華洋義賑會外籍成員掌控管理賑災附加稅的財務委員會，同時影響外交團對徵稅的延展同意權；[87] 3.在社會上，華洋義賑會主張農村工作路線，希望藉由農民的組織改造，發展地方經濟，替代部分政府的職能。這幾項因素的交錯，使得北京政府與華洋義賑會之關係顯得曖昧不清。她固然不希望在中國境內有一個類似政治上的外交團，出現在社會事業的領域，形成華洋共治，或者說是國際共管，但卻無異因此開罪於重視人道主義的列強。

為了爭取中國在各類稅務上的自主性與獨立，一九二二年華盛頓會議召開前，北京政府首度提出徵稅救災「事關慈善，且繫國權」的觀念。[88] 自此中國政府已經意識到要以政府的資源推動賑災，視賑災為國家主權完整的一環，但另一方面中國政府又缺乏賑災與管理賑濟組織的成熟經驗，不得不對華洋義賑會在地方上工賑計劃採取寬鬆的態度，同時將所有與直接賑災有關的政府單位如京師平糶委員會、賑務公署財務委員會、全國防災基金定

---

[86] George Burleigh Baird, *Famine Relief and Prevention in China*, pp. 52-53.

[87] 川井悟，《華洋義賑會と中國農村》，頁 28。

[88] 〈交通部、內政部、財政部、賑務處等為會同咨復事案准〉，民國 11 年 7 月 20 日，近史所，《外交檔案》，03-19-164-02。

位為華洋各半的決策體制，藉以取得外交團對中國的信賴，同時滿足華洋義賑會對參與政府決策的期望。從國際法的角度來看，中國政府從過去仰賴外國教會、慈善團體賑濟的姿態，到了華盛會會議前後，已轉變為強調在合作的過程中，堅持無損國家之主權榮譽為原則。[89] 即便是處在政府對外交團與華洋義賑會有所求的位置上，北京政府也希望透過一個至少在形式上平等的華洋各半決策機制來處理社會賑濟事務，避免主權操之在外人。

儘華洋義賑會與外交團關係緊密，使得北京政府對它在各地的農村組織、工賑防災活動採取寬鬆的處理方式，但這並不意味兩者缺乏緊張性的可能，譬如在一九二〇年代中期歷次海關賑災附加稅開徵與展延案中，華洋義賑會主張外交團應當同意賑災的訴求獲得列強支持，這個成果最後卻為北京政府所攬去，導致所有基金回歸政府管理分配，排除了華洋義賑會的參與。至於在農村運動方面，過去國民政府為的強調自身在合作運動推廣的成果，乃經常批評北京政府對華洋義賑會合作事業不僅沒有積極扶助，而且多有摧殘之行為，[90] 其實並沒有宣傳的那麼嚴重。合作運動之在北京政府執政末期受到限制，主要是受到戰亂的影響，造成地方分會無法運作，加上北京與各地交通遭遇軍事行動的阻隔，各地缺乏總會指導，當然會對會務推廣造成不利，並不令人意外。事實上，北京政府取締部分合作社的政策，不是針對華洋義賑會，絕大多數被捕的合作社員都是被控秘密結社。[91] 正如章元善所言：北京政府統治時期，華洋義賑會的態度是不聞不問。因為軍閥只知混戰，爭權奪利，對合作事業與民間福利，只要和

---

[89] 鍾聖　，《情勢變遷條款論》（上海：正中書局，民國29年），頁73-74。

[90] 佚名，《中國合作事業》（南京：中央黨部，民國36年），頁1-2。

[91] 〈副總幹事報告〉，《民國十七年度賑務報告書》，頁5。

他們的勾當不相衝突，他們是不來過問的。換言之，在華洋義賑會看來，合作事業好像和北京政府是沒有什麼關係，[92] 彼此井水不犯河水。弔詭的是，政府對部分合作社的敵視，反而是國民革命軍控制河北地區才轉趨劇烈。一九二八年底華洋義賑會在河北定縣安平等地區大力推展農村合作事業，遭到國民政府農工商部的取締，官方以尚未頒定合作法規為理由，要求社團解散，轉型為改良農村，[93] 部分地方合作講習人員的遭遇一如北京政府垮台前夕的案例，頻頻遭到逮捕。華洋義賑會曾經多次陳情要求國民政府停止取締，卻沒有獲得正面的回應。[94] 一直等到章元善加入政府合作機構的體制，這類的情形才停止。

二、總會對國民政府的態度：引導、競爭、合作

華洋義賑運動與國民黨人的關係源於一九一一年孫中山主持的南京臨時政府，儘管如曇花一現，但孫中山當時協助江皖華洋義賑會的紫金山造林與移民計劃的構想，後來都在金陵大學斐義理教授的持續經營下獲得實現。歐戰期間，居住上海的孫中山潛心研究他的建國大業，特別是在民生方面，他主張社會主義、人道主義，在不分種族、血統、階級、信仰的狀況下，集合眾人之力建構一個理想世界。[95] 這些想法與華洋義賑所強調的透過國際力量達到人道主義，拯救生命的目的相符。不過，有關孫中山與後來華洋義賑組織之間的進一步關係，沒有史料可以說明。

---

[92] 章元善，《合作事業與經濟建設》，頁 44。

[93] 〈政府考察合作事業〉，《救災會刊》五卷二冊（民國 16 年 12 月），頁 6。

[94] 〈合作近況〉，《救災會刊》五卷三冊（民國 17 年 2 月），頁 13。

[95] 秦孝儀主編，《中華民國社會發展史》第一冊（台北：近代中國出版社，民 74 年），頁 176。

一九一九年，中國在巴黎和會的國際舞台失敗遇挫，知識份子仰慕於社會主義，不斷有青年以實際行動作為改革社會的起點。在五四時期負有社會改造責任的革命黨人，對於風行一時的社會主義當然不能避而不談。[96] 所以，孫中山在謹慎的考量下，在一九二四年八月廣州講述民生主義問題時，曾多次談到如何利用政府的力量進行農村的改造，提昇農民的生活水準，如機器生產、品種改良、肥料供給、掃除病蟲害、農村製造、運輸，以及防災問題。[97] 這些來自南方政府的主張與同時在北方發展的華洋義賑會，如出一轍，南北遙相呼應。在一九二〇年代初，南方政府主張革命的變局中，孫中山與華洋義賑會討論農村改革策略的差異在於，前者主張以國家的力量去完成農村改革工作，後者則從現實主義出發，在中央政府失能的狀況下，以非政府組織的力量去引導中國政府、替代政府從事救災防災的工作。另外，在探討飢荒與經濟問題積重難返的問題時，孫中山認為帝國主義的壓迫是造成中國在經濟上落後的原因之一，應該加以反抗；華洋義賑會則是消極批判政治，以華洋領導為核心，積極從事國際合作防災工作。惟華洋義賑會與孫中山的理念都為了拯救中國人的生命，可以說是殊途同歸。

以信仰孫中山遺教為號召的國民政府，一方面延續孫中山的軍政、訓政理念，另一方面，則揚棄北京政府時期以鬆散的方式處理包括華洋義賑會在內的慈善團體，逐漸以國家的力量去管理，或者說是控制這些社團的經營與活動範圍。其最終目的，就

---

[96] 呂芳上，《革命之再起，中國國民黨改組前對新思潮的回應（1914-1924）》（台北：中央研究院近代史研究所，民 88 年），頁 289。

[97] 孫中山，《三民主義》（台北：三民主義百萬冊印發委員會，民 78 年），頁 271-282。

是要回收過去因為政府失能導致非政府組織替代的機能，使之達到建構國家的理想。所以，在北伐軍事行動接近尾聲，國民政府頒布一連串的法令，藉以掌控華洋義賑會，如一九二八年六月的「管理各地方私立慈善機關規則」。[98] 同年九月初公告的「政府施賑標準」，除了將賑災的責任限定於省政府辦理，另外還揭示中央辦賑以工賑為主，舉凡與防災有關的築堤、開渠、疏浚湖泊河流、鑿井、修路等皆屬工賑實施範圍。[99] 非政府組織慈善團體在這套法令的規範下，僅能從事急賑業務，不能插足於大型工賑工程。[100] 約略同一時間，在「鐵路運輸賑濟物品條例」中，交通部又限定了慈善機關施放賑濟物品享受的運費對折優惠，需要獲得地方最高行政長官同意，才准核辦。[101] 這三項新規定的存在，無疑地，被華洋義賑會及其它慈善團體認為是不切實際，暴露出政府對賑濟事務的陌生與對非政府組織的敵意。

由北伐結束後政府首次出資成立，朱慶瀾將軍主持「冬賑華北賑災會」，還必須仰賴各地慈善組織的奧援才得以順利運作的情形來看，[102] 國民政府對統合救災賑災體系的能力十分有限。因此，華洋義賑會開始試圖引導國民政府熟悉賑濟行政，它一方面在同年十二月由梁如浩與國民政府主席蔣中正會談，獲得政府保證與華洋義賑會「共紓國難」的承諾，雙方的關係；[103] 另一方

---

[98] 這個法令在 1929 年 6 月又擴大為〈監督慈善團體法〉，以及 1930 年的〈施行細則〉，參見陳緒先，《社會救濟行政》，頁 8。

[99] 〈國民政府施賑標準〉，《救災會刊》六卷一冊（民國 17 年 10 月），頁 6。

[100] 〈賑款委員會委員薛篤弼提案〉，約民國 17 年 9 月 5 日，國史館，《國民政府檔案》，161-862-874。

[101] 〈鐵路運輸賑濟物品條例〉，《救災會刊》六卷一冊，頁 6。

[102] 〈東省接濟關內賑糧之熱心〉，《救災會刊》六卷三冊，（民國 18 年 2 月），頁 17。

[103] 〈國府關心賑務之談片〉，《民國十七年度賑務報告書》，頁首。

面，隔年初華洋義賑會又透過華災協濟會直接致電國民政府施壓，獲得中央同意比照北京政府時期的各類賑災便利待遇，特准運輸、關稅完全恢復一九二〇年時期的免費、免稅，[104] 奠定一九三〇年代政府與華洋義賑會合作的政治基礎。

一九三〇年代至中國對日抗戰期間，華洋義賑會與國民政府的互動關係發展更為迅速。華洋義賑會過去習慣以優勢的組織、人力、經費縱橫於北京政府，現在需要面對的是一個具有強烈企圖相的政府。鑑於未來中國必須長期處理各類救濟事務，同時因應開徵賑災附加稅的準備，早在一九二八年國民政府就設置賑款委員會，邀請合作事業專家薛篤弼主持。薛氏曾經試圖建議國民政府沿用北京政府時期設置的賑務架構，加以修正直接將北伐期間設置的賑款委員會改制成賑務處，[105] 設於國民政府之下，由內政部長兼任。[106] 另外國民政府還在各省設置賑務會，由省府委員、黨部、民眾團體共同組成，負責各省賑務。[107]

一九二九初，賑款委員會改名為「振災委員會」，[108] 直接隸屬於行政院，直接在災區辦理賑災事宜。[109] 首任長官由政壇上人

---

[104] 1924 年北京政府頒佈慈善團體除以收益為目的者仍須按章納稅，其餘不以營利為目的者，得享受免稅之利益。〈政府協助賑務〉，《救災會刊》六卷三冊，頁 17。〈慈善團體得享免稅之利益〉，《救災會刊》一卷五冊，頁 33。

[105] 〈內政部長薛篤弼呈國民政府〉，民國 18 年 7 月 14 日，國史館，《國民政府檔案》，161-862-915。

[106] 〈國民政府賑務處組織條例〉，國史館，《國民政府檔案》，161-862-925。

[107] 〈各省賑務會組織章程〉，民國 17 年 9 月，國史館，《國民政府檔案》，161-862-1050。

[108] 〈賑款委員會主席許世英呈國民政府〉，民國 18 年 1 月 31 日，國史館，《國民政府檔案》，161-1024-1134。

[109] 〈修正賑災委員會組織條例〉，民國 18 年 4 月 14 日，國史館，《國民政府檔案》，161-1024-1224。

緣極佳的許世英主持，加上內政、外交、財政、交通、農礦、工商、鐵道、衛生各部部長為常務委員，共同組成一個完全由中國人掌控的政府賑濟機關。未久這個組織又更名為「振務委員會」，職能方面與前身幾乎沒有任何差異。不過，這個跨部會的委員會與賑務處的實質功能相當有限，它的管轄僅限災區，其委員權限又止於募款與撥款而已，並沒有獨立執行其它業務的能力。官方所募得賑款，對災區居民而言，就像朱慶瀾所說的：豈只杯水車薪，真如滄海一粟。由政府的官賑，往往淪為義賑的輔助地位。[110] 這樣的窘境一直要等到一九三七年中央另設「振濟委員會」會統籌戰地一切救災行政，加上一九四〇年設立的行政院社會部，整個政府救濟事務才算有完整的專責機構。

真正能夠與華洋義賑會配合執行防災與工賑的單位是全國經濟委員會。正式成立於一九三三年的全國經濟委員會，隸屬於國民政府，組成委員與賑務委員會類似，在組織架構中設有公路、工程、衛生實驗、農業、水利等處。[111] 新的組織無論是在功能或活動，幾乎可以說是官方版的華洋義賑會，這使得雙方處於競爭與合作並行的關係。他們各自在南北各地進行各類工賑與救濟活動，如依照新頒布「政府施賑標準」屬於政府公共事務範圍的灌溉溝渠興建工程，華洋義賑會在華災協濟會的支持下，選擇西北地區的涇惠渠、導汾計畫、西蘭路築路工程作為工賑防災對象；國民政府選擇由美國工程師費禮門（John R. Freeman）在一九二二年重新設計的美紅十字導淮工程、[112] 黃河上游甘寧綏水利改善工程、豫冀魯三省黃河大提之維修工程。表面上兩者處

[110] 朱慶瀾，〈請賑書〉，《天津大公報》，民國 21 年，5 月 28 日，版 1。
[111] 郭飛平，《中國民國經濟史》（北京：人民出版社，1994 年），頁 75。
[112] Walter H. Mallory, *China: Land of Famine*, p. 48.

於競爭關係，實際上國民政府的工程規劃幾乎都曾接受過華洋義賑會水利與土木工程專家的指導，[113] 如一九三四年擔任黃河下游視察的水利委員會工程師安立森更是長期在華洋義賑會服務。[114] 按理，國家興辦工程所掌控的人力、經費與行政資源當較華洋義賑會更能夠滿足所需，然而受制於組織性質，這些負責工程的水利委員會都是屬於技術機關，除了工程人才，在經營組織方面雜亂異常，[115] 以致於無法兼顧其它防災、賑災等事務。迥異於政府辦工程的方式，華洋義賑會總是依循固定的模式，利用工賑的機會調查農村社會、推展農村合作組織，成立分會從事長期的防災，建立整體的區域防災社會體系。如果國家與華洋義賑會都需要合作維繫彼此關係，那麼也是前者對後者的防災工程技術與組織經營能力的移轉，有較高的需求所致。

為了因應財務上的收入減少，同時反映國民政府在救災防災體系扮演的角色日漸吃重，華洋義賑會在一九三三年進行大規模的政策調整，逐步退出政府有心建設之領域。從其它角度觀察，國民政府在同一時間則試圖採取借調華洋義賑會人員、組織公部門化、以及委託華洋義賑會訓練組織合作事業的方式，在短時間內迅速強化政府管理防災、賑災與農村合作運動的機能。以幹部借調而言，一九三三年期間，國民政府就先後委任周詒春、章元善為華北戰區救濟委員會委員。該會所用的災區視察員大部分都

---

113 安立森在參與黃河水利委員會之前，即在涇惠渠任職，協助華洋義賑會總工程師。〈導淮工程計畫〉，《革命文獻》第八十二輯，頁 74；〈修築涇惠渠支渠〉，《救災會刊》，十卷四冊，(民國 23 年 4 月)，頁 13。

114 〈黃河口視察報報〉，《革命文獻》第八十二輯，頁 386。

115 〈黃河水利委員會成立一年來工作概況——民國二十三年九月一日張秘書長含英於黃河水利委員會成立一週年紀念大會報告〉，《革命文獻》第八十二輯，頁 523。

來自華洋義賑會農利股及皖贛兩事務所職員，[116] 章元善因此乾脆完全將所有作業流程比照一九三二年在皖贛的農賑辦理。[117] 章元善後來又陸續任職於「農村復興委員會」、「華北農業合作委員會」、「陝西合作事務局」、「實業部合作司」，單位名稱不同，但在這些單位設計的模範章程與政策建議幾無差異。還有一些華洋義賑會領袖，雖然他們不是在賑務機關服務，甚至早退出政壇，對政府的影響力卻更大，如顏惠慶、王正廷、陳光甫、伍連德。身為華洋義賑會任期最久的總幹事，章元善對華洋義賑會與政府之間的人員交流，樂觀其成，認為此舉將使華洋義賑會補助政府人力，有助合作運動的提倡，更進一步。[118] 以一九三六年的全國經濟委員會各專門委員會的高級幹部而言，就有秦汾、章元善、楊性存來自華洋義賑會。[119] 從另一個角度來看，自一九三〇年代開始政府領袖也開始融入華洋義賑會，參與會務，如來自政府賑務體系的許世英與朱慶瀾自一九三五年擔任名譽會長，以及最後一任會長孫科都是屬於由公入私的案例。從文獻來看，這些政黨色彩濃厚的官紳對華洋義賑會的參與，不見得就是代表政府對華洋義賑會的完全控制，相對地，也可以視為華洋義賑會在政權的交替過程中，華籍成員由北洋政商名流逐漸轉變為國民黨黨員，反映當權者與華洋義賑會的相互滲透。

政府與華洋義賑會之間的人士互動，看似圓滿，實則因為政府長期借調非政府組織幹部，導致部分華洋義賑會人才的無法回

---

116 〈救濟華北戰區〉，《救災會刊》十一卷一冊（民國 22 年 10 月），頁 6。

117 〈戰區農賑辦法綱要〉，《救災會刊》十一卷一冊，頁 7。

118 〈章元善就任合作司長〉，《救災會刊》十三卷二冊（民國 24 年 11 月），頁 14。

119 全國經濟委員會編，《全國經濟委員會報告》民國二十五年（南京：本會出版，民國 25 年），頁 52-53。

流，影響組織的經營，至於政府委託經營的農賑事務所，最後更是一一遭到政府併為公部門的單位，像是駐贛、皖事務所就被併到全國經濟委員會，後來又移歸實業部接管。[120] 一九三五年以後，受制於財力與人力的不足，[121] 過去華洋義賑會發展經驗優於政府的農村合作與工賑工程等領域，逐漸為政府所替代，甚至轉而由政府全國經濟委員會派遣國際專家前往華洋義賑會指導他們如何改善合作社經營業務。為了扭轉與政府之間地位的劣勢，華洋義賑會在一九三六年發起成立十五週年募捐運動，然而政府對募捐的條件卻日趨嚴苛，不僅需要主管單位同意，還得撰寫募捐計畫步驟以及放款詳情會報內政部，[122] 間接打擊到華洋義賑會作為防災組織應保持的效率與自主性。

儘管華洋義賑會在國民政府建後後曾經嘗試以引導、競爭、合作甚至犧牲部分組織併入政府，卻始終不能滿足政府在建構國家過程中所需要的貢獻。最後，華洋義賑會在中日戰爭開戰前夕雖然沒有被中央政府部門所取代，實質上在政府力量的約束下，活動範圍已經大幅縮小。即使華洋義賑會沒有因為財務與人才不足而解散，到了中國全民高倡「抗戰必勝、建國必成」，使全國力量，得以集中團結，實踐總動員效能的時代，[123] 也會被國家以維護主

---

120 〈駐皖辦事處等改定名稱〉，《救災會刊》十三卷十至十一冊（民國 25 年 7-8 月），頁 70。

121 〈十五年來之中國華洋義賑救災總會〉，民國 25 年 11 月 16 日，國史館藏，《抗戰史料》，0160.52/3480.55-01。

122 〈內政部批准核銷江河賑報告〉，《救災會刊》十四卷二至三冊（民國 25 年 11-12 月），頁 10。

123 〈臨時全國代表大會通過之中國國民黨抗戰建國綱領〉，民國 27 年 4 月 1 日，李雲漢編，《中國國民黨黨章政綱彙編》（台北：中國國民黨黨史會，民國 83 年），頁 495-499。

權，政府統籌運用民間慈善團體資源的命令所繳械。或許這就是Robert E. Bedeski 所言，在國家建構的過程中，因為政府運用武力、力量與主權（force, power, and authority），[124] 所導致的結果。

三、分會與地方政局的關聯性

前述華洋義賑會與中央政府組織之間的互動，表現了一個具有國際色彩的慈善救災、防災團體如何在政府不穩定發展的狀況下去引導、競爭、合作、替代政府執行業務。如果要真正觀察華洋義賑會與中國其它政府組織的關係，還必須注意到地方層次。作為華洋義賑會的地方分會，他們經營的優勢在於熟悉地方風土特質，社會狀況，最重要的是能夠組織地方華洋領袖，發展出迴異於傳統慈善救濟的模式，達到長期救災的目的。

儘管華洋義賑會地方分會缺乏全國性國際性的力量作為後盾，必須仰賴、依附總會獲得技術、資金與知識，卻每每能在華洋義賑會無法完全滲透的地方政經網絡中，獲得認同，過去研究經常質疑地方政權、軍閥對慈善活動的干預與妨礙，不過對華洋義賑會分會來說，這種批評不見得是常態，如奉系領袖張作霖在一九二四年控制直隸地區後，積極派遣二千四百餘名工兵群支援永定河的疏浚工程；[125] 山東、江西、雲南、甘肅、陝西、綏遠省政府在一九三〇年代援助分會，都曾以軍隊為骨幹，大規模地修築公路，興起一股兵工助賑的風氣，說明了地方分會與當地政治的正面互動。無論是馮玉祥、韓復榘、劉湘等軍閥，在一九三

---

124 See Robert E. Bedeski, *State-Building in Modern China: The Koumintang in the Prewar Period*, p. 17.

125 See CIFRC, *Annual Report 1924, Report on Relief Work in 1924*, p. 86.

○年代都曾與華洋義賑會合作。[126] 可惜的是成也政治，敗也政治。部分體質較差的分會，譬如甘肅、陝西、山西、河南，都曾因為地方軍閥混戰的關係，暫停或就此結束會務。也就是說，地方分會在複雜的政情包圍下，並不容易超脫於紛爭之上，如一九二八年以後，中共在湖北、河南、江西的活動，對華洋義賑會地方分會推廣農村合作與維護工賑計劃造成更大的影響。

地方治安與政治因素對華洋義賑會分會的活動的負面衝擊有多大呢？在華洋義賑會的年度報告與《救災會刊》，研究者很難發現分會控訴軍閥與盜匪，頂多是抱怨與不解。過去，軍閥與盜匪，即便是最為凶惡的強盜都還會因為華洋義賑會的善行，對分會的活動加以關照，儘量克制所部，避免散兵遊勇與盜匪草寇去騷擾他們。然而，中共的出現，改變了分會與地方政治勢力的關係。當時中共也在積極攏農村居民，作為廣大的群眾基礎，面對華洋義賑會有計劃的組織鄉村，推展農村合作運動，中共似乎不願意有其它團體在農村建立新的秩序，因而對華洋義賑會採取消級抵制與騷擾的策略，[127] 鼓勵農民拒絕償付華洋義賑會貸款，[128] 迫使分會無法收回各類借款。[129] 中共也不相信國民政府與華洋義賑會分會之間的糧食賑濟、工賑合作，認為這不過是國民黨「以兵代賑」，擴大統治勢力的方法之一。[130]

---

[126] 〈魯災視察報告〉，《救災會刊》十三卷十至十一冊（民國 24 年 9 月），頁 58。

[127] 〈湖北分會報告〉，《民國十八年度賑務報告書》，頁 37。

[128] Andrew James Nathan, *A History of the China International Famine Relief Commission*, p. 52.

[129] 〈湖北分會報告〉，《民國十九年度賑務報告書》，頁 65。

[130] 河南省，《河南省志——民政治》（鄭州：河南人民出版社，1993 年），頁 187。

同樣的情形也出現在地方當局與分會的互動，由於華洋義賑會與農民合作組織關係密切，以及濃厚的改革形象，在南北對峙的過程中，遭到地方政府的誤以為他們是國民革命軍的宣傳機關。分會不單是遭到政府猜忌，加以摧殘，部分地方參與人員還被當局以秘密結社為罪名，被捕下獄。[131] 華洋義賑會為何會被認為與中共關係密切？的確，總會部分專家與中共有著濃厚的革命情感。早期在總會負責推廣與研究農民信用合作運動的于樹德，他在一九二五年前後主持國民黨北京執行部會務，而這個單位在當時被林森、謝持等鄒魯等人形容為受「共產派把持」，雙方經常在北京發生激烈肢體衝突與論戰。不過，于樹德著重的是透過經濟制度的調整，改善農村財務狀況，以達防災的目的，並無刻意宣傳共黨理念。在地方分會的層級，或許有像于樹德那樣主張農村改革，反對帝國主義經濟壓迫的幹部，但文獻中並沒有太多中共份子參與分會的紀錄。[132]

著名的路易艾黎（Rewi Alley）曾經於一九二九年在綏遠分會服務，直到一九三二年還活躍於湖北災區。[133] 無論華洋義賑會是否有共黨份子存在，北伐期間寧漢分裂導致的國共關係糾葛不清，已使華洋義賑會的農民組織運動一度被部分地方軍政長官認為是替共黨活動鋪路，特別是在一九二八年的河南。因此，華洋

---

131 〈副總幹事報告〉，《民國十七年度賑務報告書》，頁 5。

132 聯俄容共時期國民黨的農民政策，就內容而言似乎沒有受到于樹德的影響，因為當時的中國國民黨本來就是強調組織農民，達到反對帝國主義，反抗軍閥的政治目的。〈政治委員會致外交代表團電〉，1925 年 11 月 24 日，《中國國民黨第一屆中央執行委員會會議記錄彙編》（台北：中國國民黨中央委員會秘書處，民國 43 年），頁 5。

133 See ‘Rewi Alley,” http:// www.nzchinasociety.org.nz/rewi.html （Accessed date: 2003/12/14）

義賑會總會與河南分會乃主動與馮玉祥聯繫，要求保障工賑與合作運動人員在當地的安全。河南分會認為，農民之所以會淪為盜匪或加入中共，純粹是經境環境惡化所致。面對華洋義賑會要求政府介入賑災，維持秩序，馮氏則推託說，當局已經完全將有組織的盜匪掃蕩殆盡，整個河南北部處於和平與秩序（peace and order），[134] 而他也願意協助分會工賑期間的安全。馮氏的承諾後來實現，他拔擢地方下階層精英，協助政府統治豫省東南地區，中止了中共在當地的大規模軍事行動。[135]

除了共黨問題，地方政府對外國人採取合作或敵視的態度，也是影響華洋力量能否在地方凝聚的重要因素。以北伐期間的江西分會為例，該會的外籍幹部對國民政府北伐提出「打倒帝國主義與軍閥」的口號，原本就深感不安，加上一九二七年三月二十四日爆發的「南京事件」，多名外國人遭到攻擊與殺害，[136] 以及

---

[134] CIFRC Bulletin to British Legation, Peping, November 27, 1928, FO228/3932, p. 97.

[135] 陳耀煌，《共產黨、地方精英、農民——俄豫皖蘇區的共產革命（1922-1932）》（台北：政治大學歷史系，民國 91 年），頁 200-201。

[136] 1927 年 3 月，國民革命軍在與孫傳芳的直魯聯軍接戰未久，廿二日即取得上海地區。其中白崇禧部隊在上海工會團體的協助下，順利進駐上海租界附近。白氏代表國民革命軍表示將保護外僑的生命與財產。孫傳芳主力部隊則自南京撤退到蘇北，殘留在租界附近的直魯軍殘部遂為上海租界當局繳械。廿四日凌晨，國民革命軍第六軍程潛所屬部隊、第二軍、第十四軍在未受抵抗下進入南京，數小時後英、美、日本駐南京領事館及該區外人商店、學校紛遭中國軍隊的攻擊與劫掠。英、美、法、義，日等國計六人遇害，而英領事賈爾斯（Herbert Giles）也在受傷之列。當日下午三點半，南京下關附近的英、美軍艦，在沒有警告的情況下，直接向城內實施砲擊，國民革命軍與平民死傷三十餘人，史稱南京事件。黃文德，〈南京事件：北伐期間中英關係之個案研究〉，《中興史學》第四期（台中：民國 87 年）。See also Peter Gaffney Clark, *Britain and the Chinese Revolution, 1925-1928* (Ann Arbor. dissertation of Michigan University, 1986), pp.587-590.

國民黨內部處理共黨問題的模糊，使外籍幹部全部出走江西，尋求人身安全。[137] 華洋義賑會分會無法掌握各地政府對國際救災團體的態度是否一致，造成許多分會業務停擺，辦公室人去樓空。一九二九年華洋義賑會總會與國民政府的和解，間接舒緩地方分會與省縣政府的關係。在總會的政策主導下，地方分會在一九三〇年代成為替代政府訓練合作人員的機構，如同總會遭遇的問題一樣，後來不少幹部都轉入政府底下的合作，工程，以及省級的賑務機關。而各省軍政長官也隨賑務委員會的模式，以名譽領袖的身分，進入華洋義賑會分會的領導階層；他們雖有地方名望，但多缺乏國際經驗與賑災專業知識，徒然只是政治上的當權者，對各會貢獻有限，加速體質不良的分會朝向沒落與瓦解的命運。然而，地方當局也有像四川劉湘那樣，以省主席的身分多次親自主持賑務會與民政廳人員會議，運用政府資源完全配合華洋義賑會活動，同時指揮政府與華洋義賑會分會辦理募款與救濟行動。[138]

華洋義賑會以一個國際色彩濃厚的慈善團體，在中國活動期間，創造不少第一。它不僅是北京政府時期唯一個能夠與中央對等合作的非政府組織，也是國民政府時期第一個取得官方法規認定的慈善團體。在近代中國政府失能的狀況下，它承擔不少原本屬於國家的責任。當中國南北兩政府先後試圖擴大政府的社會安全機能，增加官方在慈善運動的影響力，恢復國家主權，華洋義賑會並沒有因為它的國際色彩，以及與列強的關係而阻擾中國政府。在中國政府建構國家的過程中，華洋義賑會採取引導、合作、

[137] See CIFRC, *Annual Report 1927, Report on Relief Work in 1927*, p. 51.

[138] 〈勘查川災與會商工賑之經過〉，《救災會刊》十四卷八冊（民國 26 年 5 月），頁 70-71。

競爭，以及替政府訓練人才的方式，將賑災章則、技術、知識，毫不保留地拿來援助這個孕育它的國家。即便在北伐後的中央與地方層次，華洋義賑會遭到政府、共黨多次蓄意的質疑與挑戰，卻從未放棄放棄與任何政府、黨派對話的機會，並且透過人才的交流，讓組織的記憶與精神轉移到政府機構。這使得它被政府視之為純粹的國際合作，而且超越政治及宗教一切的社會事業；其政策完全基於人類的正義與同情心為出發點，可以為政府所信賴。[139] 所以華洋義賑會在對外募款時經常自豪的表示，它是受到政府支持，以全國性的財務力量從事農業復興（rehabilitation）運動的團體。[140] 因此，儘管一九三八年以後華洋義賑會的組織完全瓦解，其實它早已融入中國的政府體制，在國家活動中延續生命。

第三節　總會與中國其它非政府組織的合作

華洋義賑會從一九二一年開始組織活動，經過十餘年的發展，終於在一九三〇年代中期成就中國唯一具備國際慈善合作，本土賑災經驗的團體。它不僅在內部強調華洋一體，超越國籍與政治派系的障礙，而且還將這種理念擴及到與海內外政府、非政府組織的互動。特別是跟後者的合作關係，從一九二〇年代初期華洋義賑會就已經透過各類的正式協議，與中國境內的非政府組織建立了分工與相互支援的聯繫網絡。儘管在當時中國的確有一

---

[139] 〈田雨時代宋子文致詞〉，《救災會刊》十四卷二至三冊（民國 25 年 11-12 月），頁 8。

[140] 〈中國華洋義賑救災總會徵募股〉，民國 24 年 10 月 25 日，上海市檔案館，《敵偽政治檔案案卷》，U038-02-360。

些知識份子，他們質疑在海外援助的強勢下，直接的國際合作是否會對中國的主權造成不利；所謂的人道主義會不會成為列強干預中國社會的管道？[141] 從文獻觀察，華洋義賑會與其它非政府組織對批評者的疑慮，並不以為意，他們關心的是社會的「公益」，以及慈善團體利益的問題。因此，從一九二一至一九三八年期間，華洋義賑會曾經長期與中國南北各地慈善組織聯繫，譬如與中國紅十字會、紅卍字、濟生會會並肩作戰，共同進行賑災；與大學、研究機構有過密切的互動，如金陵、齊魯、燕京、北京、清華等大學，加上山東鄉村建設研究院，進行農村社會、合作經濟、農民教育方面的研究。

華洋義賑會作為一個直接將海外賑災防災經驗移植到中國的領導者，它的技術、資金與經營知識的雄厚實力，甚少有其它團體可以比擬。面對華洋義賑會，其它團體與它的關係是建立在何種基礎上？是對等合作，還是依附，或者單純的贊助者。過去研究多強調外國勢力在透過各類政商管道對中國施壓，形成一股龐大利益，[142] 強調外來力量對華的貢獻，而不去談論中國方面對他們的正面效益。相對於中國本土其它團體，如果立足於中國，倡導國際合作的華洋義賑會在某一定程度也是外國影響力的一環，那麼發展更久的本土團體與它之間，其實是屬於雙向的互惠與對等合作。這同時澄清了一九二〇年代朱執信與王寵惠所憂慮的：外國是否會藉著人道主義與援助侵害中國。

---

[141] 朱執信，〈侵害主權與人道主義〉，《朱執信先生文集》上冊，頁 308。

[142] See Albert Feuerwerker, *The Foreign Establishment in China in the Early Twentieth Century* （Ann Arbor: University of Michigan, 1976）, pp. 2-4.

一、總會與中國紅十字會的分工關係

在所有中國本土的慈善團體中，中國紅十字會可以說是華洋義賑會從創會以來，少數始終與它在賑濟救災的領域中，並肩作戰，持續不綴的盟友。不同於華洋義賑會是由中國境內的華洋人士組成的國際團體，中國紅十字會的創會宗旨來自海外，本身的組成卻是以中國人士為主體，在華外籍的善心人士僅居輔助地位。[143]

早在一九〇四年，上海地區的上海英、德、法、美領事、各國僑社與具有官員身份的呂海寰、盛宣懷等人鑑於各國紅十字運動的發展蓬勃，遂籌畫推動中國入會，[144] 並得到中國政府的支持成立，隔年又獲國際紅十字會正式承認。儘管中國紅十字會在成立以後糾結於該會究竟應該官辦或民辦，[145] 但無可諱言地，它在中國政府體制內的地位絕對優於其它團體，譬如在一九一三年七月十一日的北京政府頒定的「外交部官制教令第七十九號」即載明由「政務司」統轄紅十字會事項；一九二一年一月十四日的「修正本部總務廳及各司分科執掌」，更明確的規範由外交部政務司第五科執掌紅十字會及其它事項。[146] 由上述各司、科執掌的擴大與專業化，可知北京政府對中國紅十字會的重視，紅十

---

[143] 周秋光，〈晚清時期的中國紅十字會論述〉《近代史研究》第 3 期（北京：2000 年），頁 191。

[144] 郭廷以編，《近代中國史事日誌》（台北：中研院近史所，民國 54 年），頁 1200。

[145] 關於中國紅十字會與中國政府之間的互動關係，參見張建俅，〈中國紅十字會初期發展之研究〉（台北：國立台灣政治大學歷史系博士論文，民國 87 年）是書第一至二章。

[146] 參見外交部統計科編，《外交年鑑》民國九年分（北京：外交部統計科印行，1920），頁 2-3；34-35；38-40。

字會背後所擁有的行政資源。不過，中國紅十字會一直沒有發展出以防災為主體的政策，它的大部分業務都集中在平常社會急難救助、戰爭與天災災難期間的人道賑濟。[147] 即使在一九二〇年北京國際統一救災總會主持華北賑災時期，中國紅十字會僅提供醫療與防疫助陣。但由於它組織靈活，擅長醫療服務，加上領導構中包含不少華洋義賑會領袖，如梁如浩、王正廷、章元善等人都同時在兩邊任職，因此很快地就與華洋義賑會在一九二〇年代初期發展出非正式的盟友的關係。

在章元善獲聘為中國紅十字會總會顧問以後，華洋義賑會與中國紅十字會之間有了更為清楚的關係，產生賑災事務的分工策略。雙方在一九二四年年底透過合辦「全國水災募賑大會」的籌備會議過程中，分享彼此的經驗後發現：1.華洋義賑會現行之組織無法應付臨時發生的急賑，特別是在財務方面，華洋義賑會動用任何賑款至少要一星期的預備時間，才能召集執行委員會開會討論；2.社會對華洋義賑會不能救急之現象感到不解，往往發電責難華洋義賑會，以為它故意「充耳失聰」；3.中國紅十字會會務取決於正副會長，撥款手續較為簡單，效能可達一縣一村。兩會經過討論後同意：1.就兩團體中指定中國紅十字會保管華洋義賑會一部份捐款，專門提供急賑專用；2.兩會合辦募款時，以五分之一歸中國紅十字會儲備，其餘歸華洋義賑會作為賑災之用。[148] 全國最大的兩大慈善團體，就在合作的氣氛下達成約定。對華洋義賑會而言，此次會議不單決定它以防災作為長期賑災路線的規

---

[147] 周秋光，〈民國北京政府時期中國紅十字會的慈善與賑濟活動〉《近代史研究》第 6 期（北京：2000 年），頁 107。

[148] 〈本會與中國紅十字會總會之關係〉，《救災會刊》，一卷六冊（民國 13 年 8 月），頁 36-37。

劃，同時也讓它能夠利用發展已久的各省縣紅十字會作為聯繫網絡，彌補本身的組織功能缺陷。

一九二四年以後，華洋義賑會與中國紅十字會的合作隨北方軍閥之間戰爭加劇，有了具體的表現。雖然戰爭造成悲劇，卻是本土化的中國紅十字會與國際化的華洋義賑會試驗默契的重要關鍵，譬如一九二七年初河南地區長期受到兵匪的蹂躪，直奉兩軍在開封激戰的結果造成軍民的大批傷亡，華洋義賑會執行委員兼河南分會會長懷履光立即與中國紅十字會聯繫，本人同時擔任紅十字會開封地區處長，並將分會人員提供調度；至於開設戰地醫院的費用則由中國紅十字會完全負擔。[149] 中國紅十字會後來透過申請賑災附加稅基金的機會，不僅設置衛生救護隊，還擁有設備較為完善的醫院、高素質的醫療人員，以及充裕的材料，[150] 與華洋義賑會推動工賑防災、農村合作的路線完全不同。按理，兩會可以在組織差異的狀況下達到分立互補的合作關係，惟國民政府成立後，官方對中國紅十字會的偏好，逐漸使紅十字會成為政府建構國家權力的一部份，造成兩會在政府心中地位的差距越來越大。此後，華洋義賑會在一九三三年賑災策略的改變，加重急賑的功能；角色互換的結果，使雙方關係復活。過去在財務上優於中國紅十字會的華洋義賑會，在一九三〇年代中期開始透過揚子委員會與各地分會代為發放紅十字急賑經費的機會，維持有限的合作機制。[151]

---

149 〈河南分會曾代紅十字會服務〉，《救災會刊》四卷四冊（民國 16 年 4 月），頁 15。

150 〈紅十字會說帖〉，《救災會刊》四卷五冊（民國 16 年 6 月），頁 23。

151 〈湘省分會報告紅會急賑辦竣〉，《救災會刊》十三卷五冊（民國 25 年 2 月），頁 34。

一九三七年中日戰爭蔓延到上海地區，當時華洋義賑會已經將總會設置在當地。為了協助中國政府，熟悉急賑業務的華洋義賑會總會全體人員參加中國紅十字會上海國際委員會，構成該會的人員主體；華洋義賑會大部分的基金與海內外捐助也隨組織移轉到上海國際委員會。至一九三八年三月為止，中國紅十字會與華洋義賑會共同在滬設置二百二十一處難民收容所。甚至在管理難民方面，華洋義賑會仍以過去一貫的農村合作組織模式，簡單地將它轉化為「難民生產」模式，以為根本救濟之辦法。[152] 自此，就實質而言，中國紅十字會與華洋義賑會的組織、人士、經費、與發展目標可以說是合而為一。一九三八年以後，華洋義賑會雖然就此沒落，但其精神與理念有一部份確為中國紅十字會所延續。

二、總會與上海慈善團體合作的失敗

上海是華洋義賑運動的發源地，這個城市在公民社會的塑造上深受外國的影響，自十九世紀末以來拜經濟力量的穩定、外國僑社的聯誼、西方教會善行佈道的刺激，加上中國海外留學生返國帶來的海外價值觀，在一九二一年以前上海社會就發展出以華洋義賑為中心的龐大的救濟網絡關係，而 上海華洋義賑會正是連結各類慈善團體的核心之一。[153] 事實上，滬會在一九二〇年代中脫離華洋義賑會，使得總會幾乎完全失去在上海的影響力，形成組織全國賑濟網絡中的一的大漏洞。失去滬會不僅意味著華

[152] 〈難民工作彙誌〉，《救災會刊》十五卷第一期，頁 34。

[153] 關於上海華洋義賑會與華洋義賑會之間的分與合，本文第四章第三節已有討論，本節不再贅述。

洋義賑會丟掉一股重要的經濟來源，同時導致上海地區的政、商、慈善團體無法透過分會組織管道與華洋義賑會連結。最糟糕的狀況是，華洋義賑會在上海地區的募款活動還可能因為「華洋義賑會」之中文名稱與滬會相近，遭到社會誤解，以及地方當局的取締。為了要補破網，華洋義賑會在一九二六年滬會自組織正式除名後，開始嘗試與上海地區其它有力團體接觸，然後在一九三一年於上海設置揚子委員會與駐滬事務所。最後，在一九三〇年中期逐步將總會移往上海，才完成補網的任務。

缺少了滬會，華洋義賑會轉而尋求華人慈善團體。當時它主要的交際對象有兩個，一為創立於一九一五年的上海中國濟生會，[154] 一為一九二二年起源於山東的紅卍字會。前者領導者為向來由上海商會名流擔任，主要領導人為王一亭，在一九二〇至四〇年代期間，他個人除了創辦醫院作為義診機構，另外還在一九二七年集合當時上海地區的華人社會公團、善堂與宗教組織，創建本地最大的慈善聯盟—上海慈善團體聯合會（以下簡稱聯合會）。[155] 在濟生會作為核心的領導下，聯合會聚集了中國救濟婦孺會等社團、機構。[156] 就會員名單而言，可謂陣容龐大，實際

---

[154] 〈各善團申請加入本會和報告結束函〉，民國 34 年，上海市檔案館，《上海市民政局檔案》，Q114-1-50。

[155] 〈社會局本會關於呈報章程、會員調查表等〉，民國 16 年 4 月，上海市檔案館，《上海市民政局檔案》，Q114-1-1。

[156] 至 1931 年為止，本會會員包括濟生會、中國救濟婦孺會、位中善堂、公立上海醫院、濟南神州醫院、城內育嬰堂、婦女教養所、同仁輔元堂、上海慈善堂、新普育堂、普益習藝所、厚仁堂、覺緣佛教淨業社、閘北慈善團、中國濟生會、保安養老所、棲流公所、公濟堂、普善山莊、仁濟善堂、仁濟育嬰室、中國道德總會、上海孤兒院、上海一善社、滬南慈善會、上海殘疾院、中國普濟善會、貧兒院、惠旅醫院、惠生慈善社、江平育嬰堂、廣義善堂、廣義中醫院、聯義善會、聯義分會、聯義善會、

上各會無論是組織或經濟能力都非常有限。他們參與聯合會的目的，或許與華洋義賑會分會之於總會的關係一樣，希望藉由依附，獲得聯合會的支持。不過，聯合會並沒有像華洋義賑會，擁有外交團與海外美紅十字或華災協濟會那樣強大的政經勢力作為後盾。因此，聯合會僅能在年度大會召開時，由王一亭出面號召政商名流樂捐以為經費主要來源。換言之，並沒有任何基金與投資作為會務發展之用。所以聯合會仍得依循傳統中國善堂的常規，舉辦施藥、施棺、安老、恤嫠女、冬季施衣、各省急賑、工賑、難民救濟等事務，[157] 成效有限，故一般對外活動還是以財力最為雄厚的濟生會出面主導。

一九二〇年代的中期的濟生會，在組織架構下設有文牘、經濟、庶務、調查、救濟、交際六科，用以推廣急賑、教育、實業與濟貧等業務。透過王一亭的關係，領導聯合會創建出的同盟關係，進而掌控龐大的慈善網絡，長期以來完全融入華人社會，加上它擅長急賑的特性，確實為華洋義賑會所缺乏。可惜囿於濟生會不擅長對外宣傳，雙方一直到一九二九年初才首度展開互訪與合作關係。華洋義賑會並且為濟生會編製一九一七至二九年歷年賑濟成績年鑑。[158] 然而，或許是濟生會的中國宗教色彩太過濃厚，它與聯合會在遭遇天災時往往舉行各類法會、設置祈雨壇與超渡儀式，[159] 不免招致外界批評為迷信。[160] 所以華洋義賑會僅

至聖善院、復善堂、上海濟新會、威德善會、元濟善堂、同義善會、邑廟董事會、棧業公義會。〈上海慈善團體聯合會函上海市民政局〉，民國20年12月7日，上海市檔案館，《上海市民政局檔案》，Q114-1-8。

157 〈本會關於調查各善團最近狀況表〉，民國27年11月11日，上海市檔案館，《上海市民政局檔案》，Q114-1-28。

158 〈濟生會會務實況〉，《救災會刊》六卷三冊（民國18年2月），頁15。

159 〈第十九次聯合會議〉，民國22年1月24日，上海市檔案館，《上海市

在同年由朱慶瀾將軍主導的東北賑糧運送入關計畫中，共同行動。[161] 除此之外，兩會沒有人事與經費的往來。當華洋義賑會不斷因應政局的變動來調整組織與發展路線時，保守的濟生會及其所屬聯合會對一九三〇年代政府對慈善團體的控制，始終抗拒，不願接受國民政府財務監督。[162] 種種在經營會理念上的差異，加上華洋義賑會駐滬事務所、揚子委員會在上海社會推展會務的穩定發展，致使華洋義賑會與濟生會之間的往來，長期停滯。華洋義賑會與濟生會的合作一直到一九三七年中日戰爭爆發前夕，雙方在河南登封共同辦理急賑與工賑業務，經費由華洋義賑會全部資助，[163] 才算恢復合作關係。中日戰爭爆發後，兩會同時加入中國紅十字會上海國際委員會。

在一九二〇年代晚期同樣活躍於上海的國際紅卍字會，它與華洋義賑會也曾有過短暫的接觸。[164] 紅卍字會源自於中國道院，不過它的活動宗旨強調濟世救人、安定社會、促進世界和平，特別是它言道不言教，有效淡化它的中國宗教色彩。自一九二二

民政局檔案》，Q114-1-2。

160 〈第二十二次聯合會議〉，民國 22 年 5 月 19 日，上海市檔案館，《上海市民政局檔案》，Q114-1-2。

161 〈東省接濟關內賑糧之熱心〉，《救災會刊》六卷三冊，頁 16。

162 當時內政部要求每會需要造表說明開銷，但濟生會代表聯合會各團體表示各會向來無此習慣。〈聯合會在四明公所設置祈雨壇被上海市民評為迷信、招搖撞騙〉，依前後文件約當民國 22 年，上海市檔案館，《上海市民政局檔案》，Q114-1-2。

163 〈上海慈善團體聯會調查南北各團體會員受災狀況〉，民國 27 年 11 月 11 日，上海市檔案館，《上海市民政局檔案》，Q114-1-28。

164 關於紅卍字會在中國地區的發展請參見宋光宇，〈民國初年中國宗教團體的社會慈善事業：以「世界紅卍字會」為例〉、〈慈善與功德：以世界紅卍字會的「贛賑工作」為例〉，收入在氏著，《宋光宇宗教文化論文集上下》（宜蘭：佛光人文社會學院，2002 年）。

年創立以後，紅卍字會在國際的發展逐年穩定成長，而其宗旨也與華洋義賑會的超越宗教，主張國際人道主義、合作理念相契合。在一九二九年的東北賑糧入關行動中，在朱慶瀾將軍的撮合下華洋義賑會與紅卍字會在運輸相互配合。[165] 儘管紅卍字會之組織性質與華洋義賑會以防災、救災、提倡農村經濟社會改革為主的發展路線，有很大的差異，惟在官方逐漸主導賑濟活動的趨勢下，雙方最後都被納入上海國際委員會，協助政府。所不同的是，戰後紅卍字會憑藉著道德關懷與安撫人心的信念，將勢力擴展到亞洲各國，特別是台灣、日本與中國大陸的香港地區，而華洋義賑會則因為它的國際化色彩，不容見於新中國政府體制，終告沒落。

上海，這座城市對華洋義賑會而言曾經是僅次於北京的最重要據點，遺憾的是，雖然華洋義賑會曾經一度想要與本地的華人慈善社團建立關係，最後卻都失敗。本土與國際，或者說是傳統與具備現代非營利性組織經營理念的專業賑災團體，兩著之間的差異性不是短時間強行結盟就可以縮短的。由於濟生會及其它上海傳統慈善團體在會務的經營不善，過於保守，無法吸取華洋義賑會的海外經驗與知識，以致於始終只能在地域社會發揮他們的長處，無法成為全國團體。華洋義賑會在逐步南進的過程中，似乎察覺到這樣的差異，所以會利用直屬於總會的揚子委員會，加上駐滬事務所，填補上海華洋義賑會留下的巨大破洞，此舉並不令人意外。況且，滬會雖然退出華洋義賑會，兩者其實維持著既競爭又合作的微妙關係。

---

[165] 〈東省接濟關內賑糧之熱心〉，《救災會刊》六卷三冊，頁16。

三、總會對學術界防災、農業研究的贊助

華洋義賑會之所以能夠在中國縱橫十餘年，就知識面而言，除了來自海外的非營利性組織管理、農村合作運動，工程技術的導入；實際上總會與中國國內大學、研究機構，以及它歷年自辦講習活動，都構成它在推動會務，因應中國政治、社會、經濟與自然現象變動的無形後盾。早在二十世紀初的華洋義賑運動，江皖華洋義賑會就曾經與金陵大學裴義理教授合作造林、移民、改良農作等方式防止環境生態被破壞，進而減少飢荒發生的機會。這樣的美好傳統，至一九二〇年代還一直維持，而且還由金陵擴散到北方的學術教育機構，形成一股風潮。在章元善與艾德敷兩人的提倡下，華洋義賑會與學術界的交流也分布在河海工程、農事改良、平民教育、動物防疫，社會調查，以及農業合作等範圍。華洋義賑會在互動的過程中，不僅是扮演海外技術的導入者、研究經費的贊助者，同時也是創新知識的受惠者與傳播者。

以工程技術而言，從一九一一以後為華洋義賑服務的工程師譬如曾經參與巴拿馬運河開鑿工程，一九一四年來到中國的賽伯中校、威斯康辛大學河道工程學教授宓德、美國政府疏浚首席工程師達衛與一九一九年到中國的費禮門、華洋義賑會總工程師塔德，他們若不是與紅十字會有關，就是美國軍方出身。[166] 為了使工程技術能夠在中國生根，將來真正透過中國人自身的智慧解決問題，這些外來的專家乃引進科學技術，導入天津地區的水利機構，[167] 開啟中外技術移轉。在一九二二年開始，華洋義賑會

[166] See George Gorman, " Major O J. Todd", in O. J. Todd, *Two Decades in China*, pp. 2-3.

[167] 中國工程師學會，《三十年來之中國工程》，（南京：中國工程師學會，出版年不詳），頁 428。

在進行水利工程時也選擇天津北洋大學的學生作為助理；從事公路工程時則就地利用各大學的資源，如修築西蘭路時由山西大學主動選派學生參與，甚至尚未畢業的在學生有時也能獲聘為實習生。[168] 不過，似乎是因為塔德與華洋義賑會前技術部成員的糾紛影響，在楊豹齡、王季緒腳下的全國水利局、北方各大學土木科從未邀請華洋義賑會進行任何研究。相對於外籍工程師遭遇的排斥與挫折，中國工程師出身，曾任陝西水利局長的華洋義賑會執行委員李協，[169] 以南京河海工程專門學校，反而培養出不少助理。

在農業技術改良方面，世紀初的華洋義賑曾經與金陵大學創立農業實驗區，最後計畫卻無疾而終。而且華洋義賑會在一九二一年創立之後，整個組織發展重心集中在工程防災與合作運動，至於需要長期經費投入，以及學術機構人力配合的農業技術改良，始終被視為邊陲，但這一部份的研究或許是華洋義賑會對外最具成就的項目。華洋義賑會曾在一九二五、二九年分別創設直隸（後更名為河北）農事試驗場與山東農業試驗場。河北的試驗場是總會替代分會與燕京大學共同經營，聘用外籍專家擔任專職務顧問。本場在成立後三年的時間就成功的培養出抗病性性較強的種豬，以及小麥十二種、稻三種、玉蜀黍三種、花生兩種、棉花一種。在農具方面還設計出改良豬舍、人工孵蛋器。為了更進一步推廣研究，華洋義賑會還破天荒舉辦展覽會與競賽。[170] 西北

---

168 〈工程股會計〉，《民國二十二年度賑務報告》，頁 25。

169 〈全國水利局〉，北京政府印鑄局《職員錄》民國十年（北京：印鑄局，1921），頁 2。

170 〈河北華洋義賑會農事實驗場十八年度報告〉，《民國十八年度賑務報告書》，頁 24。

地區分會對這個試驗場非常關心，如甘肅分會的外籍幹部敖遠橋在一九二九年曾從美國引進耐旱種子一百二十噸提供本場與燕京大學試驗，雖然品種未必適合中國，卻激發華洋義賑會對農業實驗的高度興趣，[171] 促成山東試驗場的成立。

山東農業試驗場創立於一九二九年三月，原本為私人農業示範農場，後來總會接手後有感於改良農產，一定要發展出自己培育的品種。因此，華洋義賑會遂與南京金陵大學農學院索取品種，並且與濟南齊魯大學合作，借得百餘畝農地。試驗場當年還獲得金陵大學農學院長芮思婁、美國康乃爾大學教授 Myers 博士共同指導，同時邀請加入有關小麥與粟種研究。另外，金陵大學推廣系師生與華洋義賑會幹部合作下鄉，以電影放映的方式講述農業問題，同時發售農場改良種子。[172] 一九三五年，鑑於研究場地不敷所需，華洋義賑會分會、山東鄉村建設研究院三方共同籌辦新試驗場，命名為濟南農事試驗場。不過，新機構的成立，似乎沒有提昇本會的研究水準，除了外國專家指導的小麥與粟，其它由本土發展的大豆與高粱產量都沒有顯著的增加。[173]

在農業教育方面，華洋義賑會認為農村教育的匱乏是造成各地災荒的原因之一，因此早在創會之初，梅樂瑞就極力主張要進行農村教育，那怕僅僅是基礎教育，都可以做為社會知識防災之基礎。[174] 當時有這種觀念的其實非僅華洋義賑會才有，著名的

---

171 〈總幹事報告〉，《民國十九年度賑務報告書》，頁 5。

172 〈山東華洋義賑會農業試驗場報告〉，《民國二十年度賑務報告書》，頁 43。

173 〈中國華洋義賑救災總會山東省分會南京金陵大學校及山東省鄉村建設研究院合辦濟南農事試驗場二十四年度報告〉，《民國二十四年度賑務報告書》，頁 68。

174 See Walter H. Mallory, *China: Land of Famine*, pp. 181-182.

官紳熊希齡創立的香山慈幼院就有這種功能與目的。長期培養社會高等教育人才的燕京、清華兩校農科也有意興辦類似教育機構。不過，華洋義賑會總會認為這些學校的農科學生多非農人子弟，學生畢業後未必有志於農學。因此，四大機構乃在一九二八年透過在燕京大學任教的華洋義賑會幹部戴樂仁的聯繫，創辦二年制農業學校，每期招收三十名學生，創校所需經費由燕京、清華、香山慈幼院編列，而華洋義賑會則提供學生每年一百洋元作為伙食、書籍費與川資。[175] 在戴樂仁的主持下，同年十月底，首屆報考人數就有一百六十七人，符合資格應考者八十七人，錄取三十人。新農學校學生主要來自河北、湖南與奉天三省。惟素來重視農村合作理念的華洋義賑會與二校，並沒有在學校安排相關組織訓練的課程，僅設計基本國民知識、農林漁牧、以及童軍教育等二十門學科。[176] 戴樂仁在教會雜誌透露，這個新創的農校主要是參考丹麥「朗格非農村學校」，實際上此時的美國也正在實驗農業學校的可行性。[177] 儘管中美的經驗最後都宣告失敗，但是華洋義賑會與學術機構之間創辦農校的合作，確實是中國近代農學教育中重要的里程碑。

在農村改革方面，華洋義賑會鑑於中國南北各地推廣鄉村運動缺乏聯繫，導致資源重複浪費，甚至相互衝突。因此，總會在一九三三年決定發起「鄉村工作討論會」，以著名的農村改革機構—山東鄒平鄉村建設研究院為中心，以每年為期三天的聚會，共同討論地方財政、農村金融、鄉村教育、公安與自衛、經濟水利建設（水利、道路工程），並將事後意見會整成為專書《鄉村

[175] 〈改善農業教育之一說〉，《救災會刊》五卷四冊，頁15。
[176] 〈農家子弟入所學農〉，《救災會刊》六卷一冊，頁5。
[177] 戴樂仁，〈合作運動〉，《中華基督教會年鑑》第十一期，頁127-128。

建設實驗》出版。[178] 華洋義賑會原本有意以非政府組織發展模式，將此會議定位為協助各會解決問題，最後會中所提之意見，在各省代表返鄉後，多為當地政府所接受成為具體政策。第二屆以河北定縣為集會地點，共有各省一百五十四人代表七十六個公私機構參與。當時推動農村運動的領袖如晏陽初、梁漱溟、江問魚分別擔任講習工作，彼此也同意將輪流舉辦討論會。[179]

就像前述的農業學校一樣，雖然梁漱溟等人最後並沒有實踐承諾，而且兩次討論會的內容、影響力也不如華洋義賑會從一九二五至一九三七年協助各地合作社舉辦的十二次「合作講習會」，[180] 透過長期、定期的人員訓練，能夠達到灌輸合作知識、培養經營業務之人才。[181] 然而，華洋義賑會創設鄉村討論會最主要還是將它作為跨組織、跨省、超越公私立機構聚會的討論平台，一方面展現華洋義賑會長期對中國農村運動的關懷與反省，另一方面則是藉由不同利益團體的討論，掌握潮流的動向。

但為什麼華洋義賑會在擁有龐大的海外基金、科學的賑災知識、現代化的組織經營，它還會迫切地、積極與中國其它非政府組織聯絡，甚至進行合作研究呢？單從類似「上海慈善團體聯合會」的傳統人多好辦事，是不足以解釋。實際上，華洋義賑會與中國各地非政府組織的交際與合作，其目的還是在於讓中國防災、賑災的體系能夠趨於完整。對於華洋義賑會而言，經費並不

---

[178] 〈鄉村工作討論會〉，《救災會刊》十一卷五冊，頁 36。

[179] 〈鄉村工作討論會〉，《救災會刊》十二卷二冊，頁 9。

[180] 合作講習會自第三期以後，華洋義賑會僅居於協助籌辦之角色。這項活動嚴格來說並不屬於它的組織業務。關於合作講習的內容與實施時間，參見川井悟，《華洋義賑会と中國農村》，頁 59-76。並見高純淑，《華洋義賑會與民初合作運動》，頁 111-121。

[181] 〈第十一次合作講習會〉，《救災會刊》十三卷三冊，頁 24。

是問題，重要的是各地缺乏防災計畫與經營人才，單憑它是不足以成就大業。因此，為了補破網，在中國境內，華洋義賑會除了與中國政府的交際，在民間社會必須要推動與非政府組織的聯繫；在學術界與各大學、研究機構的知識合作，都是華洋義賑會組織發展對外關係的重要的課題。儘管，除了與中國紅十字會能夠相互配合，華洋義賑會在與中國其它慈善團體的磨合經驗幾乎都因為組織性質、賑災觀念的差異而沒有達到預期效果。最後，還是在國家力量與社會的期望下，華洋義賑會才與這些本土非政府組織加入中國抗戰的慈善賑濟網絡，終於完成了這張大網。

小結

華洋義賑會，這個融合本土經驗與國際知識的防災賑災團體。它的對外關係，相對於中國傳統善團以區域社會為服務對象的路線，缺乏全國性政治與經濟因素的考量，不僅特殊，而充滿張力。為了讓華洋義賑會建構的中國防災賑災計畫能夠不斷發展，所以在國際關係層，華洋義賑會透過各類美國非政府組織的的協助，獲得美紅十字與華災協濟會相繼提撥基金援助；在國際組織，華洋義賑會將在中國本土的經驗，以現代化的宣傳，移轉到國聯防災委員會與勞工局，獲得他們在一九三〇年代派遣各類合作、水利工程專家的技術支援，同時也使華洋義賑會與國際紅十字組織發生更緊密的互動。在中國境內，華洋義賑會與北京政府、國民政府始終維持一種既緊張又親密的互動模式，特別是在一九二〇年代末期與國民政府的協調。由於當局試圖改變過去因為政府失能，導致的慈善主權為非政府組織掌控的情況，迫使華洋義賑會必須在社會需求、中國主權、政府建構國家，以及組織自主等因素中，決定自己的路線。因此，華洋義賑會採取引導、合作、競爭，以及替代政府培養人員的方式解決雙方的猜疑關係。在與中國境內非政府組織的互動方面，為了彌補華洋義賑會無法深入中國地域社會與缺乏本土學術作為研究賑災方法的弱點，總會全面性地與中國紅十字會合作，並隨時局調整自身的發展路線。另外，華洋義賑會還試圖在上海建構與傳統社團的關係。遺憾的是，這方面的成果並不如它在推動學術研究，移轉海外經驗的所得。換言之，在賑災觀念與會務經營的差異下，華洋義賑會無法僅僅透過「人道主義」的共同的信念，真正地與中國其它傳統慈善團體對話。除非國家力量的介入，否則華洋義賑會豐富的國際經驗與科學賑災技術是無法完全移轉到其它非政府組織。一九三七年以後，在抗戰人道救助的號召下，華洋義賑會期待的全國華洋合作的網絡終於形成。在國家與團體、得與失之間，它以國際非政府組織型態存在的價值也不復存在，只是在消失之前，確實為中國非政府層次的國際交流，留下一段美好的經驗。

第陸章　結論

當各種事實存在於華洋義賑組織之中，我不願本會同仁的心中只看到那黑暗的一面。當堅實的賑災管理著成千上萬的人，我相信華洋義賑的贊助者有各種理由相信：十人、或百人、數千人的生命，都因他們的仁慈的貢獻而獲得拯救。

美國傳教士羅炳生，一九一一年八月四日。[1]

在近代中國豐富而生動的歷史中，曾經有過這麼一群人，他們來自不同國家，不同專業，不同的教育背景，在人道主義的號召下，為了拯救天災人禍中飄搖的華人生命，自發性地團結在一起，於是產生國際合作傳統。從晚清一八七〇年代末期到一九三〇年代中國抗戰爆發初期，這個美好的互動，相繼以不同的組織名稱出現。其中對中國社會與國際影響最大的莫過於創立於一九二一年的中國華洋義賑救災總會。華洋義賑會的存在，不僅見證近代中國民間層次國際交流的起源，同時表現出人道主義超越政治、經濟藩籬的崇高理想。

1 E. C. Lobenstine , supplementary report to the Center China Famine Relief Committee, 1910-1911, August 4, 1911, N.A. *329*, 893.48b2/127.

華洋義賑會，作為中國，也是二十世紀以前世界歷史中罕見的國際合作組織，它由深耕於本土的救災團體，發展到國際舞台，不斷傳遞防災知識與經驗。然而，華洋義賑會對於人類的貢獻，相較於學界對於它的認識，長期以來並不對稱。談到救災團體，學者與社會大眾多以中國紅十字會作為代表，談到農村信用合作運動時，華洋義賑會才會被提出來討論。但是，信用合作運動僅僅是華洋義賑會龐大組織活動的一部份，不能涵蓋它的一切活動，而且也無法突顯華洋義賑會以防災、救災作為創會宗旨的一貫目標。於是，專研中國社會史的研究，不會去注意這個國際色彩團體；致力於國際政治、經濟關係的著作，也遺忘華洋義賑會曾以非政府組織型態，試圖建立完整的中國乃至國際救災網絡過程中的艱苦奮鬥。因此，本文以國際關係的角度作為切入點，藉由中外政府檔案與華洋義賑會出版各類資料、會議記錄，去分析這個國際慈善組織形成的脈絡，建構出立足於中國，融合各國智慧，從十九世紀末發展到二十世紀三〇年代的非政府國際合作組織的傳統是如何形成。

過去研究將華洋義賑會視為近代盛行於中國的「華洋共治」體系在社會層次的具體表現。實際上，這種典範下的看法，並沒有辦法解釋華洋義賑會在不同時期組織策略的變異，以及華人與外國人在組織內部，憑藉專業知識、社會優勢，長期控制不同單位的現象。要瞭解華洋義賑會與近代中國的關係，必須全面性地檢視它的組織傳統的形成、具有高度理想主義的華洋一體領導體制、著重機能與效率的各類專門輔助單位、複雜且充滿國際化色彩的財務管理方式，以及它如何突破中國政治、經濟貧弱的現實環境，利用海內外各類政府、非營利性組織的跨國合作，達到編織防災救助的目的。

陸 結論

在中國近代史的領域，大部分著作甚少注意到外國人在中國的慈善合作，頂多是談到傳教士主持的社會救濟。然而，在海外力量的驅使下，自一八七〇年代晚期開始，中國社會逐漸醞釀出國際救災合作的氣氛，造就後來持續將近百年的華洋義賑。最初，所謂中外義賑是以國外慈善基金加上在華的人力，構成合作的模式。然而，華人在活動中的角色僅是執行佈賑的前線人員，談不上是對等合作。到了一九〇六至一九一一年期間，中外民間開始以集體領導，加上主權平等的決策方式，營造出中外一體的國際合作組織。在將近三十餘年的發展過程中，華洋義賑組織導入了海外賑災的經驗、科學的財務管理，以及近代化的專門組織處理各類賑災事務，並且將相關知識移轉到教育機構與信託基金，保留了組織移除後重生的可能性。當中國從帝制轉變為共和體制，華洋義賑成功地超越了政治上的對立，獲得南北政府的支持與贊助，完全超脫變局的影響。惟當時的華洋義賑會組織嚴格來說並非屬於美國學者黎安友所說的中外共治，因為大部分的捐款來自海外，而中外各半的形式並不能保證華人能夠在外國優勢的經濟實力下，取得對等的管理權力。也正因為中國在慈善方面依附外國，所以在失衡的華洋共存結構中，才能獲得外國賑濟實惠。

歐戰前後，儘管國際合作活動一度趨於沉寂，到一九一九年華北地區遭遇嚴重旱災，拜過去華洋義賑運動深厚的基礎，過去參與行動的中外人士，藉由各地方國際慈善團體的聯繫，順利重新啟動合作的機制，號召華洋義賑，繼續推動國際賑災、救災合作。當然，一九一九年對中國而言，有著多重的意義：在外交上，北京政府利用國聯的場合，積極爭取她在國際上的平等地位，開始進行一連串的修改條約的交涉；在經濟上，中國政府開始有限度的利用關稅的盈餘，以及列強對關稅開徵管理權利的鬆綁，提撥額外的經費用來從事社會救濟與公共建設；在社會上，儘管中國社會必須承擔嚴重的華北地區旱災與飢荒，人性的本能與對生命價值的普世關懷，卻激起中外紳商、傳教士團結起來，組織各類華洋義賑會。這三種意義，乍看似無交集，其實彼此相互牽動，特別是在華洋義賑的脈絡，激起彼此的頻繁互動。有鑒於中國南北分裂時期各級政府職能受限，在國際主義觀念的影響下，北京國際統一救災總會以各界力量推動組織，利用海外資源在舊基礎上重新營造國際合作賑災的平台，同時營造較過去更為豐富的專業知識、規模龐大的組織架構，以及跨越數省的聯繫管道。最後，北京國際統一救災總會集合各地華洋義賑機構，成就中國華洋義賑救災總會的成立，也就是一般俗稱的華洋義賑會。

華洋義賑會，雖然是建立在具有四十餘年的國際合作，以及成熟的中外民間社會互動基礎上，但它不像北京外交團那樣經常干預中國外交與財政，兩者唯一的共同點是，都是在中國中央政府放棄部分主權的狀況下擴大在華影響力。一九一九年以後，中國南北政府開始對帝國主義與列強在華特權提出挑戰，最後外交團逐漸退出中國，而華洋義賑會卻因為適時配合國民政府經濟政策，調整組織路線與它在國家賑災體系中的角色，所以持續活躍於一九三〇年代的中國。即使是在中日八年抗戰初期，華洋義賑會仍然積極推動戰地賑務工作，展現國際人道主義對中國的具體承諾。當中國政府權力遭到限制的時候，華洋義賑會承擔部分公部門的職能，這使它對中國社會的貢獻，在部分地區甚至超越國家的力量。

過去學界對華洋義賑會組織的認識，十分有限，而且集中在合作運動的部分，缺乏完整的掌握。即使是針對對合作運動相關單位的職能、活動範圍的研究，也是錯誤橫生。一九二一年創會的華洋義賑會，它的出現不只是對過去華洋國際合作承諾的再實現，同時意味著一個具備全國性，總會—分會的科層結構、嚴謹的章程與完整的賑濟規範、龐大的總會事務所行政幕僚機構，以及強烈的重視防災、農村工作的組織，將以長期經營的方式存在，有別於以往成立的組織遭遇事畢即罷的窘境。華洋義賑會作為中國第一個擁有科學化、專業化、非營利性慈善團體，在它有效維持運作的十七年期間（一九二一年至一九三八年），動員海內外一切資源、殫盡心力的終極目的，可以說都是為了完成一個立足於本土的國際救災團體的大夢。

成就華洋義賑會理想的主要推動者是一批擁有中國與外國生活經驗，接受過高等教育，熟悉國際事務與宗教、慈善社團管理的中外知識份子。就中國幹部而言，他們絕大部多數屬於海外留學生，屬於歐美同學會成員，並且能在政界與學術圈發揮一定影響力。他們絕大多數秉持普世價值觀與人道主義信念，與那些出身英美慈善、外交、教會的異邦人相互契合。就外國幹部而言，他們來自不同國度，信仰基督宗教，具備完整的專業能力，譬如農業、醫療、財務管理、工程設計，同時與本國在華外交與教育機構關係密切。此外，這些外國人還能運用本國的社交資源，在海外為華洋義賑會拓展國際知名度與募款據點。當歐戰結束，世界景氣短暫繁榮，他們願意提供豐厚的財務援助華洋義賑會，或許不足為奇，然而，當一九二九至三三年世界經濟危機出現，外國慈善社團尚且難以自保時，外國幹部依然積極協助來自中國的華洋義賑會爭取外國社會的捐款。換言之，中外精英都願意相信華洋義賑會的以救災、防災為目的的宗旨，利用本身專業與權力，推動現代化的防災，協助華洋義賑會經營各類有助於維繫組織壯大的網絡關係。

在組織與功能結構方面，華洋義賑會以總會的方式運作，其它分會則與它維持著直屬、依附與競爭合作關係，並在開放的組織章程裡，援引規定，於年度的常會中由各分會推舉代表成立中外各半的十人，加上總會事務所總幹事一人構成執行委員會。這個常設的執行委員設置於總會事務所所在地－北京，後來在一九三七年從北平遷往上海。在執行委員會之下設有各類委辦會作為研究、設計與推動專門業務。這些委辦會主要是替代執行委員會管理日常業務，它們大部分都是沿襲自北京國際救災會時期創立的組織。不過，除了發展出完整的諮詢與研究職能的農利委辦會與合作委辦會，兩者能夠透過農村合作運動的推廣與經營，配合總會事務所農利股的業務，維持運作，大部分委辦會都因為無事可辦、職能發展有限、或者完成階段性任務，以及職權範圍與總會事務所各股重疊，致使組織萎縮。在被總會長期的邊陲化之後，大多悄悄地從組織中消失。

另外，在總幹事領導下的總會事務所，還配置有龐大的分股與地方直屬事務所的編制。這種設計是組織經歷多次挫折後累積的經驗，企圖藉著專業與科學的分股配置，以長期性的經營處理賑災事務，避免賑災組織災畢即散，無法累積經驗的弊病。由於總會各股的辦事效率與全職的專業性，普遍優於執行委員會底下的各分委辦委員會，因而逐漸取代後者的功能，譬如農利股與工程股，成為招牌單位。這同時也造成總會事務所的領導者總幹事權力的直接增加。過去中國知識份子經常攻擊華洋義賑會的國際合作是建築在外國優勢資源之上，暗示其組織領導權是外國人掌權，實則不然。華洋義賑會活動十餘年的光陰歲月中，總幹事的職位有一半的時間是由華人章元善擔任。在中外各半的執行委員會休會期間，總幹事依據章程賦予他的職權當然成為實質領導者。另外，從總會事務所各分股的主管的人事組成變遷，也可以看出迥異於「華洋共治」偏見的現象，譬如華人掌文書與農村事務，洋人掌財務、稽核、工程的長期現象，亦能透露各國在不同範疇中對華洋義賑會的影響力。基本上，這種安排恰好反映了外國人對組織財務與工程知識的貢獻，以及中國本土領導組織上的優勢，未必是一種不信任或霸權的表現。

在華洋義賑會內部，中外幹部經歷長期的訓練與磨合，在一九二〇年代晚期，隨著政府建構國家的擴大、財務能力的萎縮，以及華人開始有信心解決防災問題等因素成熟，華洋義賑會遂產生組織的本土化傾向，至一九三三年終於促成大規模的改革。這一年對於華洋義賑會組織發展而言是攸關能否繼往開來的關鍵，當年它不僅大幅調整賑災標準、減少工賑活動的比重，提出農村改革與辦理急賑的。這些措施除了表現在時代環境變遷下的自我調整，還傳達出華洋義賑會處理政府/慈善團體關係的靈活性，以及組織本土化傾向的全面開展。一九三三年以後，外籍主管陸續淡出總會，而他們培養的華人副手與組織外華人專家，逐漸替代組織內國際色彩濃厚的單位。在一九三七年中國對日抗戰爆發後，總會事務所各股幾乎都徹底的中國化，終於為華人幹部所主導。在上海淪為戰區後，華洋義賑會將組織轉化為中國紅十字會上海國際委員會，更加深此一政策的穩固。當然，當抗戰造成華洋義賑會組織的瓦解，所謂的本土化已無意義。不過在本土化的過程中，絕大多數華籍各級幹部與華洋義賑會賑濟的章則、程序，因為能夠適應中國國情，所以多為政府所接受，反而使華洋義賑會的國際合作理念成為國家體制的一部份。也就是說，它能夠以不同的形式繼續延長組織生命，轉化為本土的政府資源。

另外，從文化層面來看華洋義賑會，無可否認的，各國精英在不分種族與政治觀念下從事人道主義的國際合作，雖有其正面的意義，卻仍然不能避免價值觀的衝突譬如像工程師塔德對章元善身份的鄙視、史譯宣在稽核股任職時抗議華洋同工不同酬，德來格與艾德敷對華人幹部運用經費的不信任，以及前線賑災人員在佈賑的過程中遭遇中國人的揶揄、甚至綁架、殺害。從中國幹部的角度來看，華洋合作強調的是在主權平等的領導下，產生決策，並交付有能力的幹部執行業務，然而外國幹部在旅行時卻能夠享受較佳的火車車位與旅館床位等級，造成不公平的現象；從外國幹部的角度來看，美國以公私部門的資源，無條件的支持華洋義賑會成為一九三〇年代海外援助經費第二多的機構，而中國幹部在缺乏管理現代社會團體的經驗下，還要爭取領導財務、稽核、工程單位，實為不智。反觀外國幹部，在人道救助的信念下，至少有十餘位外國幹部因公殉職。不過，這些衝突與不滿並沒有就此擊垮彼此的信賴。關鍵在於，華洋義賑會成員之間確實存在著共同的人道救助信仰、崇尚科學理念、災區生活經驗，以及超越政治立場的價值觀。這些都是經歷數十年累積的無形資產，透過分股專業選材、職務調度與長期華人總幹事現象的維持。

在財務與經營地方分會方面，黎安友認為財務上的援助是構成華洋義賑會總會與地方分會之間關鍵，實際上只有部分屬實。從收入來源觀察，華洋義賑會的基金主要來自於海內外捐款、中國政府的補助，以及投資各類基金、債券、工賑所得。這三類來源在不同時期，彼此相互替代，初期以美國紅十字會與中國賑災基金對華洋義賑會的挹注最多，惟在一九二〇年代晚期，美國政府對中國社會不信任與質疑，導致美國紅十字會的退場，所以才有華洋義賑會幹部在紐約慈善界發起華災協濟會持續對華的義舉。另外，在一九二〇年代中期，在北京政府與外交團的默契下，華洋義賑會曾經一度被賦予參與賑災附加稅基金的權利。儘管，因為中國政府爭取關稅自主權，刻意排擠，導致華洋義賑會未能取得控制權。最後，它仍然以協助分會申請附加稅基金的機會，間接獲得賑災附加稅基金。因此，對華洋義賑會而言，大部分的狀況是：錢，並不是問題，重點在於怎麼用？誰來監督？地方分會有無提案？這個時候，分會存在的必要性更顯重要。華洋義賑會之所以能贏得大家信任，主要是它在面對全球性經濟環境的變局，中國政權交替，還維持高效率，而且適時調整以工賑為防災主要策略，使它至一九三〇年代中期為止締造多項營造公路、水利灌溉、修堤，鑿井。其經費金額龐大與規模之宏偉，只有國家力量才能比擬。換言之，華洋義賑會確實透過各類工程經費的援助，幫助地方分會進行防災工作，成效頗具。然而，散佈在大江南北的各地的分會，它們的組織創建過程、自身財務狀況、區域經濟環境與活動經營效率的都不相同。單是由總會提供財務方面的奧援，並不能解決它們的生存問題。因此，總會陸續創造標準的賑災程序、分會章程，並且提供各種經營知識、工程技術指導、農村信用合作觀念的導入，甚至依據各地風土與財務狀況的差異，規劃出不同的經營路線。儘管，大部分的分會最後還是處於長期經營不良的狀態，華洋義賑會仍然能夠以簡單的口號，崇高的救災理想，將這些分會連成一氣，建構出全國防災網絡的雛形。值得注意的是，過去研究認為地方軍閥經常魚肉百姓，無助於內政，但是在華洋義賑會的經驗裡，軍閥對協助賑災事務的關懷與態度，往往是正面大於負面，並沒有他們在其它領域所表現的惡劣形象。

在經營組織對外關係方面，華洋義賑會以非政府組織的運作型態，不僅馳騁於中國，還進一步發展出與國際間政府/非政府組織之間的關係。如前所述，華洋義賑會的崛起與中國在國際舞台爭取主權有著微妙的關聯性。藉著華洋義賑會組織內多才與藝、人脈豐沛的華洋幹部自發性活動，從一九二〇年代開始，在營造國際關係方面，華洋義賑會建構三種層面的互動網絡：1.對個別國家方面，以美國為中心，先後維繫美國紅十字會與華災協濟會對華洋義賑會的經費援助與工程技術移轉；2.對國際組織方面，以國際聯盟為中心，建立與國聯勞工局與提供國際防災委員會相關組織經驗；3.對在各國在華外交勢力方面，以英國為中心，利用英美幹部對華洋義賑會的支持，獲得北京外交團的信賴。這三類關係中，主要是透過組織內部的英美國籍的幹部聯繫，才得以使它代表中國，展現比政府更強勢的外交風格。當各國政府有心協助中國，又不信任南北政府時，華洋義賑會也就成為外國援華的窗口。華洋義賑會將組織對外關係的經營提升到全國與國際層級，除了可提昇知名度、獲得政經後盾，比較容易取得海外慈善家、中國政府與軍閥勢力的認同，同時也避免外國與分裂勢力的挑釁。特別是它與國聯之間的互動，過去研究比較注意到中國政府與國聯的合作，事實上，華洋義賑會無論是在工程水利、合作運動、防災方面與國聯之間確實有雙向的互惠。透過國際的賑災網絡，華洋義賑會甚至可以跨出中國，援助歐洲與日本，由此顯示一個國際社會中被認為是困於積弱不賑的中國，在國際慈善、防災事業上也可以是個巨人，並不因為國內政治的紛亂而影響民間組織對國際社會的貢獻。

在中國社會方面，華洋義賑會也同樣設計出三種涵括不同層面的活動網絡：1.中央層級，它以總會作為核心，代表全體華洋義賑組織交際；2.在地方層級以各地分會為核心，擴及各省縣政府，以及控制各地的軍閥勢力；3.在非政府組織的聯繫方面，華洋義賑會完成與中國紅十字會的賑災分工聯繫，同時試圖與上海地區的傳統慈善社團濟生會與紅卍字合作。另外華洋義賑會還與各大學、研究機構合作從事農業改革，使華洋義賑會不只是作為這些非政府組織的贊助者，而且還是技術移轉的受惠者。華洋義賑會創會後不斷推動組織對外的聯繫，其目的積極的一面，是尋求經費、技術、賑災知識的移入，健全組織本身的體質，使它推展防災、賑災與農村運動時更具穩定基礎。消極的一面，或許是避免組織因為其它機構組織如國民政府振災委員會、中國紅十字會、上海華洋義賑會的成長而邊緣化，喪失領導地位。

為了要編織救災、防災的網絡，完成拯救飽受天災人禍的中國人民性命的夢想，華洋義賑會在十九世紀末期持續發展的國際合作基礎上，成立了具備完整救災機制的非政府組織。華洋義賑會除了強調策略的可行性與永續性，它的領導階層深知：光是有善心義舉的熱情，未必就能夠成事。所以它將海外移轉來的知識，以本土化的經驗改造，加上非營利組織的管理概念，建構出一個著重於功能性發展，看起來就像是具體而微的小國聯。從早期的急賑到後來的工賑、建設防災、農業研究、農村信用合作社、農學教育、發展區域產業，即使業務趨於多元，然華洋義賑會始終沒有背離倡議防災的終極路線，展現它在這方面活動的連續性、一致性與一貫性。在動亂的年代，它力求壯大組織，統籌各地華洋義賑機構的信賴，運用海內外的力量幫助中國；在南北統一的年代，它細心調整與國家接觸的步伐，雙方在賑災與防災的領域中，彼此的互動彷如探戈共舞，一進一退，相互扶持與牽引。最後，作為近代中國非政府組織發展的重要起源之一，華洋義賑會在二十世紀初十餘年的活動歷程，不僅記錄了外國人在華溫情的一面，還透露出國際人道主義的合作，確實具備超越政治惡鬥、意識型態上的爭執、軍事上的相互毀滅，以及強國與弱國之間的經濟鴻溝，傳達出世界人類不分彼此，對生命價值的執著與普世關懷的無限可能。

附錄

附錄一、江皖義賑會所收美國捐款（1911 年年初至 6 月）

時間	捐款單位	美元	處理情形	NA. 329. 編號
一月　一日	紐約客教報	1,000		48b2/7;27-28
一月二十日	美國紅十字會	5,000		48b2/118
一月廿三日	紐約客教報	5,000	由上海總領事館經手 3000 予江皖義賑會 2000 予鎮江長老會	48b2/15a-17;35;48 ;37; 39;40
二月　一日	紐約客教報	10,000	6000 予江皖義賑會 4000 予鎮江長老會	48b2/19;29a;39;31 ;53
二月　八日	Mr. Rockfeller		5000 購置 1200 噸物資	48b2/29a;39
二月　八日	美國紅十字會	10,000		48b2/29a;39;74
二月十一日	美國紅十字會	5,000		48b2/33
三月十三日	紐約客教報	10,000	5000 予鎮江長老會 5000 予江皖義賑會	48b2/44;90
三月　八日	美國紅十字會	2,000		48b2/42;53A;87;62 ;85;86
三月　九日	美國紅十字會	2,000		48b2/88
三月十二日	美國紅十字會	4,000		48b2/91
三月十四日	美國紅十字會	8,000		48b2/67a;70;71;72
三月廿五日	美國紅十字會	1,500		48b2/69;73;79
三月廿七日	美國紅十字會	10,000		48b2/99;79
四月　七日	美國紅十字會	5,000		48b2/92;118
四月十一日	美國紅十字會	5,000		48b2/95;109;

四月十二日	美國紅十字會	10,000		48b2/111
四月廿五日	美國紅十字會	2,500		48b2/100;101;118;114
五月　四日	美國紅十字會	5,000		48b2/107
五月　九日	美國紅十字會	1,500		48b2/102
五月　九日	美國紅十字會	5,000		48b2/103a;108
五月十九日	紐約客教報	4,000	2000 予鎮江長老會 2000 予江皖義賑會	48b2/113;123
五月廿四日	美國紅十字會	10,000		48b2/109
六月　五日	美國紅十字會	2,500		48b2/114
六月廿一日	美國紅十字會	5,000		48b2/121
六月廿二日	美國紅十字會	5,000		48b2/122

附錄二、江皖義賑會的捐款收入（1910-1911 年 9 月）

捐款來源	金額	佔總收入之比率（%）
美國捐款	419798.90	27.51
加拿大捐款	89589.93	5.87
澳洲捐款	23216.05	1.52
上海外僑捐款	38407.47	2.52
上海華人捐款	13880.74	0.91
在華教士捐款	19049.53	1.25
其他各方捐贈	51944.80	3.40
安徽仕紳貸款	50000.00	3.28
各類捐贈	152556.98	10.00
張園募款	17296.55	1.13
宿遷地方官員	348.87	0.02
安徽仕紳貸款	72700.00	4.76
一九一一年八月十六日到九月十二日收	3456.23	0.23
美國政府撥款蒲福艦計劃五萬	115000.00	7.54
估算蒲福艦計劃貨物價値	152802.00	10.01
懷遠賑災基金	164389.25	10.77
亳州賑災基金	9719.81	0.64
鎮江長老會	131855.33	8.64
總　　計	1526012.44	

資料來源：Central China Famine Relief Fund Committee, *General Financial Statement*, September 19, 1911, N.A. 329/893.48b2/128.

說　　明：單位：美元。

附錄三、中國華洋義賑會救災總會章程

一、名稱：本會定名為中國華洋義賑救災總會

二、目的：本會的目的有二：

1. 中國境內設有天災發生，本會聯絡華洋人員籌賑濟之。
2. 為圖謀賑務收效起見，殷鑑成災原因、防災計劃、洋系研究、庶於籌賑之際有所憑藉。本會因此對於歷次災荒狀況，以及成災原因蒐集材料編造報告以資借鏡。對於適當防災辦法本會從事提倡之。但查中國政府有專設機關責任攸歸。凡本會一切設施自應隨時與之協商、舉辦以資遵循，以免牴觸。

三、會員：

1. 下列各處華洋義賑團體於其賑餘彙繳中國華洋義賑救災總會之後，得各派代表兩員（中、西各一員）為本會會員：上海華洋義賑會、天津華北華洋義賑會、山東華洋義賑會、河南災區救濟會、山西華洋救災會、漢口中國華洋義賑救災會湖北分會、北京國際統一救災總會。
2. 其他華洋義賑團如願將款項歸由本會管轄並經本會會員三分之二投票認可者，得派遣相同之代表。
3. 本會得推舉額外會員若干人，但其人數不得超過上項會員全數三分之二。
4. 會員如有缺額應由出缺會員通知本會派員接充，設其所代表之會業已結束則所有缺額得由本會自舉人員補充之。缺額補原時仍以西人補洋員、華人補華員缺。

5. 凡根據以上四項之規定而選出之會員皆為本會會員。

四、職權：本會應有全權執行本章程第二款所規定之職務，此外更有制定並修改本會章程及辦事大綱之權。對於派有代表之各分會或其他團體，或個人所捐助之賑款有自由處置之權，但會章之修改必須要有各分會代表全體三分之二之贊同方為有效。

五、職員：本會設會長一員、副會長一員、秘書（即本會總幹事）一員、中西司庫各一員，均由年會時已過半之表決選定之，其任期各為一年。各照向來公共團體規定職員權限執行職務。常會日期於辦事大綱內規定。

六、辦事員：本會得聘用義務或有給薪之辦事員若干人辦理本會事宜

七、委辦會：

1. 執行委員會：以本會職員及每年由本會會員中選舉出之六員組成之，其會員國籍仍以華洋各半為宜。該委員會得在本會所賦予之職務權限內執行一切事業。
2. 其他委辦會 本會得組織其他常設委辦會或臨時委辦會並賦予相同職權俾更進行。

八、投票：

1. 法定人數：有三分之二之分會代表出席時以全體會員之半數為法定人數出席代表。
2. 本會會員皆得以函電指定代表出席本會一切會議。

資料來源：〈中國華洋義賑會救災總會章程，1921 年 11 月 16 日通過，1922 年 3 月 22 日修訂〉，北京市檔案館藏，《中國華洋義賑救災總會》，J84-3-452-1。

附錄四、各年度參與華洋義賑會的分會

年代／地區	1922	1923	1924	1925	1926	1927	1928	1929	1930	1931	1932	1933	1934	1935	維持年限
北京（北平）	—	—	—	—	—	—	—	—	—	—					10
天津（河北、直隸）	—	—	—	—	—	—	—	—	—	—					10
河南	—	—	—	—	—	—	—	—	—	—	—	—	—	—	14
山東		—	—	—	—	—	—	—	—	—	—	—	—	—	13
山西	—	—	—	—	—	—			—	—	—	—	—	—	12
陝西			—	—			—	—	—	—	—	—	—	—	10
甘肅								—	—	—	—	—	—	—	7
察哈爾							—	—	—						3
綏遠								—	—	—	—	—	—	—	7
湖北	—	—	—	—	—	—	—	—	—	—	—	—	—	—	14
湖南	—	—	—	—	—	—	—	—	—	—	—	—	—	—	14
江西			—	—	—	—	—	—	—	—	—	—	—	—	12
上海	—	—	—	—	—	—									6
四川（重慶）						—	—	—	—	—	—	—	—	—	9
雲南					—	—	—	—	—	—	—	—	—	—	10
貴州					—	—	—	—	—	—	—	—	—	—	10
揚子會												—	—	—	3
新增分會	0	1	2	0	2	1	2	2	1	0	0	1	0	0	
退出分會	0	0	0	0	1	0	2	0	0	1	2	0	0	0	
分會總數	7	8	10	10	11	12	12	14	15	14	12	13	13	13	

說　　明：1. 上海華洋義賑會雖然在一九二五年主動與中國華洋義賑救災總會劃清界線，表明不接受管轄，惟總會仍將滬會列入一九二五至二七年《賑務報告書》的分會名單。

2. 一九二六年直隸分會因工作完畢，會務交給總會代管。一九二八年北京與直隸分會隨更名為北平與河北分會。參見<天津事務所收束>，《救災會刊》四卷一冊（民國 15 年 10 月），頁 32。

資料來源：UIFR. The North China Famine of 1920-1921, p1.：See also CIFRC, *Annual Report 1923-1935, Report on Relief Work in 1923-1935*（ Peking or Peiping: CIFRC, 1924-1936）.

附錄五、華洋義賑會歷年辦理工賑一覽表（1921-1936 年）

單位：規元

興建年代	省別	範圍	工程	長度（哩）	數量	工程款
1921-1923	山西	太原至汾州	路工	60		
	山西	運河至茅津渡	路工	18		279,000
	山西	晉城至陽城	路工	18		3,700
	山西	臨汾至蒲縣	路工	72		6,000
	山西	太原府	掘井			21,100
	山東	濟寧至漕洲	路工	80		150,000
	山東	周村至清河鎮	路工	45		6,000
	山東	武定至東昌	路工	150		66,000
	山東	常清	渠工	10		36,600
	山東	齊河	渠工	55		61,500
	山東	東昌府	渠工			66,000
	山東	利津 宮家霸	渠工	14		360,000
	山東	沿黃河十三縣	堤工	60		200,000
	安徽	蚌埠至懷遠	路工	9		50,000
	安徽	其他各處	路工	380		146,000
	安徽	淮河	堤工	340		192,000
	江蘇	泰縣	路工			100,000
	江蘇	清江浦	路工	5		
	江蘇	鎮江	路工	7		20,000
	江蘇	鎮江至句容	路工	28		

	江蘇	安東 清江浦	渠工	6		5,000
	河北	正定府區	路工	50		36,000
	河北	邯鄲至武安	路工	18		67,000
	河北	邯鄲區	路工	60		14,000
	河北	順德及定州	路工	31		10,000
	河北	定州	路工	7		11,000
	河北	邯鄲	渠工			9,000
	河北	邯鄲之北	渠工	12		30,000
	河北	永定河	堤工			60,000
	河北	正定府區	掘井		100	5,000
	河北	邯鄲及向北一帶	掘井		3000	200,000
	河南	各處二十九縣	路工	423		175,000
	河南	二十一縣	路工	295		110,500
	河南	洛陽	渠工	13		12,000
	河南	黃河	堤工	6		30,000
	河南	其他各處		5		20,000
	浙江	鎮海	堤工			86,000
	湖北	漢川	渠工	2		20,000
	湖北	漢水	堤工	16		350,000
	湖北	楊子江	堤工	60		665,000
	湖南	湘潭至寶慶	路工	56		550,000
	廣東	汕頭	堤工			51,000
1924-1926	河北	府河及西淀	堤工	50		260,000
	河北	西河	堤工	3		60,000
	河北	千里堤	堤工	2		30,000
	湖北	石首	堤工	2		150,000

	湖北	澤口	堤工	1		70,000
	山東	黃河臨濮縣	堤工	3		90,000
	江西	贛江	堤工	90		200,000
1927-1928	河北	京兆石蘆縣	渠工	14		120,000
	河南	開封至歸德	路工	110		33,000
	湖北	張公堤	堤工	11		90,000
	湖北	聶口	堤工			10,000
	貴州	安順貴陽至桐梓	路工	210		200,000
	雲南	雲南楊街	路工	60		250,000
1928-1929	山東	林清	路工	180		30,000
	山東	泗河堤工	堤工	2		11,000
	江西	南昌	路工	10		100,000
	河北與山東	兩省十縣	掘井		1950	200,000
	貴州	桐梓至赤水各縣貴陽至全荔波	路工	150		140,000
	綏遠	薩托兩縣間	渠工	200		
1929-1930	河北	琢州	渠工	7		10,000
	河南	開封永城間	路工	157		30,000
	陝西	榆林附近	渠工	19		36,000
	綏遠	平地泉陶林間	路工	46		5,000
	綏遠	薩托兩縣間	渠工	200		
	熱河	凌源灤平	路工	95		9,000
1930-1931	山西	候馬至禹門口	路工	45		22,000
	甘肅	定西	路工	15		12,500
	甘肅	朱家井	路工	7		7,680
	甘肅	堐渠泉	路工	7		10,850

	甘肅	甘草居	路工	10		31,910
	甘肅	蘭州至河州	路工	50		58,000
	甘肅	連大溝	路工	7		6,758
	甘肅	狄道	路工	23		54,486
	甘肅	平番	路工	10		20,903
	甘肅	永靖至賣家集	路工	75		62,000
	甘肅	關山至洮河	路工	50		75,000
	甘肅	會寧至清涼山	路工	17		25,500
	河北	保定府	堤工	20		13,000
	陝西	西安渭南間	路工	43		16,928
	陝西	三原至涇陽	路工	10		29,857
	陝西	涇陽至咸陽	路工	24		27,105
	陝西	鳳翔至扶風	路工	45		34,441
	陝西	扶風至武功	路工	14		31,011
	陝西	武功至興平	路工	30		13,092
	陝西	武功至涇州	路工	22		24,184
	陝西	涇州至咸陽	路工	37		5,000
	陝西	咸陽至木疏灣	路工	26		11,730
	陝西	木疏灣至涇陽	路工	18		1,100
	陝西	咸陽附近	路工	15		851
	陝西	醴泉	路工	1		2,794
	陝西	岳家舖附近	路工	12		1,510
	陝西	咸陽	路工	13		276
	陝西	渭北涇惠渠	渠工	46		
	陝西	西安至蘭州	路工	480		
	綏遠	薩托兩縣間	渠工	200		

1931-1932	江西	九江南昌間	堤工			140,000
	陝西	渭北涇惠渠	渠工	46		664,836
	陝西	西安至蘭州	路工	480		
1932-1933	陝西	涇惠渠支渠	渠工			89,528
	陝西	西安蘭州	路工			
1933	綏遠	薩托兩縣間（民生渠工）	渠工	200		463,800
1934	陝西甘肅	西安蘭州間	路工	1350		385,000
	綏遠	薩托兩縣間（民生渠工）	渠工			50,000
1935	山東	濟南	農業試驗場			1,000
	安徽	合肥	掘井路工			5,000
1936	山東	濟南	農業試驗場			1,000
	山東	汶上	渠工			25,500
	江蘇	徐州	路工			5,000
	江蘇	海州	路工			10,000
	江蘇安徽	微山湖	堤工			35,000
總計				7481	5050	8,890,530

資料來源：「中國華洋義賑救災總會歷年辦理工賑一覽表」，民國 25 年 5 月 18 日，國史館，《國民政府檔案》，101-939。

附錄六、華洋義賑會總會與分會工賑成績圖（1921至1936年）

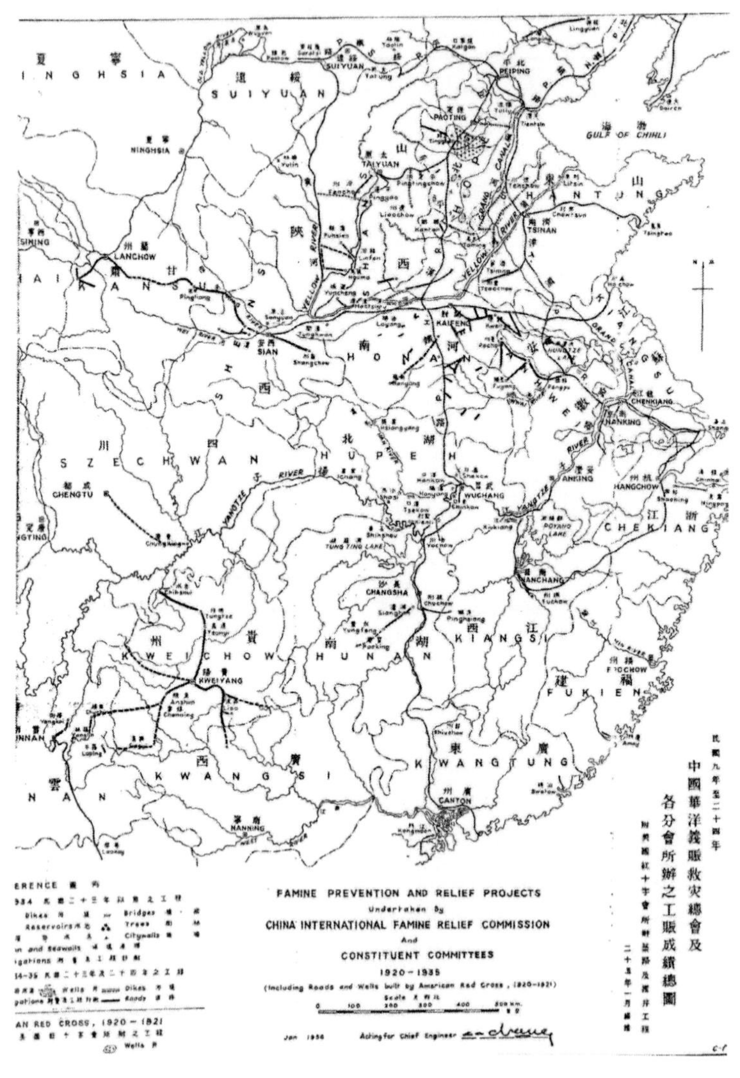

附錄七、華洋義賑會分會模範章程

一、定名　本會定名為中國華洋義賑救災總會○○省分會。

二、職務　（甲）本會稟承中國華洋溢賑救災總會各類天災或協助總會辦理本省賑務；（乙）提倡防災事業。

三、董事　本會設董事至少十人，華洋各半，必要時隨時增加員數，但以華洋各半華標準。開辦之初，董事由地方公開推舉陳報總會執行委員會認可，以兩居常會之時期為任期，獲至其繼任會員選定之日為止。

四、權限　本會有全權執行本章程第二條規定之職務，並分設支會與徵求會友等事。得總會之許可，本會有全權處置由總會撥交，或由當地籌募之一切賑款。未得總會之許可，本會不在本省境外另募賑款。按照總會定章所有本會所募之款，除會友全費之半數，得由本會扣留外一律會歸總會管轄受其支配。

五、職員　本會設會長一人，副會長一人，華洋幹事一人，華洋司庫一人，均由常會於董事中互選之。各照向來公共團體之規定職員之權限執行職務。

六、法定人數　以全會董事之半數為法定人數，惟開會之時，至少有中外各○人到會使可表決議案，不能到會之董事得以書面指定代表出席於本會之會議。

七、會友　本會得徵求會友共襄善舉。所收會費之半數會歸總會以便接濟災情較嚴重之去，其餘半數匯歸本會支用。

八、帳目　本會一切帳目悉受總會稽核用。總會所定帳式每月造報一次，交由查帳員逐一查核，至少每月公佈一次。

九、開會　本會常會於總會會期至少〇個月以前定期召開，改舉職員級出席總會代表，並處理一切事宜，會議記錄應於開會後最短時間內送請總幹事查照。

十、修正　本章承得於董事開會時以到會董事三分之二之投票修改之，但應將修改要點於開會兩星期前通告各會會員始可開會投票，修改條文應即陳報總會俾憑核准。

資料來源：華洋義賑會，《民國二十年賑務報告書》，頁17。

徵引及參考資料

壹、中文與日文部分

一、檔案

上海市檔案館館藏檔案

《上海市民政局檔案》，Q114-1-1、2、8、28、50。

《聖約翰大學檔案》，Q243-01-00756 J1102。

《敵偽政治檔案案卷》，U038-02-360。

中央研究院近代史研究所檔案館館藏檔案

《外交檔案》03-19。

《經濟檔》09/21/4/1。

北京市檔案館館藏檔案

《中國華洋化賑救災津會》，J84-3-457-1、J2-6-37、J84-3-452-1、J-84-3-457、J2-6-37、J84-3-452-1、J84-3-453-81、J84-3-452、J84-3-457、J84-3-452-1。

《中國農工銀行、中國華洋義賑救災總會》，J54-1-36。

《北平市社會局、北平市政府》，J2-6-18。

《北平市社會局、北平市政府檔案》，J2-6-37。

《北平市警察局內一區警察分局》，J181-20-10623、J181-24-5088。

國史館檔案館館藏檔案

《國民政府檔案》，161-1024-1134、161-1024-1224、161-862-1050、161-862-915、161-862-925。

《抗戰史料》，0160.52/3480.55-01。

二、史料彙編、年鑑、年報

中國人民銀行金融研究所編，《美國花旗銀行在華史料》（北京：中國金融出版社，1990 年）。

中國國民黨黨史委員會編，《革命文獻》第八十一至八十二、九十六至九十八輯（台北：黨史委員會，民國 72 年）。

中國第二歷史檔案館編，《中華民國史檔案資料匯編》第五輯第一編（江蘇：江蘇古籍出版社，1993 年）。

北京政府外交部統計科編，《外交年鑑》民國九年分（北京: 外交部統計科，1920）。

北京政府印鑄局，《職員錄》民國十年（北京：印鑄局，1921 年）。

北京清華學校編，《民國六年遊美同學錄 （*Who's who of American Returned Students*）》（北京：清華學校，民國 6 年）。

李雲漢編，《中國國民黨黨章政綱彙編》（台北：中國國民黨黨史會，民國 83 年）。

季嘯風、沈友益主編，《中華民國史料外編-前日本末次研究所情報資料》第九十四冊（廣西：廣西師範大學出版社，1996 年）。

郭廷以編，《近代中國史事日誌》（台北：中研院近史所，民國 54 年）。

華洋義振會，《華洋義振會災賑文件彙錄》（江蘇：華洋義振會，1912 年）。

三、會議記錄、年度報告書與年度統計書

上海國際救濟會，《上海國際救濟會年報》民國二十六年八月至民國二十七年八月十五日（上海：上海國際救濟會出版，1938 年）。

上海華洋義賑會，《華洋義賑會常年會務報告書》民國二十年至二十五

年（上海：上海華洋義賑會，民國 21-26 年），五冊。
中國國民黨中央委員會秘書處編，《中國國民黨第一屆中央執行委員會會議記錄彙編》（台北：中國國民黨中央委員會秘書處，民國 43 年）。
中國通商海關造冊處編，《中國海關華洋貿易總冊》民國六年至二十三年（上海：中國海關總務司，民國 7 年至 24 年）。
全國經濟委員會編，《全國經濟委員會報告》民國 25 年（南京：全國經濟委員會，民國 25 年）。
建設委員會，《全國水利建設報告》水政（南京：民國 24 年）。

四、個人年譜、自傳、文集、回憶錄

中國國民黨黨史委員會編，《王寵惠先生文集》（台北：國民黨中央委員會黨史委員會現更名為黨史館，民國 70 年）。
中國國民黨黨史委員會編，《朱執信先生文集》（台北：黨史會，民國 74 年）。
中國國民黨黨史委員會編，《陳布雷先生文集》（台北：黨史會，民國 73 年）。
朱漁友，《朱漁友自傳》（香港：基督教文藝出版社，1972）。
宋希尚，《值得回憶的事》（台北：三民書局，民國 56 年）。
岑學呂編，《三水梁燕孫先生年譜》下（台北：文星書店，民國 51 年）。
中華民國各界紀念國父百年誕辰籌備委員會學術論著編纂委員會，《國父全集》第二冊（台北：國父全集編輯委員會，民國 64 年）。
熊希齡，《熊希齡先生遺稿》（上海：上海書店出版社，1998）。
顏惠慶著，姚松齡譯，《顏惠慶自傳》（台北：傳記文學出版社，1982）。
顧維鈞口述，中國社會科學院近代史研究所譯，《顧維鈞回憶錄》（北京：中國社科院近史所，1983 年）。

五、中國華洋義賑救災總會（華洋義賑會）中文出版品

華洋義賑會，《中國華洋義賑救災總會十五週年紀念冊》（北平：華洋義賑會，民國 26 年）。

華洋義賑會，《年度賑務報告書》民國十一年至民國二十四年（北京、上海：華洋義賑會，民國 12 年至 25 年）。

華洋義賑會，《救災會刊》民國十二年至民國二十七年份，中英文版（北京、上海：華洋義賑會，民國 12 年至 27 年）。。

華洋義賑會，《組織合作社的步驟：河北省適用》（北平：華洋義賑會，民國 24 年）。

華洋義賑會，《慈善花簽說明書》（北平：華洋義賑會，民國 13 年）。

華洋義賑會，《會務一覽表》（北平：華洋義賑會，民 23 年）。

華洋義賑會，《農村合作是什麼》（北平：華洋義賑會，民國 21 年）。

直隸華洋義賑會，《直隸華洋義賑會報告書》第二冊（天津：直隸華洋義賑會，民國 16 年）。

湖北分會編，《中國華洋義賑救災會湖北分會》民國十一年至民國十六年份（*Annual Report of 1922-1927*）（漢口：華洋義賑會湖北分會，1928 年）。香港大學圖書館藏。

六、專書

Curry, Roy Watson 著，張瑋英等譯，《伍德羅.威爾遜與遠東政策*(Woodrow Wilson an Far Eastern Policy, 1913-1921)*》（北京：社會科學文獻出版社，1994 年）。

Duara, Prasenjit（杜贊奇）著，王福明譯，《文化、權力與國家，1900-1942 的華北農村》（南京：江蘇人民出版社，1994 年）。

Fairbank, John K.編，張玉法主譯，《劍橋中國史——第十冊，晚清篇》上冊（台北：南天書局，1990 年）。

川井悟，《華洋義賑會と中國農村》（京都：同朋舍，1983 年）。.

中國工程師學會，《三十年來之中國工程》，（南京：中國工程師學會，民國 35 年）。

王曾才，《中英外交史論集》（台北：聯經出版事業有限公司，民國 80 年）。

王樹槐，《外人與戊戌變法》（台北：中央研究院近代史研究所，1980 年）。

佚　名，《中國合作事業》（南京：中國國民黨中央黨部，民國 36 年）。

吳文暉，《中國土地問題及其對策》（重慶：商務印書館，民國 33 年）。

吳翎君，《美孚石油公司在中國（1870-1933）》（台北：稻鄉出版社，2001 年）。

呂芳上，《革命之再起，中國國民黨改組前對新思潮的回應（1914~1924）》（台北：中央研究院近代史研究所，民 88 年）。

金陵大學南京校友會編，《金陵大學史》（南京：南京大學出版社，2002 年）。

金陵大學校友會，《金陵大學建校一百週年紀念特刊》（台北：金陵大學校友會，1988 年）。

唐啟華，《北京政府與國際聯盟（1919-1928）》（台北：東大圖書公司，1996 年）。

孫中山，《三民主義》（台北：三民主義百萬冊印發委員會，民 78 年）。

秦孝儀主編，《中華民國社會發展史》（台北：近代中國出版社，民 74 年）。

袁道豐，《外交叢談》上冊（臺北：臺灣商務印書館，民國 74 年，二版）。

馬君武，《失業人及貧民救濟政策》（上海：商務印書館，民國 18 年）。

張　力，《國際合作在中國——國際聯盟角色的考察（1919-1946）》（台北：中央研究院近代史研究所，1999 年）。

張玉法，《中國現代政治史論》（台北：東華書局，1988 年）。

張存武，《光緒卅一年中美公約風潮》（台北：中研院近代史研究所，1982

年)。

張鏡予編,《中國農村信用合作運動》(上海:上海印書館,1928 年)。

郭飛平,《中國民國經濟史》(北京:人民出版社,1994 年)。

陳緒先,《社會救濟行政》(上海:正中書局,民國 35 年)。

陳耀煌,《共產黨.地方精英.農民-俄豫皖蘇區的共產革命(1922-1932)》(台北:政治大學歷史系,民國 91 年)。

章元善,《合作事業與經濟建設》(長沙:藝文研究會,民國 27 年)。

章元善,《實用公團業務概要》(上海:商務印書館,民國 18 年)。

勞　潼,《救荒備覽》卷四,收錄《救荒輯要初編》(上海:尚古山房,民國 11 年)。

喜馬拉雅研究發展基金會編,《非政府組織法的立法原則》(台北:喜馬拉雅研究發展基金會,民國 89 年)。

舒新城,《近代中國留學史》(上海:中華書店,1989 年)。

黃詔年,《中國國民黨商民運動經過》(台北:文海出版社, 民 79 年)。

楊懋春,《近代中國農村社會之演變》(台北:巨流出版社,民國 75 年)。

鄭亦芳,《上海錢莊(一八四三至一九三七)》(台北:中研院三研所,1981 年)。

盧瀛洲,《國際聯盟研究》(上海:商務印書館,民國 23 年)。

賴建誠,《近代中國的合作經濟運動》(台北:正中書局,1991 年)。

錢　穆,《國史大綱》下冊(台北:國立編譯館,民 81 年)。

戴一峰,《近代中國海關與中國財政》(廈門:廈門大學出版社,1993 年)。

薛毅、章鼎,《章元善與華洋義賑會》(北京:中國文史出版社,2002 年)。

鍾聖　,《情勢變遷條款論》(上海:正中書局,民國 29 年)。

羅志平,《清末民初美國在華的企業投資(1818-1937)》(台北:國史館,1996 年)。

七、報紙

《中央日報》，民國 20-26 年。

《天津大公報》，民國 21-25 年。

《申報》民國 9 年-10 年。

八、期刊與會議論文

王綱領，〈辛亥革命時期美國對華政策的「特殊」與「不特殊」〉，發表於「辛亥革命九十週年國際學術討論會」，台北：圓山大飯店，民國 90 年 10 月 6 日。

王綱領，〈美國發起新國際銀行團〉，收入氏著《歐戰時期的美國對華政策》（台北：學生書局，民國 77 年）。

朱浤源，〈一九三〇年代廣西的動員與重建〉，收入《史政學術講演專輯》四（台北：國防部史政編譯局，2001 年）。

朱浤源，〈評 Eugene William Levich 著《國民黨統治下的廣西模式，一九三一～一九三九》〉，收入國史館編，《中國現代史書評選輯》第二十一輯（新店：國史館，1998 年）。

江文漢，〈基督教青年會在中國〉，收入中國文史出版社編，《文史資料精選》第十三冊（北京：中國文史資料出版社，1990 年）。

宋光宇，〈民國初年中國宗教團體的社會慈善事業：以「世界紅卍字會」為例〉，收入在宋光宇著，《宋光宇宗教文化論文集上下》（宜蘭：佛光人文社會學院，2002 年）。

巫寶三，〈察綏晉旅行觀感〉，《獨立評論》第 177 冊（民國 24 年 11 月）。

李朝津，〈抗戰時期中國對聯合國成立的態度〉，中國近代史學會編，《慶祝抗戰勝利五十週年兩岸學術研討會論文集》上冊（台北：聯經出版社，1996）。

周秋光，〈民國北京政府時期中國紅十字會的慈善與賑濟活動〉，《近代史研究》第 6 期（北京：2000 年）。

周秋光，〈晚清時期的中國紅十字會論述〉《近代史研究》第 3 期（北京：2000 年）。

唐啟華，〈北洋政府時期海關總稅務司安格聯之初步研究〉，《中央研究院近代史研究所集刊》第二十四期下冊（臺北，1995 年）。

唐啟華，〈英國與北伐時期的南北議和〉，《興大歷史學報》第三期（臺中，1993 年）。

孫同勛，〈中國市場與門戶開放政策的宣佈〉，收入《勞貞一先生八秩榮慶論文集》（台北：台灣商務印書館，民國 75 年）。

高純淑，〈華洋義賑會與民初合作運動〉（台北：政治大學歷史研究所碩士論文，民國 71 年）。

張　力，〈國際紅十字會的中國代表權之爭〉，「辛亥革命九十週年國際學術研討會」，台北，圓山大飯店，民國 90 年十月六日。

張建俅，〈中國紅十字會初期發展之研究〉（台北：國立台灣政治大學歷史系博士論文，民國 87 年）。

張欽士，〈華北賑務與基督教會〉，《中華基督教會年鑑》第六期（上海：中華續行委辦會，1921 年）。

陳立廷，〈華工善後事業〉，《中華基督教會年鑑》第六期（上海：中華續行委辦會，1921 年）。

黃文德，〈北京外交團與近代中國關係之研究-以關餘交涉案為中心〉（台中：國立中興大學碩士論文，1999 年）。

黃文德，〈辛亥前後美國與華洋義賑組織關係之研究〉，收入胡春惠、周惠民主編，《兩岸三地歷史學研究生論文發表會論文集》，（台北：政治大學歷史系，2001 年）。

黃文德，〈南京事件：北伐期間中英關係之個案研究〉，《中興史學》第四期（台中：民國 87 年）。

董時進，〈論災〉，《獨立評論》第 168 冊（民國 24 年 9 月）。

劉如松，〈天津築城記〉，《傳紀文學》第二十四卷第二期。

劉招成，〈中國華洋義賑救災總會論述〉，《社會科學》第五期（上海：2003 年）。

劉招成，〈華洋義賑會的農村合作運動論述〉，《貴州文史叢刊》第一期（貴州：2003 年）。

劉師舜，〈與好友何庸談周詒春校長〉，《傳紀文學》第十五卷第四期。

蘇　筠，〈中國農村復興運動聲中之天災問題〉，《東方雜誌》第三十卷第二十四號（上海：商務印書館，1933 年 12 月）。

貳、英文部分

一、政府檔案與官方出版品

British Foreign office Documents, Fo228, 1917-1929.

Congress of United States., *Hearing before Sub-Committee of House Committee on Appropriations*. Washington D. C. Government Printing office, 1921.

Department of the United States. *Papers Relating to the Foreign Relation of the United States, 1920*. Washington D. C.: Government. Vol. 1.

Link, Arthur S. ed. *The Papers of Woodrow Wilson*. New Jersey: University of Princeton Press, 1992. vol. 66.

United States Government Printing office ed. *Public Paper of the Presidents, Herbert Hoover,* 1931. Washington: GPO, 1976.

United States, Department of State. National Archives No.329. esp. *Records of the Department of State Relating to Internal Affairs of China*, 1910-1929.

二、期刊、年鑑、會議記錄與年度報告書

China Tomorrow, 1929.

American Red Cross, Washington D. C, *Report of the China Famine Relief American Red Cross, October 1920-1921*. Shanghai: Commercial Press, Ltd. 1922. 藏於上海市圖書館徐家匯藏書樓。

China Association,. *China Association 1938-39, Annual Report.* Shanghai: China Association, 1939. 香港大學總圖書館

China Association. *China Association 1930-1931 Annual Report.* Shanghai: China Association, 1932. 香港大學總圖書館

China Association. *China Association 1937-38, Annual Report*. Shanghai: China Association, 1938. 香港大學總圖書館

Committee of the China Famine Relief Fund. *The Famine in China*. London: C. Kegan Paul & Co, 1878. 香港大學總圖書館

The Leader, October 23, 1929. Vol. 1020, 1929.

三、中國華洋義賑救災總會英文出版品與職員著述

CIFRC, *Annual Report 1922-1935, Report on Relief Work.* Peking（Peiping）or Shanghai: 1923-1936.

CIFRC, *CIFRC News Bulletin* （*Famine Commission Bulletin*） 1923-1938.

CIFRC, *Scientific Disaster Relief.* Peiping: CIFRC, 1929.

CIFRC. *Engineering Accomplishments, Famine Prevention and Relief Projects*. Peking: CIFRC, 1924.

CIFRC. *What the CIFRC has done*. Shanghai: CIFRC, 1935. 上海市檔案館，U38-2-360。

Mallory, Walter H. *China: Land of Famine* . New York: American Geographical Society, 1928.

Peking United International Famine Relief Committee. *The North China Famine of 1920-1921*. Peking: Peking United International Famine

Relief Committee, 1922.

Tayler, J. B. *Farm and Factory in China; Aspects of the Industrial Revolution*. London: Student Christian Movement, 1928.

Todd, O. J. *Two Decades in China*. Peking: The Association of Chinese and American Engineers, 1938.

四、專書

Bedeski, Robert E. *State-Building in Modern China: The Koumintang in the Prewar Period*. California: University of California, Berkeley, 1981.

Cohen, Warren I. *The Chinese Connection: Roger S. Greene, Thomas W. Lamont, George E. Sokolsky and American-East Asian Relations*.New York: Columbia University Press, 1978.

Davis, David C. L. *Model for a Humanistic Education: The Danish Folk High School*. Columbus, Ohio: Merrill, 1971.

Fairbank, John K. *Trade and Diplomacy on the China Coast: The Opening of the Treaty Ports, 1842-1854*. Stanford: Stanford University Press, 1953.

Feuerwerker, Albert. *The Foreign Establishment in China in the Early Twentieth Century*. Ann Arbor: University of Michigan, 1976.

Iriye, Akira. *After Imperialism: The Search for a New order in the Far East*. New York: Atheneum, 197.

Lary, Diana. *Warlord Soldiers: Chinese Common Soldiers, 1911-1937*. New York: Cambridge University Press, 1985.

McNair, Harley Farnsworth. *With the White Cross-in China*. Shanghai: Commercial Press, 1939.

Nathan, Andrew James. *A History of the China International Famine Relief*

Commission. Cambridge, Mass.: Harvard University Press, 1965.

Nathan, Andrew, *Peking Politics, 1918-1923, Factionalism and the Failure of Constitutionalism.* California: University of California Press, 1976.

Zhang, Yongjin. *China in the International System, 1918-1920*. London: Macmillan, 1991.

五、期刊與學位論文

Baird, George Burleigh. *Famine Relief and Prevention in China*. Chicago: M. A. thesis paper of Chicago University, 1915.

Clark, Peter Gaffney. *Britain and the Chinese Revolution, 1925-1928*. Ann Arbor. Dissertation of Michigan University, 1986.

Ekbladh, David.“ "Mr. TVA": Grass-Roots Development, David Lilienthal, and the Rise and Fall of the Tennessee Valley Authority as a Symbol for U.S. overseas Development, 1933-1973,” *Diplomatic History*, Vol. 26Issue 3, Summer, 2002, pp. 335-374.

Tang, Chi-hu. *Britain and the Peking Government, 1926-1928*. London: Ph.D. dissertation, LSE, 1991.

六、數位資料

Jowitt, S. D. ‘Hardy Jowett, Missionary-From The Yorkshire observer Budget, Saturday 21 November 1936’, http://www.jowitt1.org.uk/hardy.htm（Accessed date: 2003/9/7）.

Nnzchinasociety.‘Rewi Alley,” http://www.nzchinasociety.org.nz /rewi.html（Accessed date: 2003/12/14）.

Smalley, Martha Lund et al.,“Guide to the China Records Project Miscellaneous Personal Papers Collection,（Record Group No. 8）”, http://webtext.library.yale.edu/diviflat/divinity.008.htm（Accessed date:

2003/9/7）.

Yale University, “Guide to the Dwight W. Edwards Papers”, http://webtext.library.yale.edu/xml2html/divinity.012.con.html（Accessed date: 2003/9/7）.

黃文德，〈台、港兩地圖書館館藏英國外交部檔案相關微卷之狀況及運用方法〉，中研院近史所檔案館，http://archms1.sinica.edu.tw/foreign/paper/mh1110-1.pdf（Accessed date: 2003/12/29）.

國家圖書館出版品預行編目

非政府組織與國際合作在中國 : 華洋義賑會之研究 /
黃文德著. -- 一版.
臺北市 : 秀威資訊科技, 2004[民 93]
面 ; 公分. -- 參考書目：面
ISBN 978-986-7614-63-6（平裝）
1. 中國華洋義賑救災總會
（China International Famine Relief Commission）

548.42 93020396

史地傳記類 AC0002

非政府組織與國際合作在中國
——華洋義賑會之研究

作 者 / 黃文德
發 行 人 / 宋政坤
執行編輯 / 李坤城
圖文排版 / 張慧雯
封面設計 / 莊芯媚
數位轉譯 / 徐真玉 沈裕閔
圖書銷售 / 林怡君
網路服務 / 徐國晉
出版印製 / 秀威資訊科技股份有限公司
台北市內湖區瑞光路 583 巷 25 號 1 樓
電話：02-2657-9211 傳真：02-2657-9106
E-mail：service@showwe.com.tw
經 銷 商 / 紅螞蟻圖書有限公司
台北市內湖區舊宗路二段 121 巷 28、32 號 4 樓
電話：02-2795-3656 傳真：02-2795-4100
http://www.e-redant.com

2006 年 7 月 BOD 再刷
定價：420 元

讀　者　回　函　卡

感謝您購買本書，為提升服務品質，煩請填寫以下問卷，收到您的寶貴意見後，我們會仔細收藏記錄並回贈紀念品，謝謝！

1.您購買的書名：______________________________

2.您從何得知本書的消息？

□網路書店　□部落格　□資料庫搜尋　□書訊　□電子報　□書店

□平面媒體　□ 朋友推薦　□網站推薦　□其他__________

3.您對本書的評價：(請填代號　1.非常滿意 2.滿意 3.尚可 4.再改進)

封面設計____　版面編排____　內容____　文/譯筆____　價格____

4.讀完書後您覺得：

□很有收獲　□有收獲　□收獲不多　□沒收獲

5.您會推薦本書給朋友嗎？

□會　□不會，為什麼？______________________________________

6.其他寶貴的意見：____

____

____

____

讀者基本資料

姓名：____________________　年齡：______　性別：□女 □男

聯絡電話：________________　E-mail：____________________

地址：____

學歷：□高中(含)以下　□高中　□專科學校　□大學

□研究所(含)以上　□其他_______________

職業：□製造業 □金融業 □資訊業 □軍警 □傳播業 □自由業

□服務業 □公務員 □教職　□學生 □其他__________

請貼
郵票

To：114

台北市內湖區瑞光路 583 巷 25 號 1 樓

秀威資訊科技股份有限公司　　收

寄件人姓名：

寄件人地址：□□□

-

(請沿線對摺寄回,謝謝!)

秀威與 BOD

BOD（Books On Demand）是數位出版的大趨勢，秀威資訊率先運用 POD 數位印刷設備來生產書籍，並提供作者全程數位出版服務，致使書籍產銷零庫存，知識傳承不絕版，目前已開闢以下書系：

一、BOD 學術著作—專業論述的閱讀延伸
二、BOD 個人著作—分享生命的心路歷程
三、BOD 旅遊著作—個人深度旅遊文學創作
四、BOD 大陸學者—大陸專業學者學術出版
五、POD 獨家經銷—數位產製的代發行書籍

BOD 秀威網路書店：www.showwe.com.tw
政府出版品網路書店：www.*gov*books.com.tw

永不絕版的故事・自己寫・永不休止的音符・自己唱